辽宁省职业教育“十四五”规划教材
辽宁省职业教育精品在线开放课程配套教材

快递业务操作实务

（第2版）

主　编　周　祺　张润卓　邱学林
副主编　王　莹　任春铭

中国财富出版社有限公司

图书在版编目（CIP）数据

快递业务操作实务/周祺，张润卓，邱学林主编．—2版．—北京：中国财富出版社有限公司，2024.5

ISBN 978－7－5047－8168－0

Ⅰ．①快…　Ⅱ．①周…②张…③邱…　Ⅲ．①快递—邮政业务—中国—高等职业教育—教材　Ⅳ．①F632

中国国家版本馆CIP数据核字（2024）第105509号

策划编辑　黄正丽　　**责任编辑**　黄正丽　　**版权编辑**　李　洋

责任印制　尚立业　　**责任校对**　杨小静　　**责任发行**　敬　东

出版发行　中国财富出版社有限公司

社　　址　北京市丰台区南四环西路188号5区20楼　　**邮政编码**　100070

电　　话　010－52227588转2098（发行部）　　010－52227588转321（总编室）

010－52227566（24小时读者服务）　　010－52227588转305（质检部）

网　　址　http://www.cfpress.com.cn　　**排　　版**　宝蕾元

经　　销　新华书店　　**印　　刷**　宝蕾元仁浩（天津）印刷有限公司

书　　号　ISBN 978－7－5047－8168－0/F·3695

开　　本　787mm×1092mm　1/16　　**版　　次**　2024年8月第2版

印　　张　14.25　　**印　　次**　2024年8月第1次印刷

字　　数　321千字　　**定　　价**　46.00元

前　　言

我国快递行业经过十余年的发展，2023 年已实现从“年均百亿”到“月均百亿”的跨越。近两年，国家更新了市场经营秩序规范；健全了促进快递业绿色发展相关制度体系；强化了快递业安全管理的相关制度约束。与此同时，快递行业已经从数字化时代迈向数智化时代，“实时、智能、自动化+”是当下快递行业的主要特征，我国快递行业正从“快速增长”转向“高质量发展”。为适应快递行业的推陈出新，本书编写团队对《快递业务操作实务》第 1 版教材进行了修订。

本书面向高职院校现代物流管理专业和快递运营管理相关专业，培养既掌握一线岗位的快递操作规范，又掌握基本的快递管理知识，能够胜任快递企业相关工作岗位，并能解决实际问题的人才。

内容结构按照快递企业运营的流程和相关岗位工作进行设计，建议教学计划 48 学时（包含过程考核），具体分配如下表所示。

项目名称	计划学时
项目一　快递行业认知	6
项目二　快件收寄作业	22
项目三　快件中转作业	12
项目四　快件派送作业	6
机动/考核	2

辽宁经济职业技术学院周祺、张润卓和辽宁农业职业技术学院邱学林担任主编。其中，周祺负责全书的策划和统稿。项目一中的任务二、任务三，项目二，前言和附录由周祺编写；项目一中的任务一和项目四由张润卓编写；项目三由邱学林编写。

本书第 1 版入选辽宁省职业教育“十四五”规划教材，是教育部第三批现代学徒制试点项目校企合作教材、辽宁省职业教育精品在线开放课程配套教材。第 2 版的编写仍得到了顺丰速运（沈阳）有限公司的大力支持，王莹、任春铭担任副主编，从企业角度给出专业性建议。在编写过程中，编者参考了大量国家、行业最前沿的相关资料，限于篇幅原因，不能一一列出，在此一并表示诚挚敬意和衷心感谢。

由于编者水平有限，书中难免有不妥之处，请读者批评指正。

编　者

2024 年 3 月

前　言

（第 1 版）

当前，我国快递业发展如火如荼，快递行业新技术、新设备层出不穷，快递行业的法律法规、国家标准、行业标准也在迭代更新。在这样的大背景下，快递企业正努力摆脱粗放式的管理，提升员工素养，提高服务质量，以期由低端向中高端转型，在激烈的市场竞争中胜出。

本书面向高职院校物流管理专业以及快递运营管理相关专业，培养既掌握快递操作基本知识，又掌握快递管理知识，能够解决快递行业实际问题的人才。

本书按照快递企业运营的流程和岗位工作内容设计教学内容，建议教学计划 48 学时（包含过程考核），具体分配如下表所示。

项目名称	计划学时
项目一　快递行业认知	6
项目二　快件收寄作业	22
项目三　快件中转作业	12
项目四　快件派送作业	6
机动/考核	2

本书由辽宁经济职业技术学院周祺、张润卓和辽宁农业职业技术学院邱学林担任主编。其中，周祺负责全书的策划和统稿。项目一和项目二由周祺编写，项目三由邱学林编写，项目四由张润卓编写。

本书是教育部第三批现代学徒制试点项目校企合作教材，本书的编写得到了顺丰速运（沈阳）有限公司的大力支持。梁晓龙、杨喜佳担任副主编，从企业角度给出专业性建议，胡思久、郑子阳为本书企业顾问。在编写过程中，编者还参考了国家、行业最前沿的相关资料，限于篇幅原因，不能一一列出，在此一并表示衷心感谢。

由于编者水平有限，书中不妥之处，请读者批评指正。

编　者

2020 年 3 月

目　　录

项目一 快递行业认知

任务一 快递服务概述

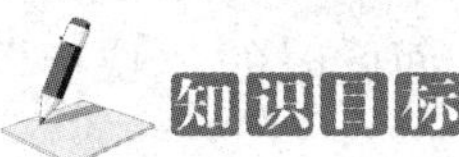

知识目标

1. 了解我国快递的发展历史。
2. 了解我国快递行业的现状。
3. 掌握快递的概念和基本流程。

能力目标

学生通过教师的引导和启发，能够通过阅读文献书籍和网络查询，对我国快递行业有一个初步的认识。

任务导入

破冰活动

学生分组，每组画出一个快递公司图标，并让其他组说出公司名称。哪组画的图标与其他组不重复即获胜。

工具准备：A4 纸，彩笔。

在今天，快递对于我们来说已经不陌生了，不管是在城市还是在农村，随着电子商务的迅速发展以及交通运输的日益便利，快递末端网点可谓是遍布全国各地，从“七日达”到“三日达”，甚至“当日达”“半日达”，快递的运送速度一次次刷新着我们的认知，不管身处城市还是农村，都可以享受到极大的方便。我国的现代快递业虽然是从 20 世纪 80 年代才开始发展的，但与之类似的信息和实物的传递古已有之。

一、中国快递行业概述

（一）快递起源

在中国古代，那时交通不便，但人们，特别是政府与地方官员之间，也是需要传递文书或物件的，而早在那时，人们就通过各种各样的“快递”方式和制度保障了这种需求。

1. 夏商周：驲传制度，史上最早的快递

中国是世界上最早建立传递信息组织的国家之一。早在夏商时期，其实就已经有了“快递”，限于交通，大都是靠人力“捎带”，那时候民间就有人靠此为生。殷墟挖掘出的甲骨文证实，在3000多年前的商朝，中国已有近似于快递的驲（rì）传制度。当时乘车传递的叫“驲”或“传”，乘马传递的叫“递”或“驿”，而此时的“快递”是丝毫没有私密性可言的，也没有任何的监管措施。

到了西周时期，政府发现“快递”能够提高办事效率，于是设立了相关官职。当时周王朝的官职中，便设置了主管邮驿、物流的官员“行夫”，对其职责要求是“虽道有难，而不时必达”。为了使这些邮传人员的休息得到保障，政府都会在邮传途中建立一些称作“委”“馆”或“市”的休息场所。相比早期的驲传制度，此时的“快递业”因为有了朝廷的参与，变得更为规范，其可分为“徒遽”与“传遽”，前者是靠步行，后者是靠邮车，主要用于政令、军情的传递，民间并没有广泛使用。

2. 春秋：快递效率提升，驿站诞生

春秋时期，随着对“快递”需求的提高，快递业飞速发展，大力提速，便有了“马传”，用快马代替了脚力，近距离靠单骑，长距离靠接力，驿站便由此诞生，但在当时称呼并未统一，称“遽”或“邮”或“置”，实际上就是驿站，每隔二十里（1里=500米）设立一站，供“快递员”休息和换马。“驿站”的设立极大地加快了文书和军令的传递，但同时，其安全性和私密性并没有得到保障。

3. 秦汉：快慢件的区分，快递业的规范和统一

秦朝快递行业有了更明确的规定，出现了快慢件之分。一般普通物品没有要求到达时间的，就一般配送；标注“马上飞递”的，以每天300里的速度传递；标注“十万火急”的那就要飞速传达。到了驿站，“快递员（或投递员）”甚至顾不上休息，便立刻换马启程，速度可达日行500里。

当时，“快递员”的服装也得到了一定的统一。古人崇尚“五德终始”，秦代以水德自命，色彩上“尚黑”、数字上“尚六”。当时的车同轨一律为“舆六尺”，用于快递业务的马匹则是“乘六马”；上等投递员的着装都是黑色。到了汉代，黑色不受欢迎，投递员穿红色工作服，另外，投递员身上还背着“赤白囊”，即一种红白相间的专用邮包。

此外，“快递”的安全性也有了进一步的提高。以秦代为例，当时有严格的交接和登记制度。防止泄密最重要的手段是密封。秦时文书都是写在竹简上，所以传递之前都会将邮件捆扎妥当。在结绳处使用封泥，并盖上相关印玺，以防私拆；若文书写在绢素上则要装入书袋中。同时对投递员的素质也提出了硬性要求，不诚信的人不能担任投递员。

到了汉代，封装工具和手段更加丰富，外封套有函、箧、囊等，根据物件的形状、大小，分别装入不同的包装中。其中，“函”为一种小木盒，用来装简牍，上有木板盖，刻线三道，凿一小方孔，用绳子扎好后，方孔处要用封泥封好。

4. 隋唐：快递业兴盛，可运输生鲜

魏晋时期，魏国人陈群撰写了中国历史上第一部邮政法规——邮驿令。自此后，“快递业”高速发展，日益规范。到了隋朝，大运河的开通使快递业发展呈兴盛之势，相比陆路运输，顺水而为的水路运输更显优势，避免翻山越岭，缩短了送达距离，速度更快。

唐朝时期，国际交流频繁，各国使节和官员公差往来大为增加，朝廷干脆改驿站为馆驿，以突出其迎来送往的“馆舍”功能，相当于如今的招待所。而在盛唐时，全国有1643个馆驿，200多个水驿，有2万多人从事驿站工作，可见当时“快递业”的繁荣。安史之乱时，公元755年，安禄山在范阳（今北京一带）起兵，远在长安的唐玄宗6天后收到消息，大致推算下来，日行距离已经超过了500里，在当时，可谓神速。此外，由于“快递”效率达到了前所未有的高度，唐时也开始流行用快递运送水产、水果。不仅有“一骑红尘妃子笑，无人知是荔枝来”，当时平原郡（今山东境内）进贡的螃蟹，也是使用“快递”运输。

由此看来，唐朝“快递业”虽发展迅速，但“官方快递”也大都只为皇室及达官显贵服务，很少为民间所使用，可民间也有需求，于是，镖局应运而生。镖局主要运输大件货物，以镖局担保，并由专业的镖师护送，随着镖局业务发展，也出现了信镖、银镖、物镖、票镖、粮镖和人身镖等，可见，相对于“官方快递”，镖局的范围更广，且更看重“货物”的安全，这类似于如今的“运输保险制度”。

5. 宋元：快递效率进一步提升，管理进一步规范

到了宋朝，政府为文书的传递建立了递铺。虽然跟“快递”有一字之差，但这个递铺更像现在的邮局，是递送官方文书与物资、捎带递送官员家信的组织。同驿站相比，递铺有三个长处：一是距离短、机构多；二是昼夜不停、接力传送；三是深入内地，具有规模庞大、四通八达的通信网。当时，“快递”的基本组织原则有两条：计程责限和依限传送。计程责限就是在规定时间内快速完成递送。依限传送是指将“快递”按照时限分为三种，即步递、马递和急脚递。顾名思义，就是走着送、骑马送、赶快跑着送，具体选择哪一种就得依据客户的要求了。

在宋代，需要寄送信件和物品时，要到递铺按响铜铃，铺兵听到铜铃就开始办理收寄或者交接手续。沿途驿站秣马以待，一听到铃声就立刻飞身上马，驰往下一站。

同时，凡是交急脚递或马递传送的文书，要当着官员的面以蜡实封装入筒内，这叫作“实封入递”，相当于现在的收寄验视制度。宋朝制定的《金玉新书》是两宋递铺法规总集，也是迄今为止我国古代较为完整的一部通信法规。

6. 明清：最早的“国际快递”以及最早的邮局

到了明朝，“快递业”的发展上升到新高度，那时运输有严格期限要求。如甘肃秦州卫（今甘肃天水）到北京约3320里，限110天内到达。而最早的“冷运”也发展于此时，明代于慎行诗道：“六月鲥鱼带雪寒，三千江路到长安。”鲥鱼是产于长江下游的一种名贵的鱼，经三千里路运到长安后尚能“带雪寒”，原来用的是“冰船”，有人将其称为世界上最早的“冷藏船”。随着国际贸易的发展，明代的海外快递还引进了如今常见的南瓜、玉米、番茄、烟草等。据《上海通志》记载，明朝永乐年间，出现了“民信局”，又称“信局”，这就是当今邮局的前身。

到了清朝，驿递体系更加完善，驿、站、塘、台、所、铺统称邮驿，快递速度可达一天600里。咸丰年间，冯桂芬效仿西方，建立了邮政局。1913年，北洋政府宣布，全国驿站撤销。

（二）现代快递业发展历程

现代快递业在20世纪60年代末起源于美国。以DHL（敦豪航空货运公司）为代表的国际私营快递公司首先推出了紧急文件专递业务，以后逐渐扩大到限时实物寄递，其客户群主要是商贸类客户。

1980年，中国邮政开办全球邮政特快专递业务，并于1984年开办国内特快专递业务，开创中国快递业先河。

1993年，申通、顺丰分别在浙江和广东成立。1994—2002年，天天、韵达、圆通和中通快递相继成立。

2003年，顺丰开辟航运市场，租下扬子江快运的5架737全货机，成为国内第一家使用全货运专机的民营快递企业。

2007年，京东自建物流，电商企业正式进入快递业。

2009年，《中华人民共和国邮政法》经过修订，首次明确快递企业的法律地位。至此，民营快递企业有了牌照。

2009年11月11日，淘宝平台首次提出“双十一”“光棍节”，并借此推行网销打折活动，当天的销售额达5200万元，众多快递企业来不及反应，严重爆仓，耗费几周时间才将所有快件处理完毕。

2013年，阿里集团嗅到了快递行业的商机，投资3000亿元建立菜鸟网络。

2015年11月11日，快递运送速度大有改观，“双十一”后的一周内有超过94%的物流订单已经发货，累计2.4亿个包裹完成签收。

2016年，圆通借壳大杨创世，正式登录A股。同年，申通在深圳证券交易所上市。2017年1月18日和2月24日，韵达和顺丰在深圳证券交易所分别登录资本市场。

2017年7月13日，顺丰正式宣布，顺丰大型物流无人机总部基地项目落户成都双流自贸试验区，该项目总投资7.4亿元。同年7月26日，京东宣布京东无人机飞行服务中心正式启用，快递正式开启无人机时代。

2018年，天猫“双十一”物流订单量超过10亿单，中国快递进入一天10亿件包裹时代。作为中国经济的一匹“黑马”，快递业在稳增长、调结构、惠民生等方面扮演着日益重要的角色。

随着5G商用的加速落地，物流行业的颠覆式变革在2019年拉开了序幕。各大物流商纷纷布局物联网、大数据、AI（人工智能）等前沿技术，掀开5G时代智慧物流新篇章。顺丰在2019年进一步加快了智慧物流建设，在科技方面的年投入达到27.23亿元；菜鸟则宣布将投入1000亿建设国家智能物流骨干网络。

2020年，最热的词应该是“新冠肺炎疫情”。邮政快递业反应迅速，发挥自身优势，积极主动参与抗疫物资运输，全力保障人民群众生活用品递送，在打通主动脉、畅通微循环中发挥了先行作用，累计发运车辆8.75万台次、货运航班779架次，寄递防疫物资48.98万吨。

2021年12月8日，这是一个应该被快递业记住的日子，我国快递业务量首次破千亿。

2023年，快递巨头的时效竞争逐渐白热化。3月底，菜鸟推出“1212半日达”，率先打响行业时效战第一枪；4月，京东物流上线“云仓达”服务，为经销商同城非即时需求的订单提供“半日达”履约方案；2022年，顺丰对旗下同城快递产品开展升级优化，推出能够实现“上午寄下午到，下午寄当天到”的“同城半日达”服务产品。“半日达”已成为国内三大物流巨头的核心焦点。

2023年，我国快递包装绿色治理工作取得初步成效。截至当年9月底，全行业采购使用符合标准的包装材料和规范包装操作两个比例均达到90%，电商快件不再二次包装比例超过90%，使用可循环包装的邮件快件超8亿件，设置标准包装废弃物回收装置的快递网点达12.7万个，回收复用质量完好的瓦楞纸箱超6亿个。包装箱瓦楞纸5层减为3层，减量达40%；胶带宽度60mm减至45mm以下，减量达25%。快递包装绿色治理正在有序进行。

（三）中国快递业发展现状

根据国家邮政局发布的数据，2023年，快递业务量（不包含邮政集团包裹业务）累计完成1320.7亿件，同比增长19.4%；快递业务收入累计完成12074.0亿元，同比增长14.3%。

2023年，同城快递业务量累计完成136.4亿件，同比增长6.6%；异地快递业务量累计完成1153.6亿件，同比增长20.5%；国际/港澳台快递业务量累计完成30.7亿件，同比增长52.0%（见图1-1-1）。

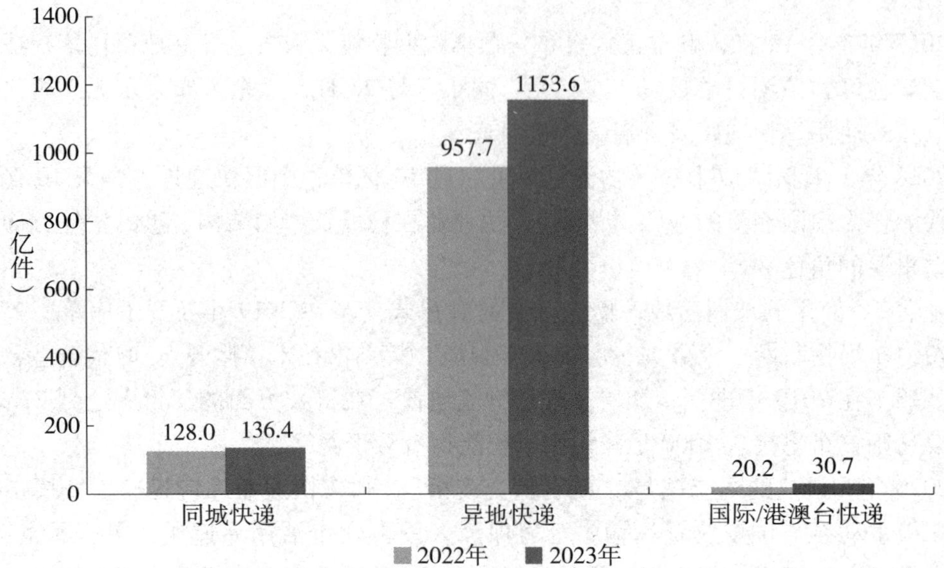

图 1-1-1　2022—2023 年快递业务量比较

2023 年，同城、异地、国际/港澳台快递业务量分别占全部快递业务量的 10.3%、87.4%和 2.3%（见图 1-1-2）。与 2022 年同期相比，同城快递业务量的比重下降 1.3 个百分点，异地快递业务量的比重上升 0.8 个百分点，国际/港澳台业务量的比重上升 0.5 个百分点。

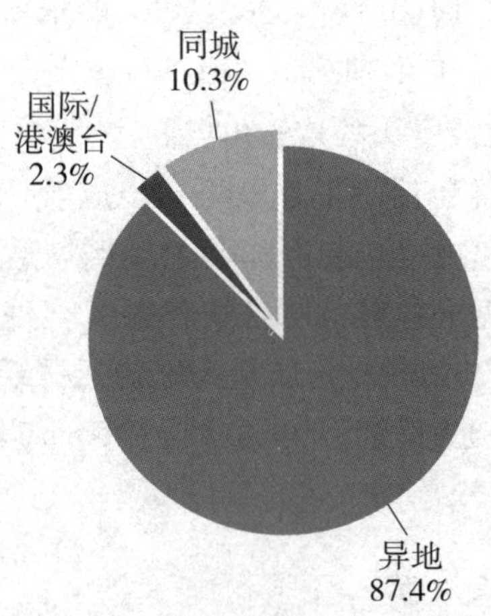

图 1-1-2　2023 年快递业务量结构

2023 年，东、中、西部地区快递业务量比重分别为 75.2%、16.7%和 8.1%，业务收入比重分别为 76.2%、14.1%和 9.7%。与 2022 年同期相比，东部地区快递业务量比重下降 1.6 个百分点，快递业务收入比重下降 1.4 个百分点；中部地区快递业务量比重上升 1.0 个百分点，快递业务收入比重上升 0.7 个百分点；西部地区快递业务量比重上升 0.6 个百分点，快递业务收入比重上升 0.7 个百分点。

（四）“十四五”邮政业发展规划

1. 完善寄递网络体系

寄递网络是邮政业高质量发展的基础底盘，是综合立体交通网的重要组成部分。完善寄递网络体系，重在紧密衔接综合交通运输体系，提升枢纽能力，畅通干线运输，补齐末端短板。

一是加强枢纽布局建设。打造现代枢纽，培育枢纽集群。统筹枢纽规划建设。加强智慧快递园区建设。发展枢纽经济。实施邮政快递枢纽能力提升工程。二是提升干线运输能效。构建邮政快递干线运输网络。建设好航空、铁路寄递网络。优化升级公路运输能力。推广应用多式联运。三是建强寄递末端网络。推动城市居住社区配建邮政快递服务场所和设施。在城镇老旧小区改造中，开展智能快件箱等改造建设。加强农村网络设施资源共享。加快完善农村寄递物流体系，实施快递进村工程。发展无接触服务。

2. 发展国际寄递物流

国际寄递物流是邮政业高质量发展的短板弱项。发展国际寄递物流，有利于保障我国产业链供应链安全稳定，对实现高水平对外开放、开拓合作共赢新局面、推动共建“一带一路”高质量发展具有重要意义，需要分步骤、有层次、重伴随、逐步推进。

一是拓展海外服务布局。增强国际寄递网络的连通性和稳定性，鼓励建设海外仓。加快结点成网。拓宽寄递通道。增强网络连接。二是提升跨境服务能力。鼓励寄递企业提升跨境干线运力和供应链一体化服务能力。引导寄递企业集约共享资源。利用海外专业化服务，拓展境外业务。实施快递出海工程。

3. 推进行业科技创新

科技创新是邮政业高质量发展的核心动力。推进行业科技创新，是落实创新驱动发展战略、全面塑造发展新优势的必然要求，是加快产业数字化、推进数字产业化、加快建设智慧邮政的关键抉择，需要聚焦重点、健全体系。

一是健全科技研发体系。鼓励加大研发投入，提升技术创新能力。创新科技成果转化机制，促进新技术产业化规模化应用。二是完善技术标准体系。增强技术标准供给。加强标准制修订，健全标准实施评估机制。增强标准国际影响力。三是打造技术产品体系。出台邮政业应用技术研发指南。强化重大项目攻关与试点，推进先进技术同产业深度融合，培育新技术、新产品。实施智慧邮政建设工程。四是建立科技测评体系。支持发展行业标准试验验证、检验检测认证等服务。构建科技产品及标准测评体系。加大对强制性国家标准相关产品的检验检测力度。五是发掘行业数据价值。推进寄递全环节数字化、智能化。完善数据资源体系。加强行业数据管理。形成数据驱动发展新格局。

4. 提高行业安全水平

安全是邮政业高质量发展的底线前提。提高行业安全水平，事关国家安全和人民群众生命财产安全，是统筹发展和安全、建设平安中国的必然要求，须臾不可放松，需要时刻强化，明确务实管用举措。

一是强化行业安全管理。加强行业安全法规体系、机构队伍建设，完善寄递安全联合监管等机制。完善和落实行业安全生产责任制。严格执行三项制度。开展“平安寄递”行动。提升安全监管智能化水平。实施寄递渠道安全监管“绿盾”工程（二期)。二是加强网络数据安全。严格落实网络安全工作责任制，完善有关标准规范。加强行业关键信息基础设施保护。加强重要数据和个人信息保护。加强行业网络安全教育培训。三是健全行业应急体系。完善行业应急管理机制和应急预案体系，构建应急指挥体系。强化寄递安全应急保障工作机制。加快构建应急寄递物流体系。

5. 促进行业绿色发展

绿色发展是邮政业高质量发展的题中之义。促进行业绿色发展，是贯彻习近平生态文明思想的必然要求，是加快发展方式绿色转型的具体体现，是回应社会关切、为民办实事的重要表现。

一是健全绿色制度体系。出台《邮件快件包装管理办法》等部门规章。制定绿色包装等系列标准。建立绿色发展管理等制度。二是推进包装绿色转型。提升快递包装减量化、标准化、循环化水平。推进包装材料源头减量。大力推广简约包装。推动电商与快递包装协同治理。规范和加强快递包装废弃物回收和再利用。三是促进绿色低碳发展。推动建立邮政业碳排放核算、报告和核查机制。推广使用新能源和清洁能源运输车辆。推进智能分仓、科学配载、线路优化、循环共用。加快建设绿色网点，完善行业生态安全保障体系。

二、快递服务的定义与特点

（一）快递服务定义

快递服务是指按照约定的时限、方式快速完成的寄递活动。其中，“寄递”是将信件、包裹、印刷品等物品按照封装上的名址递送给特定个人或者单位的活动。寄递包括收寄、分拣、运输、投递等环节。WTO（世界贸易组织）和《万国邮政联盟公约》明确规定快递服务属于通信服务。

1. 快递服务与邮政业普遍服务的区别

快递服务不同于邮政业普遍服务中的基本寄递服务。快递服务从属于邮政业，受到国家邮政监督管理部门的监管。快递服务与邮政业普遍服务的区别如表 1-1-1 所示。

表 1-1-1　　快递服务与邮政业普遍服务的区别

项目	快递服务	邮政业普遍服务
性质	由市场主导，是企业为有支付能力的客户提供的商业服务，属于竞争性商业服务产品	由政府主导，国家为保障公民通信权益而向所有公民提供的公共服务，是非竞争性服务产品

续　表

项目	快递服务	邮政业普遍服务
企业运行	自负盈亏，优胜劣汰	出现政策性亏损时，国家给以专项补贴
国家政策	享有较少的国家特殊政策优惠	国家给予邮政企业较多优惠政策，如减免税收、邮车通行便利、报关便利、港口、机场等设施使用的便利等
网点覆盖	国内网点多设在成熟或发达地区，乡镇村等落后地区网点稀少；国际网点多与加盟商以合作方式开展，数量有限	全国全覆盖；国际方面通过万国邮政联盟实现主要国家覆盖
经营范围	以商务文件、资料、小型物品为主	以私人信件、包裹为主
服务标准	多层次、多样化的服务品种，提供“门到门”“桌到桌”的直达服务	提供统一化、标准化的服务
传递渠道	国际、国内快递通过企业自身的网络或航空货运代理进行快件运输和投递	在国内通过各地邮局实现连续投递，在国际通过万国邮政联盟实现连续投递
定价机制	按照服务效率、服务程度、市场供求关系或环节流程决定价格	低价原则，全国统一的固定资费标准

2. 快递服务与物流服务的区别

快递服务与现代物流关系密切，它是第三方物流的重要组成部分，但与物流服务存在显著的区别。快递服务与物流服务的区别如表 1-1-2 所示。

表 1-1-2　快递服务与物流服务的区别

项目	快递服务	物流服务
服务形式	“门到门”“桌到桌”	形式不限
封装要求	使用带有本企业标识的封装品，单独封装	符合运输要求即可
内件性质	严格执行禁限寄物品的规定	符合运输要求即可
受理方式	填写快递运单	签订运输委托合同
规格要求	有规格、重量的上限	符合运输要求即可
作业方式	收寄、运输、分拣、派送，无存储功能	运输、存储、配送、加工等
时限要求	快速及时，一般要求在 3 天以内	双方约定
市场准入	经营邮政通信业务许可	经营道路运输业务许可； 仓库经营许可（普通仓库没有许可，只有保税仓库有）； 保税货物仓储物流业务许可等
标准体系	邮政快递业务相关标准	物流标准化相关规定
主管部门	邮政管理部门	交通、流通与综合管理部门

区分快件和内件

快件：快递服务组织依法收寄并封装的信件和包裹的统称。

内件：快件去除封装物后的文件和物品的统称。

（二）快递服务的特点

快递服务与传统的邮政业普遍服务和第三方物流企业提供的物流服务有本质的区别，具体来说，快递有如下特点。

（1）快递服务的本质反映在一个“快”字上，快速是快递服务的灵魂。

（2）快递服务是“门到门”“桌到桌”的便捷服务。

（3）快递服务需要具有完善、高效的服务网络和合理的覆盖网店。

（4）快递服务能够提供业务全程监控和实时查询。

（5）快递服务要求快件须单独封装、具有名址、有重量和尺寸限制，并实行差别定价和付费结算方式。

三、快递业务员职业道德

快递业务员是对快递企业工作人员的统称。快递业务员是使用快递专用工具、设备和应用软件系统，从事国内、国际及港澳台地区的快件揽收、分拣、封发、转运、投递、信息录入、查询、市场开发、疑难快件处理等工作的人员。在快递行业中，一般将快递末端网点的收派人员称为快递员；将快递末端网点的仓库管理人员称为仓管员；将中转中心的一线工作人员称为快件处理员；将客户服务部门的一线工作人员称为客服。

1. 职业道德的定义和特点

道德是人类特有的，是调整人与人、人与社会以及人与自然之间关系的行为规范的总和。这种规范是靠社会舆论、传统习惯、教育和内心信念来维持的。职业道德是职业品德、职业纪律、专业胜任能力以及职业责任等的总称，是人们在从事职业活动的过程中形成的一种内在的、非强制性的约束机制。

职业道德从属于社会的一般道德原则，但它作为道德生活的一个特殊领域，又有着自己的特点，如下所示。

（1）职业性。职业道德的内容与职业实践活动紧密相连，鲜明地表达职业义务、职业责任和职业行为上的准则，反映特定职业活动对从业人员行为的道德要求。

（2）实践性。职业行为过程就是职业实践过程，只有在实践的过程中，才能体现出职业道德的水平。职业道德的作用是调整职业关系，对从业人员职业活动的具体行为进行规范，解决现实生活中的具体道德冲突。

（3）规范性。规范性是指根据职业活动的具体要求，对人们在职业活动中的行为用条例、章程、守则、制度、公约等形式做出规定。

（4）继承性。在不同的社会经济发展阶段，同一种职业因服务对象、服务手段、职业利益、职业责任和义务相对稳定，职业行为道德要求的核心内容将被继承和发扬，从而形成被不同社会发展阶段普遍认同的职业道德规范。

2. 快递业务员职业道德具体要求

根据《快递员国家职业技能标准》的规定，快递业务员职业道德内容主要体现为快递业务员的职业守则。快递业务员的职业守则主要包括：遵纪守法，诚实守信；爱岗敬业，勤奋务实；团结协作，准确快速；保守秘密，准确安全；衣着整洁，文明礼貌；热情服务，奉献社会。这六方面的内容全面概括了快递业务员在从事快递服务过程中所应履行的基本职责和义务，既体现了快递业务员应具有的职业道德的特殊性，又体现了服务行业职业道德规范的普遍含义。

（1）遵纪守法，诚实守信。

快递业务员应严格遵守国家的各项法律法规和企业内部的规章制度。俗话说，没有规矩，不成方圆，只有人人都自觉遵纪守法、照章办事，社会秩序才能保持良性运转。快递业务员还应重信誉、守信用。快递业务员直接面对每一位客户，一定要实事求是、信守承诺，才能赢得客户的信任，为企业树立良好的形象。

（2）爱岗敬业，勤奋务实。

快递业务员要热爱快递事业，树立责任心和事业心，踏踏实实地勤奋工作。另外，随着信息、通信等高科技的快速发展，现代快递行业的综合科技含量也越来越高，快递从业人员需要学习和掌握的科技文化知识也越来越多。因此每一位快递业务员必须努力学习与快递相关的知识，刻苦钻研快递业务，才能为客户提供多元化的高效服务，并促进快递行业又好又快地发展。

（3）团结协作，准确快速。

团结协作是由快递业务工作的特性决定的。快递业务是一整套的业务流程，是由各个环节甚至不同地区的员工分工合作完成的，因此快递业务员在工作中重视团结、协调与合作，就显得尤为重要。

准确快速是因为快递服务最根本的制胜点反映在“快”上。只有各个快递环节都保证准确、无误，才能将快件准时送达。

（4）保守秘密，准确安全。

保守秘密是由快递服务的特殊属性决定的。快递业务员所负责寄递的快件，很有可能涉及客户的个人隐私、商业秘密或国家机密，这就要求快递业务员要保守秘密，绝对不准对外界透露，否则，将侵害客户的权益，严重的还会受到法律制裁。

准确安全要求快递业务员在工作过程中，必须保证快件的安全，将快件完好无损地送到客户手中。另外，也要注意保护好生产工具和自身的人身安全。

（5）衣着整洁，文明礼貌。

快递员需要直接面对客户进行收寄和派送，其外表和精神面貌直接代表了企业的形象和素质。因此，快递企业要求一线员工工作时间着工装，并保持工装整洁，在向客户提供服务时，要主动、热情、耐心，做到眼勤、口勤、手勤、腿勤，对老、幼、弱、孕客户给予更为周到细致的服务和帮助。

（6）热情服务，奉献社会。

热情服务，奉献社会是职业道德规范的最高要求。快递业务员要有高度的责任心和使命感，应本着全心全意为人民服务的精神，以饱满的热情投入到快递工作中去，以积极进取的心态在工作中追求卓越、奉献社会。

“生命摆渡人”汪勇：危急时刻，一个快递小哥的家国情怀

汪勇工作的顺丰速运快递末端网点位于武汉市将军路，他主要负责无人货架的日常补货。“封城”第二天，农历大年三十。汪勇去了超市，买到了N95口罩。那时的他并没有意识到，这个城市以及在其中生活的1000多万人即将迎来一段特殊的“危急时刻”。

2020年1月25日，汪勇接送了30个医护人员，从清晨5点50分左右一直忙到晚上7点多。他不知道自己是如何坚持下来的，只是觉得“高估了自己”。第二天早上，汪勇7点钟就醒了，第一单他没接，第二单，接了。“如果医生护士扛不住，疫情会彻底失控，我帮他们，就是间接地在救人。”一旦开始接单，汪勇就没有时间纠结了。当医护人员把自己节省下来的口罩送给他时，汪勇知道，这场危机，需要所有人一起面对。

到了第三天，医护人员对车辆的需求不断增加，一个人一辆车，汪勇忙不过来，他开始往其他的群里发送求助信息，招募更多的志愿者伙伴。不断挑选、磨合后，包括自己在内，汪勇组建了一个7人团队，专门负责接送金银潭的医护人员。疫情期间，汪勇和他身后的志愿团队共计为4000多名医护人员提供了各种各样的后勤服务。

“家国情怀”，汪勇用四个字来表达自己所理解的抗疫精神，“我们作为社会的一分子，当家、国面临考验的时候，我们都有一份责任站出来，尽自己一点微薄的力量。”汪勇说，“我不是英雄，我只是用自己的方式做力所能及的事。”

2020年，汪勇被评为“全国抗击新冠肺炎疫情先进个人”。同年，《感动中国》组委会在给予汪勇的颁奖词中这样写道：“没有人能百毒不侵，热血可以融化恐惧；没有人是生来的勇者，责任催促你重装上阵；八方统筹，百般服务，你以凡人之力书写一段传奇。”“小人物”汪勇践行的正是“舍生忘死”的伟大抗疫精神。

四、快递服务的分类

快递服务的分类依据有多种：按寄递区域划分，分为国内快递、国际快递；按城乡区域划分，分为农村快递、城市快递；按温控条件划分，分为常温快递、冷链快递；按所有制形式划分，分为国有、民营、外资三大主体；按运输方式划分，分为航空、公路、铁路三种方式；按快递企业经营模式划分，分为加盟型和直营型两种类型。

（一）国内快递、国际快递

1. 国内快递

国内快递是指从收寄到投递的全过程均发生在中华人民共和国的快递服务。具体又分为：同城快递、异地快递、港澳台快递。

（1）同城快递服务。

同城快递是指从收寄到投递的全过程均发生在中华人民共和国境内同一城市（地级以上）的快递服务。例如，寄件地在北京市海淀区，收件地在北京市房山区，快件从北京市的海淀区发往房山区，这一快件即为同城快递。同城的概念原则上是指同一城市，但由于快递企业网络结构划分不同，各快递企业对同城地域范围的界定会有所不同。

（2）异地快递服务。

异地快递业务又分为省内异地快递和省际快递两类。

省内异地快递是指寄件地和收件地分别在中华人民共和国境内同一省、自治区中不同城市（地区、自治州、盟）的快递服务。例如，寄件地在河北省唐山市，收件地在河北省石家庄市，快件从河北省的唐山市发往石家庄市，这一快件即为省内异地快递。

省际快递服务是指寄件地和收件地分别在中华人民共和国境内不同省、自治区、直辖市的快递服务。例如，寄件地在河北省唐山市，收件地在广东省深圳市，快件从河北省唐山市发往广东省深圳市，这一快件即为省际快递。

异地快件量占总快件量比重最大，约为 87.4%。异地快递业务主要是区域内的业务和区域间的业务。区域内的业务可以通过公路运输或铁路运输完成，区域间的业务一般要依赖航空运力。

（3）港澳台快递服务。

港澳台快递是由中华人民共和国内地（大陆）寄往香港特别行政区、澳门特别行政区、台湾地区，以及由香港特别行政区、澳门特别行政区、台湾地区寄往中华人民共和国内地（大陆）的快递服务。一般将港澳台快递市场的数据和国际快递市场合并统计。

2. 国际快递服务

国际快递是指寄件地和收件地分别在中华人民共和国境内和其他国家或地区的快递服务，以及其他国家或地区间互寄但通过中华人民共和国境内经转的快递服务。

国际快递又分为：国际进境快递和国际出境快递。国际进境快递是指寄件地在其他国家或地区，收件地在中华人民共和国境内的快递服务；国际出境快递是指寄件地在中华人民共和国境内，收件地在其他国家或地区的快递服务。

2023年，我国跨境快递业务量累计完成30.7亿件，占年业务量的2.3%，跨境快递业务收入占我国快递业务收入的11.6%。

小包裹开启大市场，“90后”物流团队迪拜拓商机

跨境电商不仅可以让人轻轻松松“买全球”，蓬勃发展的海外仓也让中国商品漂洋过海“卖全球”。小包裹开启大市场，也让一群敢闯敢干的中国年轻人开拓了新商机。

晚上10点，当整座城市都开始入眠，迪拜海外仓的包裹集散中心却迎来了一天最忙的时候。春节期间，由于迪拜海关系统升级，包裹在被滞压数天后如潮涌般抵达。一个大客户的上百件提单即将超时，运营经理便赶紧带着员工加急处理。每天有超过三万件包裹从世界各地汇聚于这座海外仓。卸货、扫码、分拣、装车，处理完的包裹从这里出发，被送往中东和北非各地。这其中，大多数包裹都来自中国。

2023年，我国跨境电商进出口2.38万亿元，增长15.6%。其中，出口1.83万亿元，增长19.6%，销售网络覆盖全球220多个国家和地区，海外仓数量超过2400个，这让我国企业的触角更广、离海外买家的距离更近，进而带动跨境电商这一外贸新业态加速快跑。为快速响应当地订单，解决跨国物流时效和成本难题，不少中国企业纷纷在国外建起了海外仓，而且快速发展壮大。迪拜这个海外仓团队的管理层由30多名中国员工组成，几乎是清一色的“90后”。凭着中国年轻人的拼劲、闯劲和韧劲，团队在进驻迪拜两年多的时间里从无到有，成为当地包裹处理量前三的物流企业。

（二）农村快递、城市快递

农村快递指寄件地或收件地在农村地区的快递服务。

城市快递指寄件地或收件地在城市地区的快递服务。

近年来，快递进村政策支持力度不断增强，快递的触角加速向乡村延伸。截至2022年年底，快递服务覆盖全国95%建制村。全行业拥有各类快递末端网点43万处，累计建成990个县级寄递公共配送中心、27.8万个村级快递服务站点，平均每天有约1亿件包裹在乡村进出，城市和农村、东中西部之间快递服务水平差距不断缩小。按照部署，到2025年，我国将基本形成开放惠民、集约共享、安全高效、双向畅通的农村寄递物流体系，实现“乡乡有网点、村村有服务，农产品运得出、消费品进得去”。快递连接千城百业，有助于城乡商品流通、农特产品上行，促进乡村发展。

快递企业寄递的农产品一般包括：粮食、油料及干果；生鲜水果、蔬菜、茶叶、花木、牛奶及冷鲜冷冻水产、冷鲜冷冻畜禽肉；活体农产品（包括鲜活水产品）。快递企业寄递的鲜活水产品为海洋和淡水渔业生产的新鲜活体动物水产品，主要包含鱼类、蟹类、虾类、贝类及不另分类的水产品（龟鳖）。

案例

统仓共配！快递企业在这里协同进村

作为江苏盐城市乡村振兴工作的排头兵，东台市许河镇坚持将“快递进村、产品出村”作为一项重要的民生工程来打造，引进一整套智能化分拣设备，率先建成盐城第一家现代化镇级电商快递服务中心，让群众在家门口就能享受“电商+快递”服务。建立“种植养殖基地+生产加工+电商平台+寄递”一体化的供应链体系，真正畅通“工业品下乡、农产品进城”双向流通渠道。

这一举措直接带动当地土特产网络热销。据不完全统计，2022 年东台市通过寄递渠道销售各类土特产的业务量达 1200 万件，同比增长 16%；支撑相关产值 3.6 亿元，同比增长 26%。2023 年 1~6 月，通过寄递渠道销售各类土特产的业务量达 700 万件，同比增长 27%；支撑相关产值 2.8 亿元，同比增长 49%。

在盐城大丰区某智能仓储物流中心，操作场地有 6 条分拣线，每小时可分拣 2 万件快件。不同的格口对应不同的乡镇，业务量较大的村则有单独格口。物流中心每天的业务量为 11 万件左右，旺季期间每天能到 15 万~20 万件。2018 年，申通、中通、韵达等 5 家快递企业成立了第三方共配公司，在场地、设备、人员、配送、运营等方面实现了集中统一管理。统仓共配后，分拣效率明显提升，快件到村时间平均缩短 2 小时，每家企业平均每年节约经营成本约 12 万元。目前，大丰区开通了 34 条共配线路，实现了对 209 个建制村的快件直投。

盐城市已实现县级寄递物流中心全覆盖，建设乡级寄递公共配送中心 56 个、村级服务站点 1800 个，每年有近 820 万件快件抵达 1800 个建制村。

（三）常温快递、冷链快递

常温快递是指在自然环境下，不对快件所处的温度环境进行调节的快递服务。

冷链快递是运用制冷、保温技术和设备，使快件在寄递过程中始终处于规定温度范围的快递服务。

冷链快递服务根据寄递物品温度适用范围，主要分为以下三类。

（1）冷冻快递：适用温度范围在-18℃及以下。

（2）冷藏快递：适用温度范围在 0℃~10℃。

（3）其他温控快递：适用温度范围在 10℃~30℃。

（四）国有、民营、外资快递

按照所有制形式划分，我国快递行业中快递企业主要分为国有快递企业、民营快递企业和外资快递企业三类。其中，民营快递企业占据最大市场份额。

1. 国有快递企业

国有快递企业主要以中国邮政速递物流股份有限公司（EMS）、中外运空运发展股份有限公司、民航快递有限责任公司（简称“民航快递”）为代表。

2. 民营快递企业

民营快递企业以顺丰、京东物流、“通达系”快递企业等为代表。我国民营快递企业大多成立于北京、上海、广东等长三角、珠三角和京津冀地区。随着近几年快递业的飞速发展，重点民营快递企业的业务范围基本可以覆盖全国，甚至延伸到海外。

“2023 年中国民营物流企业 50 强名单”中显示，在民营快递企业中，顺丰控股、京邦达贸易（京东物流集团）、菜鸟供应链、圆通速递、中通快递处于领先地位。

3. 外资快递企业

改革开放初期，外资快递企业以合资合作的方式陆续进入中国市场。1980 年 6 月，日本海外新闻普及株式会社（OCS）经中华人民共和国对外贸易部和海关总署批准，与国内当时最大的外贸运输企业——中国对外贸易运输（集团）总公司（简称“中国外运”）签订了我国第一个快件代理协议。1984 年，美国联邦快递公司（FedEx）进入中国；1986 年，德国敦豪航空货运公司（DHL）与中国外运成立合资公司——中外运敦豪；1988 年，美国联合包裹运送服务有限公司（UPS）与中国外运建立合作关系；同年，荷兰 TNT 快递公司进入中国市场（TNT 已于 2017 年 5 月被 FedEx 收购）。

随着 2001 年中国加入世界贸易组织（WTO），外资快递公司陆续获得在华经营许可，外资快递企业开拓了国内服务，可以在指定范围内收寄和派送包裹。外资快递企业在华经营必须遵守我国法律法规。

（五）航空、公路、铁路三大运输方式

按照快递运输方式划分，可分为航空快递、公路快递、铁路快递三种。航空快递主要依托航空公司和机场，由于速度快，航空运输是远距离快递最常用的方式。公路快递是区域内快递和同城快递最常使用的运输方式。铁路快递通过行李车运输，运量大，且安全、准时，适用于大件物品和一些航空禁运物品的远途运输。近几年，也有快递公司在业务量高峰期运用高铁、地铁对现有运力进行补充，也取得了良好效果。此外，水路运输在特殊情况下也发挥了一定作用。

顺丰牵手中铁“坐”高铁

中铁顺丰国际快运有限公司（简称“中铁顺丰”）成立于2018年6月28日，是一家为国内外客户提供快速铁路运输服务的物流服务商。中铁顺风由中国国家铁路集团有限公司直属控股企业——中铁快运股份有限公司与顺丰控股旗下深圳顺丰泰森控股（集团）有限公司共同组建，以铁路运力资源为核心，经营范围主要包括高铁快运、行李车、快速货物班列等特色物流服务。

中铁顺丰目前使用的铁路运力包括：高铁图定列车、高铁动检车、普列行李车、电商班列、国际旅客列车行李车。基于高铁运力优势及高铁站寄递业务需求，开发了“高铁极速达”“高铁顺手寄”两种联合产品。“高铁极速达”主要为时效产品，包括即日达、次晨达、次日达，线路涵盖京津冀、江浙沪等全国重要经济圈，并以北京、上海、长沙、武汉、郑州、成都等各物流节点城市为中心，辐射周边。“高铁顺手寄”通过高铁站内便民服务点，满足高铁站内具有寄件需求的客户，寄递业务包括礼品、特产、行李、高铁安检不能携带物品等。

中俄欧快运是中铁顺丰推出的基于国际客运列车行李车的跨境快速运输服务。中铁顺丰提供始发地报关、口岸转关、目的站清关、制单等一站式服务，每周两班运力通达俄罗斯，全程5~6天，出口报关平均1天，目的站清关平均2天。列车时刻与路径，可随时查询。目前主要运输电脑、手机等电子类货物，普通日用品、小家电类货物，服装鞋帽等季节性实效要求强的货物，办公类、工业制品类货物（除危险物品、贵金属、超大件以及国家或铁路规定违禁品和特殊货物）等。

（六）直营型快递、加盟型快递

我国快递企业中存在两种经营模式，一种是直营模式，一种是加盟（特许经营）模式。直营模式以EMS、顺丰、京东为代表；加盟模式以申通、中通、韵达等企业为代表。

1. 直营模式

直营，就是指由公司总部直接投资经营，以一个品牌为主导，在各地投资设立分公司或子公司的经营模式，称为直营连锁模式。直营型快递从总部到末端的整个网络全部自行建设，包括人员、车辆、飞机、场站、设施、中转中心全部自有，独立形成完整闭环。

直营模式的优点有：经营管理统一化，易发挥整体优势；网点由总部统一管理，服务规范、一致，员工素质较高；人才队伍稳定，员工待遇较好，注重员工培训，员工有晋升渠道和发展空间，员工归属感强；信息化程度高，全公司统一管理，总公司的经营战略能统一实施，在技术引进和开发上有一定优势。

相比而言，直营模式也有一定缺点：由于整个网络全部由总公司自行投资，在企业扩张方面如果资金不足，很难在短时间内形成规模；公司组织系统层级较多，容易产生官僚化经营；运营成本较高，缺乏价格竞争优势。

2. 加盟（特许经营）模式

加盟是现阶段我国快递服务普遍存在的经营方式，是品牌企业（被加盟企业）许可其他经营者（加盟企业）统一品牌运作的一种经营体制。

商业特许经营（简称“特许经营”），是指拥有注册商标、企业标志、专利、专有技术等经营资源的企业（简称“特许人”），以合同形式将其拥有的经营资源许可其他经营者（简称“被特许人”）使用，被特许人按照合同约定在统一的经营模式下开展经营，并向特许人支付特许经营费用的经营活动。加盟型快递主要指快递末端网点的加盟模式。根据《快递市场管理办法》规定，加盟网点需要获得快递业务经营许可。

加盟型快递，采用深度外包的模式，一票快件从收寄到派送，经过的收寄端加盟商、总部干线、派送端加盟商三个部分之间没有任何股权关系，而是通过线下的物流网络、后台系统组织起来。加盟型快递实际上就是一个开放的、庞大的社会化“线下互联网”。

加盟型快递的优点是：加盟商众多，每个加盟商都分担了所在区域的启动成本，所以对于总部来说减少了启动资金的投入；加盟商比较熟悉当地市场，甚至有现成客户，有利于快递企业快速扩张。

加盟型快递也有一些缺点，如加盟型快递企业一般管理松散，加盟商对公司缺乏认同感和归属感；服务水平参差不齐，有的加盟商对网点管理比较规范，服务水平较高，有的加盟商对网点和员工疏于管理，常导致快件延误、破损、丢失，投诉率非常高；加盟关系不稳定，加盟商经营的网点效益不好可能很快就倒闭，经营状况好又担心总部收购；人才流动大，加盟网点无法为员工提供合理的发展空间和福利待遇，导致人才流失；市场定位低，加盟型快递因为管理上、权属上的特殊性，很难为跨区域的大型企业提供质量稳定的服务，因此不易开发双向客户。

五、快件运转全流程

1. 国内快递业务的主要服务环节

国内快递业务的主要服务环节为收寄、分拣、仓储、封发、运输、投递等，此外，快递服务主体还提供查询、投诉与申诉、赔偿等服务。国内快递业务流程如图 1-1-3 所示。

2. 国际快递业务的主要服务环节

国际进境快递业务的国内服务环节主要包括进口报关、运输、分拣、投递等；国

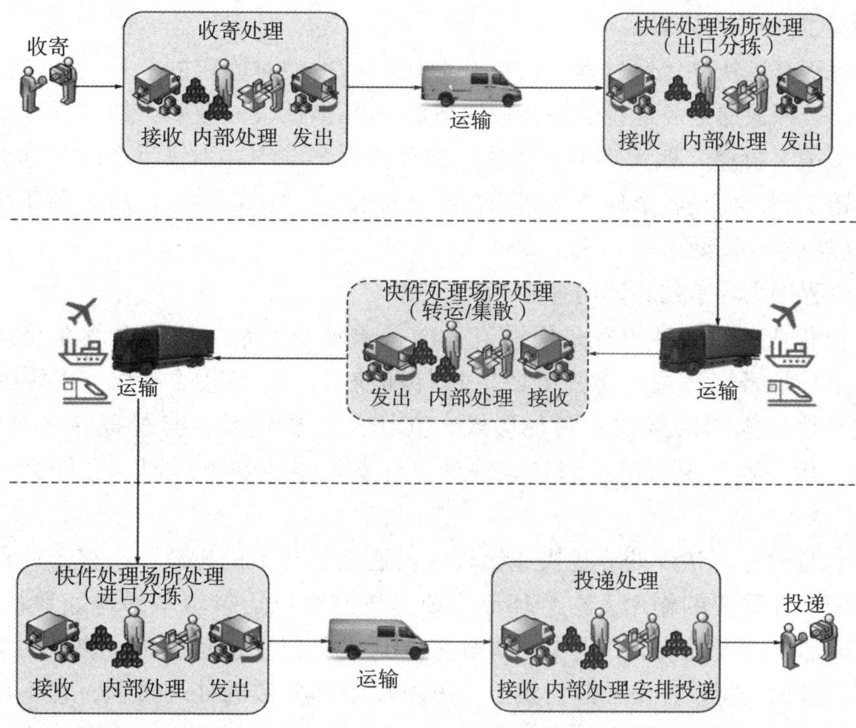

图 1-1-3　国内快递业务流程

际出境快递业务的国内服务环节主要包括收寄、分拣、封发、运输、出口报关，以及查询、投诉和赔偿等。国际快递业务流程如图 1-1-4 所示。

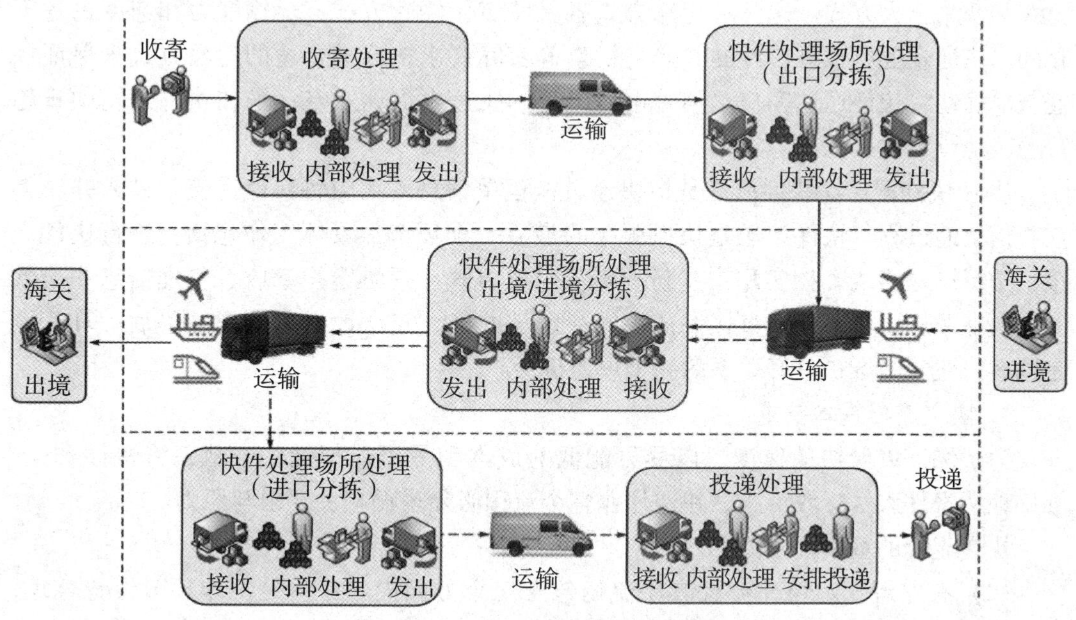

图 1-1-4　国际快递业务流程

3. 快递流程四大环节

快递流程是指快件传递过程中，逐渐形成的一种相对固定的业务运行与操作的顺序和环节。按照快递业务运行顺序，快递流程主要包括快件收寄、快件处理、快件运输和快件派送（投递）四大环节。在快递流程四大环节中，不仅每个环节存在大量的作业、运转工作，而且各个环节之间也需要密切配合、有效组织，从而保证快件传递的动态过程科学、高效。

快递流程四大环节的具体内容如下。

（1）快件收寄。快件收寄是快递流程的首要环节，是指快递企业在获得订单后由快递员上门服务，完成从客户处收取快件和获得收寄信息的过程。快件收寄分为上门揽收和快递末端网点收寄两种形式，其任务主要包括：验视寄件人身份信息、验视快件、指导客户填写运单和包装快件、计费称重、快件运回、交件交单等各项工作。

（2）快件处理。快件处理是快递流程中贯通上下环节的枢纽，在整个快件传递过程中发挥着十分重要的作用。这个环节主要是按照客户运单填写的地址和收寄信息，将不同流向的快件进行整理、集中，再分拣并封成总包发往目的地。快件的接收、分拣、封包、发运是将快件由分散到集中、再由集中到分散的处理过程，它不仅包括组织快件的集中和分散，还涉及控制快件质量、设计快件传递频次、明确快件运输线路和经营转运关系等内容。

（3）快件运输。快件运输是指在统一组织、调度和指挥下，按照运输计划，综合利用各种运输工具，将快件迅速、有效地运达目的地的过程。快件运输主要包括航空、公路和铁路三大方式。这三种运输方式各具特点，经营方式、运输能力和速度也各不相同。快递企业可根据快件的时效与批量等实际要求，选择合适的运输方式来保证快速与准确地将快件送达客户。随着市场经济的飞速发展，航空运输在快件运输中日趋普遍，地位日益提高。

（4）快件派送。快件派送是指快递员按运单信息，上门将快件递交收件人并获得签收信息的过程。快件派送是快递服务的最后一个环节，具体工作包括：进行快件交接、选择派送路线、核实用户身份、确认付款方式、提醒客户签收、整理信息和交款等。快件派送工作不仅是直接保证快件快速、准确、安全地送达客户的最后一环，也是同客户建立与维护良好关系的一个重要机会。

4. 快递流程基本要求

为了保证以最快的速度、以尽可能低的成本和尽可能便捷的方式，将快件安全、准确地从寄件人送达收件人，快递作业整个流程必须遵循相关要求与原则。

快递流程的基本要求如下。

（1）有序流畅。快递流程有序流畅包含三个方面内容：一是工作环节设置合理，尽量不出现重复、交叉的工作环节；二是每一工作环节内运行有条不紊，操作技能和方法运用合理，尽量减少每个岗位占用的时间；三是各工作环节之间衔接有序，运行平稳。上下环节之间应相互配合，保证节奏流畅。

（2）优质高效。优质高效是整个快递服务的生命线。优质，一方面是指最大限度地满足各类客户的需求，提供多层次的服务产品；另一方面是指本着对客户负责的精神，保证每个工作环节的质量，为客户提供优良的服务。高效，是指整个快递流程必须突出“快”的特点，这就要求网络设计、快递末端网点布局、流程管理合理有效；工具、设备和运输方式的选择能够满足信息和快件快速传递的要求。同时，为保证流程的优质高效，还应合理配置人员，加强员工培训，提高员工素质。

（3）成本节约。控制和节约成本应贯穿于整个快递业务流程。应该尽量减少和压缩不必要的快件中转环节，降低运输消耗，合理配置工具和设备，节约使用物料，充分利用一切可重复使用的资源，以降低快递成本，节约社会资源。

（4）安全便捷。安全是快递服务始终遵循的基本原则之一。在整个快递流程中，必须最大限度地降低可能会引发快件不安全的一切风险，保证快件在收寄、包装、运输、派送等过程中免受损坏和丢失；确保信息及时录入、准确传输，不发生丢失和毁灭等。同时，要体现方便客户的人性化服务，在服务网点设置、营业时间安排、上门收寄和派送服务等方面，应体现出便捷的服务特点，以满足客户需求。

六、快递业务网络

快递业务网络是指实现快件收寄、分拣、封发、运输、投递等所依托的快件传递网络和信息传输网络的总称。快递服务是通过网络实现的，其中快件是通过快件传递网络传递的，快件信息是通过信息传输网络传输的。

（一）快件传递网络的构成

快件传递网络是由快递呼叫中心（客服中心）、收派处理点或快递末端网点、中转中心和运输线路按照一定的原则和方式组织起来，并在调度运营中心的指挥下，按照一定的运行规则传递快件的网络系统（见图 1-1-5）。快件传递网络的各个节点必须步调一致、紧密衔接，才能实现快件的高效传递。

1. 客服中心

客服中心也称客户服务中心，是快递企业普遍使用的系统。主要通过电话、网络受理客户寄件订单、信息查询、客户投诉、索赔等业务。

2. 快递末端网点

快递末端网点是快递企业收寄和派送快件的基层站点，其功能是收寄某一城市某个地区的快件，以及将所属本区域的快件进行分拣和派送。

快递末端网点的设置，一般根据当地居民生活水平、人口密度、交通运输资源状况以及公司发展战略等因素来综合考虑。我国目前快递末端网点的分布情况是：城市多于农村，东部地区多于西部地区。

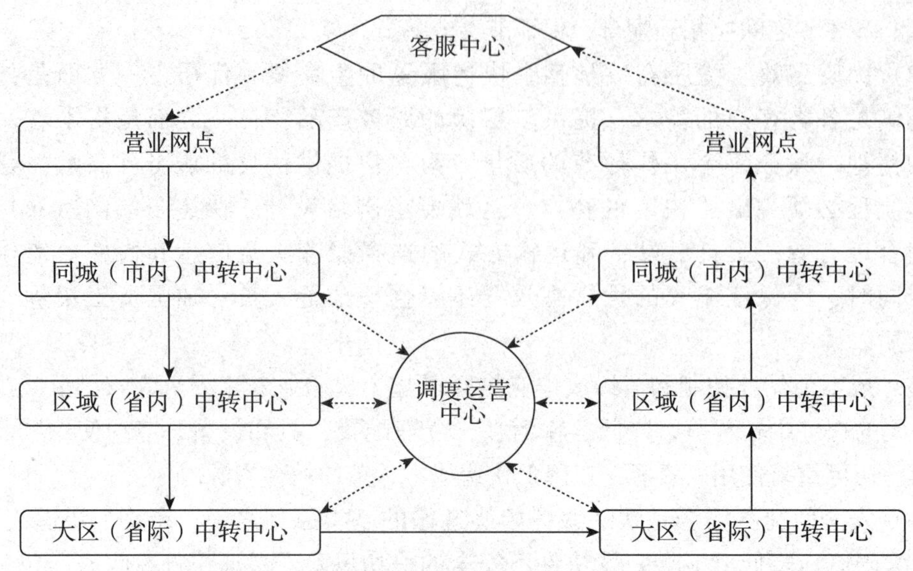

图 1-1-5　以客服中心下单为例的快件传递网络

注：图中实线表示运输线路，虚线表示信息传递。

3. 中转中心

中转中心是快件传递网络的节点，主要负责快件的集散，具体工作任务是分拣、封发、中转快件。快递企业一般根据业务范围和快件量来设置不同层级的中转中心。例如，一般全国性快递企业设置三个层次的中转中心（大区或省际中心—区域或省内中心—同城或市内中心）；区域性快递企业设置两个层次的中转中心；同城快递企业设置一个层次的中转中心。

中转中心的层级中，层级最高的是大区或省际中心，主要承担各大区或省际的快件集散任务，也承担本地区快件的处理任务，一般规模较大，主要建于全国交通枢纽城市，如北京、上海、广州等。第二层级是区域或省内中心，主要承担区域内或省内快件的集散任务，也承担本市快件的处理任务，一般建于省会城市。第三层级是同城或市内中心，主要承担本市快件的集散任务，规模较小。

随着快件单量的不断增长，快递行业技术含量也在不断上升。快件中转中心的处理方式也从手工操作向半机械化和全自动化处理方式转变。

4. 运输线路

运输线路是指快递运输工具在快递末端网点、中转中心之间以及所在地区的车站、机场之间，按固定班次及规定路线运输快件的行驶路线。运输线路按所需运输工具可分为航空运输线路、火车运输线路、汽车运输线路和水运线路。

运输线路和运输工具是保证快件快速、准确送达客户的物质基础之一，是实现快件由分散（各快递末端网点）到集中（各中转中心）再到分散（各快递末端网点）的纽带。

5. 调度运营中心

调度运营中心是控制并保证快件传递网络按照业务流程有序运行的指挥中心。它需要按照预定业务运营计划和目标实行统一指挥，合理组织、调度和使用全网络的人力、物力和财力资源，纠正快件传递过程中出现的偏差或干扰，确保网络迅速、高效的良性运转。

（二）快件传递网络的层次划分

每一个企业的快件传递网络都是一个有机的整体，不同的企业对快件传递网络又划分出不同的层次。一般来说，全国性的快递企业将网络分为三个层次：大区/省际网、区域/省内网、同城/市内网。

1. 大区/省际网

大区/省际网主要承担省际的快件传递任务，连接各大区或省际中转中心（包括国际快件中转中心），通过陆路运输和航空运输组成一个复合型的高校快递运输干线网络。例如，某快递企业根据东北、华北、华中、华南、华东、西北、西南七大区域，在沈阳、北京、武汉、广州、上海、西安、成都设立大区中转中心。每个大区中转中心主要负责大区间的快件传递。

大区/省际网是整个快件传递网络的关键环节，又最容易出现堵塞和其他问题，必须建立统一有序的指挥调度系统，即使进行信息反馈，以确保网络畅通无阻。

2. 区域/省内网

区域/省内网是大区/省际网的延伸，与同城/市内网联系密切，在快件传递网络中起着承上启下的作用。区域/省内网以区域或省内中转中心为依托，通过以汽车、火车运输为主的运输线路与其他中转中心相连接。例如，浙江省的省内中转中心设在杭州，浙江省地处华东大区，那么杭州中转中心的上级中心就是上海。

3. 同城/市内网

同城/市内网是由同城或市内中转中心与若干个快递末端网点组成，除负责快件的收寄和派送外，还负责快件的分拣、封发等工作。例如，浙江省绍兴市就设有一个中转中心，负责绍兴市辖区的快件中转，其上级中心就是杭州中转中心，与其同等级的中转中心还有金华中转中心、宁波中转中心等。

（三）信息传输网络

在快件传递的过程中，快件相关信息也在不断更新。这些信息包括快递的运单信息、总包信息、路由信息以及快件在每个节点的信息。传输这些信息的网络就叫作信息传输网络。

信息传输网络由物理系统和软件系统两大部分组成。物理系统包括信息采集和处理设备、信息传输线路以及信息交换、控制与存储设备。软件系统包括操作系统、数据库管理系统和网络管理系统。

目前，快递企业基本具备快递信息系统，为客户提供快件传递过程中的节点信息，方便客户查询和接收快递。同时，快递企业也利用信息系统中的数据对业务进行统计、分析。

任务二　快递地理知识

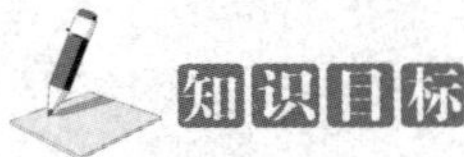

1. 掌握中国行政区域划分。
2. 了解中国的交通运输。
3. 了解百家姓。

学生通过学习能够区分快件始发地和目的地所在的国家（或地区）、省份和城市，能够区分快件中转运输的具体方式，能够识读生僻姓氏。

任务导入

比一比，谁说出的省会城市最多。

一、中国快递地理

（一）我国主要经济发展区域

改革开放之初，沿海率先发展战略使东部地区一马当先，保持领先地位，当时形成了三大经济圈。进入2000年后，随着西部大开发、中部崛起、东北振兴等区域发展战略的实施，特别是党的十八大以来“一带一路”倡议、京津冀协同发展和长江经济带战略的实施，丰富了我国区域经济发展总体战略布局，完善了政策体系，形成了四大板块和三个支撑带的空间战略格局。

1. 三大经济圈

改革开放后，国家鼓励东部地区率先发展。相继设立了深圳、珠海、汕头、厦门和海南5个经济特区，以及大连、秦皇岛等14个经济技术开发区，之后又相继把长江三角洲、珠江三角洲、闽南三角洲等开辟为沿海经济开放区。进入新世纪后，国务院先后批准上海浦东新区和天津滨海新区为全国综合配套改革试验区，先行试验一些重大的改革开放措施。东部沿海地区依靠本身的区位优势和改革开放的先发优势，抢抓发展机遇，实现率先发展，成为经济持续快速增长的“龙头”。长三角、珠三角和京津冀三大都市经济圈成为引领我国区域经济发展的“三大引擎”。

（1）长三角经济圈。

长三角紧临东海，位于我国最大的内河——长江的出口处。长三角经济圈以上海为中心，以南京、杭州为副中心；包括江苏的苏州、无锡、扬州、泰州、南通、镇江、常州，浙江的宁波、嘉兴、湖州、绍兴、舟山，安徽的合肥、芜湖等城市；以沪杭、沪宁高速公路以及多条铁路为纽带，形成一个有机的整体。长江三角洲城市群是中国城市化程度最高、城镇分布最密集、经济发展水平最高的地区。

（2）珠三角经济圈。

珠三角经济圈包括广州、深圳、佛山、东莞、惠州、中山、珠海、江门、肇庆等市。近年来又提出了“泛珠三角”的概念，其包括广东、福建、江西、湖南、广西、海南、四川、贵州、云南九个省区和香港、澳门两个特别行政区，简称“9+2”。

珠三角经济圈是亚太地区最具活力的经济区之一，是有全球影响力的先进制造业基地和现代服务业基地，是南方地区对外开放的门户、我国参与经济全球化的主体区域、全国科技创新与技术研发基地、全国经济发展的重要引擎，有“南海明珠”之称。

（3）环渤海经济圈。

环渤海经济圈是以京津冀为中心，以辽东半岛、山东半岛为两翼的环渤海滨海经济带，京津冀地区是环渤海经济圈的核心。环渤海经济区是一个复合的经济区，由三个次级的经济区组成，即京津冀圈、辽东半岛圈和山东半岛圈。

环渤海经济圈主要包括北京、天津、河北、山东、辽宁，也就是三省两市的“3+2”经济区域。环渤海地区拥有丰富的海洋资源、矿产资源、油气资源、煤炭资源和旅游资源，也是中国重要的农业基地。

2. 四大板块

我国的经济区域划分为东部、中部、西部和东北四大地区。国家重新调整区域发展布局目的是促进区域经济协调发展。具体要求是：积极推进西部大开发，有效发挥中部地区的综合优势，支持中西部地区加快改革发展，振兴东北地区等老工业基地，鼓励有条件的东部地区率先基本实现现代化，逐步形成东、中、西部经济互联互动、优势互补、协调发展的新格局。四大地区具体包含的内容大体如下。

（1）东北地区：辽宁省、吉林省、黑龙江省。

（2）东部地区：北京市、天津市、河北省、上海市、江苏省、浙江省、福建省、山东省、广东省、海南省。

（3）中部地区：山西省、安徽省、江西省、河南省、湖北省、湖南省。

（4）西部地区：内蒙古自治区、广西壮族自治区、重庆市、四川省、贵州省、云南省、西藏自治区、陕西省、甘肃省、青海省、宁夏回族自治区、新疆维吾尔自治区。

3. 三个支撑带

2015 年中国政府工作报告把“一带一路”、长江经济带和京津冀协同发展明确为“三个支撑带”。过去“四大板块”彼此分割，现在“三个支撑带”就是要打通板块，实现区域一体化。统筹实施“四大板块”和“三个支撑带”战略组合，是我国区域发展新的重大布局，有利于形成持续发展的战略支撑。

（1）“一带一路”。

“一带一路”是“丝绸之路经济带”和“21 世纪海上丝绸之路”的简称，2013 年 9 月和 10 月我国分别提出建设“新丝绸之路经济带”和“21 世纪海上丝绸之路”的合作倡议。“一带一路”旨在借用古代丝绸之路的历史符号，积极发展与沿线国家的经济合作伙伴关系，共同打造政治互信、经济融合、文化包容的利益共同体、命运共同体和责任共同体。

①“丝绸之路经济带”三大走向如下：

一是从中国西北、东北经中亚、俄罗斯至欧洲、波罗的海；

二是从中国西北经中亚、西亚至波斯湾、地中海；

三是从中国西南经中南半岛至印度洋。

②“21 世纪海上丝绸之路”两大走向如下：

一是从中国沿海港口过南海，经马六甲海峡到印度洋，延伸至欧洲；

二是从中国沿海港口过南海，向南太平洋延伸。

（2）长江经济带。

长江经济带横跨中国东中西三大区域，是中央重点实施的战略之一，是具有全球影响力的内河经济带，东中西互动合作的协调发展带，沿海、沿江、沿边全面推进的对内对外开放带，也是生态文明建设的先行示范带。长江经济带覆盖上海、江苏、浙江、安徽、江西、湖北、湖南、重庆、四川、云南、贵州 11 个省市，人口和生产总值均超过全国的 40%。

2016 年 9 月，《长江经济带发展规划纲要》正式印发，确立了长江经济带“一轴、两翼、三极、多点”的发展新格局：“一轴”是以长江黄金水道为依托，发挥上海、武汉、重庆的核心作用，推动经济由沿海溯江而上，梯度发展；“两翼”分别指沪瑞和沪蓉南北两大运输通道，这是长江经济带的发展基础；“三极”指的是长江三角洲城市群、长江中游城市群和成渝城市群，充分发挥中心城市的辐射作用，打造长江经济带的三大增长极；“多点”是指发挥三大城市群以外地级城市的支撑作用。

（3）京津冀协同发展。

京津冀城市群由首都经济圈的概念发展而来，包括北京市、天津市以及河北省的保定、廊坊、唐山、石家庄、沧州、秦皇岛、承德、张家口、衡水、邢台、邯郸共 11 个地级市。

京津冀三省市定位分别为：北京市为“全国政治中心、文化中心、国际交往中心、科技创新中心”；天津市为“全国先进制造研发基地、北方国际航运核心区、金融创新运营示范区、改革开放先行区”；河北省为“全国现代商贸物流重要基地、产业转型升级试验区、新型城镇化与城乡统筹示范区、京津冀生态环境支撑区”。

（二）中国行政区域划分

快递服务与普通大宗货物运输最大的不同点，在于快递服务须承担大量快件的“集中、分拣、散开”操作。由于快递企业收派的快件数量巨大，简单、突出的地理区域范围标识对分拣、集散操作速度和准确性有着举足轻重的作用。因此，各快递企业都会通过某一种或多种地理区域标识来明确区分各快件目的地，从而提高分拣和集散快件的效率。目前从各快递企业的实际操作看，地理区域范围标识主要有以下三种形式。

1. 行政区划标识

行政区域划分是一个国家为了进行分级管理而实行的国土和政治、行政权力的划分。具体来说，就是国家根据政治和行政管理的需要，根据有关法律规定，充分考虑经济联系、地理条件、地区差异、民族分布、风俗习惯等客观因素，将全国的地域划分为若干层次大小不同的行政区域，设置相应的地方国家机关，实施行政管理。该标识用文字表示，通过地址来识别，如北京海淀、广州白云、深圳福田、沈阳和平等。

《中华人民共和国宪法》规定，中华人民共和国的行政区域划分如下。

（1）全国分为省、自治区、直辖市。

（2）省、自治区分为自治州、县、自治县、市。

（3）县、自治县分为乡、民族乡、镇。

直辖市和较大的市分为区、县。自治州分为县、自治县、市。自治区、自治州、自治县都是民族自治地方。

《中华人民共和国宪法》第一章总纲第三十一条规定：国家在必要时得设立特别行政区。我国现有香港和澳门两个特别行政区。

目前，我国一级行政区，即省级行政区共 34 个，包括 23 个省、5 个自治区、4 个直辖市、2 个特别行政区。

在历史上和习惯上，各省级行政区都有简称（见表 1-2-1）。省级人民政府驻地称省会（首府），中央人民政府所在地是首都。北京是中国的首都。乡镇是中国最基层的行政单位。

表 1-2-1　　省级行政区划和简称

区域划分	行政区	简称	行政中心
华北	北京	京	北京
	天津	津	天津
	河北	冀	石家庄
	山西	晋	太原
	内蒙古自治区	内蒙古	呼和浩特
东北	辽宁	辽	沈阳
	吉林	吉	长春
	黑龙江	黑	哈尔滨
华东	上海	沪	上海
	江苏	苏	南京
	浙江	浙	杭州
	安徽	皖	合肥
	福建	闽	福州
	江西	赣	南昌
	山东	鲁	济南
	台湾	台	台北
华中	河南	豫	郑州
	湖北	鄂	武汉
	湖南	湘	长沙
华南	广东	粤	广州
	广西壮族自治区	桂	南宁
	海南	琼	海口
	香港特别行政区	港	香港
	澳门特别行政区	澳	澳门
西南	重庆	渝	重庆
	四川	川/蜀	成都
	贵州	黔/贵	贵阳
	云南	云/滇	昆明
	西藏自治区	藏	拉萨
西北	陕西	陕/秦	西安
	甘肃	甘/陇	兰州
	青海	青	西宁
	宁夏回族自治区	宁	银川
	新疆维吾尔自治区	新	乌鲁木齐
全国行政区划共 34 个，包括 23 个省、5 个自治区、4 个直辖市、2 个特别行政区			

2. 电话区号标识

一个区号代表一个城市，快递企业通常将地区的电话区号作为分拣和集散快件的操作标识（见表 1-2-2）。例如，010 代表北京、021 代表上海、024 代表沈阳、0571 代表杭州等。

3. 邮政编码标识

邮政编码是代表投送邮件的邮局（所）的一种专用代号，也是这个邮局（所）投送范围内的居民与单位的通信代号。邮政编码由 6 位阿拉伯数字组成：前两位数字表示省（自治区、直辖市）；第三、四位数字表示市（地、市、州）；最后两位数字代表邮件投递局（所）。通过邮政编码，可以实现快件的机器分拣，提高速度和准确性。国有快递企业和国际快递企业采用邮政编码作为地理区域范围的标识，邮政编码更是国际快递的唯一标识（见表 1-2-2）。

表 1-2-2　全国省级行政区划省会（首府）电话区号、邮政编码

直辖市/省/自治区	行政中心	电话区号	邮政编码
北京	北京	010	100000
上海	上海	021	200000
天津	天津	022	300000
重庆	重庆	023	400000
广东	广州	020	510000
辽宁	沈阳	024	110000
江苏	南京	025	210000
湖北	武汉	027	430000
四川	成都	028	610000
陕西	西安	029	710000
河北	石家庄	0311	050000
山西	太原	0351	030000
河南	郑州	0371	450000
吉林	长春	0431	130000
黑龙江	哈尔滨	0451	150000
内蒙古自治区	呼和浩特	0471	010000
山东	济南	0531	250000
安徽	合肥	0551	230000
浙江	杭州	0571	310000
福建	福州	0591	350000
湖南	长沙	0731	410000
广西壮族自治区	南宁	0771	530000
江西	南昌	0791	330000
贵州	贵阳	0851	550000

续 表

直辖市/省/自治区	行政中心	电话区号	邮政编码
云南	昆明	0871	650000
西藏自治区	拉萨	0891	850000
海南	海口	0898	570000
甘肃	兰州	0931	730000
宁夏回族自治区	银川	0951	750000
青海	西宁	0971	810000
新疆维吾尔自治区	乌鲁木齐	0991	830000
香港特别行政区	香港	00852	999077
澳门特别行政区	澳门	00853	999078
台湾	台北	00886	999079

二、中国的交通运输

我国快递运输主要采取航空、陆运（包括公路和铁路）运输方式，水路运输使用相对较少。

（一）航空运输

我国航线以大城市为中心，在大城市之间建立干线航线，同时辅以支线航线，由大城市辐射至周围小城市。按起讫点的归属不同将航线分为国际航线和国内航线。国内航线又可分为干线航线和支线航线。干线航线是指连接北京和各省会、直辖市或自治区首府或各省、自治区所属城市之间的航线，如北京—上海航线、上海—南京航线、青岛—深圳航线等。支线航线则是指一个省或自治区之内的各城市之间的航线。

截至2022年年底，我国共有运输航空公司66家，其中，全货运航空公司13家，中外合资航空公司9家，上市公司8家。民航全行业运输飞机期末在册架数4165架，其中，货运飞机223架。2022年，我国共有定期航班航线总计4670条，包含国内航线4334条（其中，港澳台航线27条），国际航线336条。截至2022年年底，我国境内运输机场（不含香港、澳门和台湾地区统计数据）254个，各运输机场中，年货邮吞吐量10000吨以上的运输机场有51个，北京、上海和广州三大城市运输机场货邮吞吐量占全部境内运输机场货邮吞吐量的43.4%。

我国航空公司国际定期航班通航50个国家的77个城市，内地航空公司定期航班从20个内地城市通航香港，从5个内地城市通航澳门，大陆航空公司从7个大陆城市通航台湾地区。国际航空枢纽包括北京、上海、广州、成都、深圳、昆明、西安、重庆、乌鲁木齐、哈尔滨等；区域枢纽包括天津、石家庄、太原、呼和浩特、大连、沈阳、长春、杭州、厦门、南京、青岛、福州、济南、南昌、温州、宁波、合肥、南宁、桂林、海口、三亚、郑州、武汉、长沙、贵阳、拉萨、兰州、西宁、银川等。

我国目前有中国国际航空公司、中国南方航空公司和中国东方航空公司等主要航空公司，截至2023年12月末，南方航空以908架机队规模持续领先，中国国航、中国东航的机队规模分别为905架、782架。近年，民营航空公司发展迅速，如春秋航空股份有限公司、上海吉祥航空有限公司。值得一提的是，顺丰航空是国内首家由民营快递顺丰速运创立的航空公司，是目前国内运营全货机数量最多的货运航空公司，拥有以波音747、767、757、737机型组成的全货机机队，自开航以来，机队规模始终保持平稳增长。截至2023年年底，顺丰航空投入运行的全货机数量已达86架，全球通航城市及地区累计已突破100个，持续搭建“覆盖国内、畅达国际”的货运航线网络。

（二）公路运输

公路运输是快递运输系统的组成部分之一。公路运输一般是指汽车运输，可以实现“门到门”服务。在地势崎岖、人烟稀少、铁路和水运不发达的边远和经济落后地区，公路为主要运输方式，起着运输干线作用。

2022年年末，全国公路里程535.48万公里，公路密度55.78公里/百平方公里。全国四级及以上等级公路里程516.25万公里，其中，二级及以上等级公路里程74.36万公里，高速公路里程17.73万公里，国家高速公路里程11.99万公里。另外，国道里程37.95万公里，省道里程39.36万公里。农村公路里程453.14万公里，其中县道里程69.96万公里、乡道里程124.32万公里、村道里程258.86万公里。

1. 我国公路的分类

我国的公路等级按不同的划分标准有不同的分类，按行政等级可以划分为国家公路、省公路、县公路、乡公路、专用公路五类；按使用年限及交通量可以分为高速公路、一级公路、二级公路、三级公路、四级公路五个技术等级，下面详细介绍后者的分级标准。

高速公路为专供汽车分方向、分车道行驶，全部控制出入的多车道公路。高速公路的年平均日设计交通量宜在15000辆小客车以上，其使用年限为20年。

一级公路为供汽车分方向、分车道行驶，可根据需要控制出入的多车道公路。一级公路的年平均日设计交通量宜在15000辆小客车以上，其使用年限为20年。

二级公路为供汽车行驶的双车道公路。二级公路的年平均日设计交通量宜为5000~15000辆小客车，其使用年限为15年。

三级公路为供汽车、非汽车交通混合行驶的双车道公路。三级公路的年平均日设计交通量宜为2000~6000辆小客车，其使用年限为15年。

四级公路为供汽车、非汽车交通混合行驶的双车道或单车道公路。双车道四级公路年平均日设计交通量宜在2000辆小客车以下；单车道四级公路年平均日设计交通量宜在400辆小客车以下。四级公路可根据实际情况确定使用年限。

2. 普通国道网

改革开放初，国民经济迅速增长，交通需求急剧增加。由于交通基础设施建设严重滞后，交通运输全面紧张，1991年，国家提出“五纵七横”国道主干线系统建设规划，并于2007年年底贯通。“五纵七横”国道主干线总规模约3.5万公里，连通首都、各省省会、直辖市、经济特区、主要交通枢纽和重要对外开放口岸，约覆盖全国城市总人口的70%。

截至2021年年底，普通国道通车里程达到25.8万公里，其中，一级公路约5.9万公里、二级公路约15.6万公里、三级公路约4.7万公里、四级公路约2.2万公里、等外及无路路段约1.5万公里，基本覆盖县级及以上行政区和常年开通的边境口岸。

预计未来约有11万公里普通国道需要建设和改造。《国家公路网规划（2013年—2030年）》按照“主体保留、局部优化，扩大覆盖、完善网络”的思路，调整拓展普通国道网，计划到2030年，普通国道网将由12条首都放射线、47条北南纵线、60条东西横线和81条联络线组成，总规模约26.5万公里。具体路线如下。

（1）首都放射线（12条）。

北京—沈阳、北京—抚远、北京—滨海新区、北京—平潭、北京—澳门、北京—广州、北京—香港、北京—昆明、北京—拉萨、北京—青铜峡、北京—漠河、北京环线。

（2）北南纵线（47条）。

鹤岗—大连、黑河—大连、绥化—沈阳、烟台—上海、山海关—深圳、威海—汕头、乌兰浩特—海安、二连浩特—淅川、苏尼特左旗—北海、满都拉—防城港、银川—榕江、兰州—龙邦、策克—磨憨、西宁—澜沧、马鬃山—宁洱、红山嘴—吉隆、阿勒泰—塔什库尔干、霍尔果斯—若羌、喀纳斯—东兴、东营—深圳、同江—哈尔滨、嘉荫—临江、海口—三亚（东）、海口—三亚（中）、海口—三亚（西）、张掖—孟连、丹东—东兴、饶河—盖州、通化—武汉、嫩江—双辽、牙克石—四平、克什克腾—黄山、兴隆—阳江、新沂—海丰、芜湖—汕尾、济宁—宁德、南昌—惠来、正蓝旗—阳泉、保定—台山、呼和浩特—北海、甘其毛都—钦州、开县—凭祥、乌海—江津、巴中—绿春、遂宁—麻栗坡、景泰—昭通、兰州—马关。

（3）东西横线（60条）。

绥芬河—满洲里、珲春—阿尔山、集安—阿巴嘎旗、丹东—霍林郭勒、庄河—西乌珠穆沁旗、绥中—珠恩嘎达布其、黄骅—山丹、文登—石家庄、青岛—兰州、连云港—共和、连云港—栾川、上海—霍尔果斯、乌鲁木齐—红其拉甫、西宁—吐尔尕特、长乐—同仁、成都—噶尔、上海—聂拉木、高雄—成都、上海—瑞丽、广州—成都、瑞安—友谊关、瑞金—清水河、福州—昆明、广州—南宁、秀山—河口、连云港—固原、启东—老河口、舟山—鲁山、洞头—合肥、丹东—阿勒泰、萝北—额布都格、三合—莫力达瓦旗、龙井—东乌珠穆沁旗、承德—塔城、天津—神木、黄骅—榆林、海兴—天峻、滨州港—榆林、东营港—子长、黄岛—海晏、日照—凤县、大丰—卢氏、东台—灵武、启东—那曲、上海—安康、南京—德令哈、武汉—大理、芒康—萨嘎、利川—炉霍、台州—小金、张家界—巧家、宁德—贡山、南昌—兴义、福州—巴马、湄洲—西昌、东山—泸水、石狮—水口、佛山—富宁、文昌—临高、陵水—昌江。

3. 国家高速公路网

截至2021年底，国家高速公路已建成12.4万公里，基本覆盖地级行政中心。随着交通量的增长，预计未来约有3万公里繁忙路段需要扩容改造。《国家公路网规划（2013年—2030年）》明确，国家高速公路网由“7射、11纵、18横”线（简称“71118”），以及6条地区环线、12条都市圈环线、30条城市绕城环线、31条并行线、163条联络线组成。具体路线如下。

（1）首都放射线（7条）。

首都放射线是指：北京—哈尔滨、北京—上海、北京—台北、北京—港澳、北京—昆明、北京—拉萨、北京—乌鲁木齐。

（2）南北纵线（11条）。

南北纵线是指：鹤岗—大连、沈阳—海口、长春—深圳、济南—广州、大庆—广州、二连浩特—广州、呼和浩特—北海、包头—茂名、银川—百色、兰州—海口、银川—昆明。

（3）东西横线（18条）。

东西横线是指：绥芬河—满洲里、珲春—乌兰浩特、丹东—锡林浩特、荣成—乌海、青岛—银川、青岛—兰州、连云港—霍尔果斯、南京—洛阳、上海—西安、上海—成都、上海—重庆、杭州—瑞丽、上海—昆明、福州—银川、泉州—南宁、厦门—成都、汕头—昆明、广州—昆明。

（4）地区环线（6条）。

辽中地区环线、杭州湾地区环线、成渝地区环线、珠江三角洲地区环线、首都地区环线、海南地区环线。

（5）都市圈环线（12条）。

哈尔滨、长春、杭州、南京、郑州、武汉、长株潭、西安、重庆、成都、济南、合肥。

（三）铁路运输

铁路运输是快递运输的方式之一，我国铁路主要分为普通铁路和高速铁路两大类。到2022年末，全国铁路营业里程15.5万公里，其中高铁营业里程4.2万公里。全国铁路路网密度161.1公里/万平方公里。

1. 铁路干线网

中华人民共和国成立前夕，全国2万多公里铁路中能够维持通车的仅1万多公里，又大都分布在东北和沿海地区。中华人民共和国成立后，我国逐步开始修复和建设铁路，截至20世纪90年代末，国家在西北、西南地区建成宝成、川黔、成昆、兰青等十几条铁路干线；在华东、华北、东北和中南等地，也修建了一批铁路干线和支线。新建的京九、南昆两大铁路干线纵贯南北，为华东、中南和西南地区发展开辟了新的交通要道。

我国主要铁路干线可以概括为“五纵三横”。

（1）“五纵”。

①京沪线，途经北京—天津—德州—济南—徐州—蚌埠—南京—镇江—常州—无锡—上海。

②京九线，途经北京—霸州—衡水—商丘—潢川—麻城—九江—南昌—赣州—龙川—深圳—九龙。

③京广线，途经北京—石家庄—邯郸—新乡—郑州—武汉—长沙—株洲—衡阳—韶关—广州。

④太焦—焦柳线，途经太原—晋中—长治—晋城—焦作—洛阳—襄樊—枝城—怀化—柳州。

⑤宝成—成昆线，途经宝鸡—成都—攀枝花—昆明。

（2）“三横”。

①京包—包兰线，途经北京—大同—集宁—呼和浩特—包头—银川—中卫—兰州。

②陇海—兰新线，途经连云港—徐州—商丘—开封—郑州—洛阳—西安—宝鸡—兰州—乌鲁木齐—阿拉山口。

③沪—昆线，途经上海—杭州—鹰潭—萍乡—贵阳—六盘水—昆明。

2. 高速铁路网

高速铁路是信息技术、自动控制技术和新材料、新工艺等多种技术门类、多种专业综合的高新技术集成，自20世纪60年代在日本发展后，迅速在德国、法国等欧洲国家蔓延，技术日臻成熟。直到2004年，我国尚无高铁。2020年年底，我国“四纵四横”高速铁路网已建成运营，实现长三角、珠三角、京津冀三大城市群高铁连片成网，东部、中部、西部和东北四大板块实现高铁互联互通。我国是世界上唯一高铁成网运行的国家。

截至2023年，我国高铁营业里程达到4.5万公里，商业运营时速最高350公里，稳居世界第一。如今，我国高速铁路网正朝着“八纵八横”的方向发展。“八纵八横”可实现相邻大中城市间1~4小时交通圈、城市群内0.5~2小时交通圈。目前，“八纵八横”高速铁路网主通道已建成约80%，预计在2030年前建成。

（1）“八纵”通道。

①沿海通道。大连（丹东）—秦皇岛—天津—东营—潍坊—青岛（烟台）—连云

港—盐城—南通—上海—宁波—福州—厦门—深圳—湛江—北海（防城港）高速铁路（其中青岛至盐城段利用青连、连盐铁路，南通至上海段利用沪通铁路），连接东部沿海地区，贯通京津冀、辽中南、山东半岛、东陇海、长三角、海峡西岸、珠三角、北部湾等城市群。

②京沪通道。北京—天津—济南—南京—上海（杭州）高速铁路，包括南京—杭州、蚌埠—合肥—杭州高速铁路，同时通过北京—天津—东营—潍坊—临沂—淮安—扬州—南通—上海高速铁路，连接华北、华东地区，贯通京津冀、长三角等城市群。

③京港（台）通道。北京—衡水—菏泽—商丘—阜阳—合肥（黄冈）—九江—南昌—赣州—深圳—香港（九龙）高速铁路；另一支线为合肥—福州—台北高速铁路，包括南昌—福州（莆田）铁路。连接华北、华中、华东、华南地区，贯通京津冀、长江中游、海峡西岸、珠三角等城市群。

④京哈—京港澳通道。哈尔滨—长春—沈阳—北京—石家庄—郑州—武汉—长沙—广州—深圳—香港高速铁路，包括广州—珠海—澳门高速铁路。连接东北、华北、华中、华南、港澳地区，贯通哈长、辽中南、京津冀、中原、长江中游、珠三角等城市群。

⑤呼南通道。呼和浩特—大同—太原—郑州—襄阳—常德—益阳—邵阳—永州—桂林—南宁高速铁路。连接华北、中原、华中、华南地区，贯通呼包鄂榆、山西中部、中原、长江中游、北部湾等城市群。

⑥京昆通道。北京—石家庄—太原—西安—成都（重庆）—昆明高速铁路，包括北京—张家口—大同—太原高速铁路。连接华北、西北、西南地区，贯通京津冀、太原、关中平原、成渝、滇中等城市群。

⑦包（银）海通道。包头—延安—西安—重庆—贵阳—南宁—湛江—海口（三亚）高速铁路，包括银川—西安以及海南环岛高速铁路。连接西北、西南、华南地区，贯通呼包鄂、宁夏沿黄、关中平原、成渝、黔中、北部湾等城市群。

⑧兰（西）广通道。兰州（西宁）—成都（重庆）—贵阳—广州高速铁路。连接西北、西南、华南地区，贯通兰西、成渝、黔中、珠三角等城市群。

（2）“八横”通道。

①绥满通道。绥芬河—牡丹江—哈尔滨—齐齐哈尔—海拉尔—满洲里高速铁路。连接黑龙江及蒙东地区。

②京兰通道。北京—呼和浩特—银川—兰州高速铁路。连接华北、西北地区，贯通京津冀、呼包鄂、宁夏沿黄、兰西等城市群。

③青银通道。青岛—济南—石家庄—太原—银川高速铁路（其中绥德至银川段利用太中银铁路）。连接华东、华北、西北地区，贯通山东半岛、京津冀、太原、宁夏沿黄等城市群。

④陆桥通道。连云港—徐州—郑州—西安—兰州—西宁—乌鲁木齐高速铁路。连接华东、华中、西北地区，贯通东陇海、中原、关中平原、兰西、天山北坡等城市群。

⑤沿江通道。上海—南京—合肥—武汉—重庆—成都高速铁路，包括南京—安庆—九江—武汉—宜昌—重庆、万州—达州—遂宁—成都高速铁路（其中成都至遂宁段利用达成铁路），连接华东、华中、西南地区，贯通长三角、长江中游、成渝等城市群。

⑥沪昆通道。上海—杭州—南昌—长沙—贵阳—昆明高速铁路。连接华东、华中、西南地区，贯通长三角、长江中游、黔中、滇中等城市群。

⑦厦渝通道。厦门—龙岩—赣州—长沙—常德—张家界—黔江—重庆高速铁路（其中厦门至赣州段利用龙厦铁路、赣龙铁路，常德至黔江段利用黔张常铁路）。连接海峡西岸、中南、西南地区，贯通海峡西岸、长江中游、成渝等城市群。

⑧广昆通道。广州—南宁—昆明高速铁路。连接华南、西南地区，贯通珠三角、北部湾、滇中等城市群。

（四）水路运输

我国内陆水系发达，众多的海港为航运通达世界各地提供了条件。国家航道网由国家高等级航道和国境国际通航河流航道组成。水路运输是大宗货物的主要运输方式，但自然风险较高，速度慢，连续性差，因此在快递运输中采用水路运输方式较少。

我国的主要内河航道有长江、珠江、京杭运河、淮河、黑龙江及松辽等水系。长江航道有“黄金航道”的美称，既沟通了内地和沿海，又联系了南北各大地区。珠江水量仅次于长江，珠江三角洲航运发达，这里水网密布，沟通海洋，从广州到黄埔港，一般能通航远洋海轮。京杭大运河北起北京，南至杭州，史上曾是我国南北交通大动脉，目前通航河段是山东济南以南河段，在我国内河航运中货量居第三位。

中国沿海海上运输习惯上以温州为界，划分为北方沿海和南方沿海两个航区。北方沿海航区指温州以北至丹东的海域，它以上海、大连为中心，包括：上海—青岛—大连；上海—烟台—天津；上海—秦皇岛；上海—连云港；上海—温州；大连—石岛—青岛；大连—烟台；大连—龙口；大连—天津等航线。南方沿海航区指温州至北部湾的海域，以广州为中心，包括：广州—汕头；广州—北海；广州—海口等航线。

按所承担的货运量来看，北方沿海航区占绝对优势。北方沿海航区的货运的物资构成由北而南，以石油、煤炭运量最大，其次为钢铁、木材等，由南至北为金属矿石、粮食和工业产品。南方沿海航区则以农产品比重最大，其次为食盐、矿石和煤炭，其中除煤炭以外，其余物资大部分由各中小港口向广州、湛江集中转运内地。现在上海—福州、上海—厦门、上海—广州均有定期班轮航线，并已决定把南、北两个沿海航区连成一片，建设南北海运通道。

我国海运航线分为远洋航线、近洋航线和沿海航线。远洋航线指航程距离较远、船舶航行跨越大洋的运输航线，如远东至欧洲和美洲的航线。我国习惯上以亚丁港为界，把去往亚丁港以西，包括红海两岸和欧洲以及南北美洲广大地区的航线划为远洋航线；把航线在亚丁港以东地区的亚洲和大洋洲的航线称为近洋航线。沿海航线是本国沿海各港之间的海上运输航线，如上海—广州，青岛—大连等。

到 2022 年末，全国内河航道通航里程 12.80 万公里，其中等级航道通航里程 6.75 万公里，占内河航道通航里程比重为 52.7%；三级及以上航道通航里程 1.48 万公里，占内河航道通航里程比重为 11.6%。

根据 2021 年发布的《国家综合立体交通网规划纲要》，我国将布局“四纵四横两网”的国家高等级航道。其中，“四纵”主要包括京杭运河、江淮干线、浙赣粤和汉湘桂 4 条跨流域水运通道；“四横”主要包括长江干线及主要支流、西江干线及主要支流、淮河干线及主要支流、黑龙江及主要支流 4 条跨区域水运通道；“两网”包括长江三角洲高等级航道网和珠江三角洲高等级航道网。

到 2035 年，国家高等级航道将达 2.5 万公里左右，全国主要港口预计达 63 个，其中沿海主要港口 27 个、内河主要港口 36 个。国境国际通航河流主要包括黑龙江、额尔古纳河、鸭绿江、图们江、瑞丽江、澜沧江、红河等，包含了“一带一路”建设提到的 14 个国内沿海港口城市，与陆上 6 大经济走廊中的 4 个实现直接联通，通过海上航线，能够与全球 5 大洲、200 多个国家和地区、600 多个主要港口实现联通，将有力支撑“一带一路”建设和我国对外开放新格局的形成。

三、世界快递地理

（一）世界区域划分

亚洲面积约 4400 万平方千米，是世界第一大洲。亚洲按照地理分区分为东亚、南亚、西亚、中亚、东南亚和北亚。主要国家有中国、日本、韩国、印度、柬埔寨、伊朗、哈萨克斯坦等。

非洲面积约 3000 万平方千米，是世界第二大洲。非洲按照地理分区分为北非、西非、中非、东非和南非。主要国家有埃及、肯尼亚、南非、尼日利亚等。

北美洲面积约 2400 万平方千米，是世界第三大洲。主要国家有加拿大、美国、墨西哥、巴拿马等。

南美洲面积约 1800 万平方千米，是世界第四大洲。主要国家有巴西、阿根廷、智利等。

南极洲面积约 1400 万平方千米，是世界第五大洲。南极洲是围绕南极的大陆，四周被太平洋、印度洋和大西洋所包围，整个大陆 98%的地方长年被冰雪覆盖，无定居居民。根据 1961 年 6 月通过的《国际南极条约》，南极不属于任何一个国家，它属于全人类。

欧洲面积约 1000 万平方千米，是世界第六大洲。欧洲按照地理分区分为东欧、西欧、南欧、北欧和中欧。主要国家有俄罗斯、英国、法国、德国、荷兰、意大利、西班牙、芬兰、瑞典、瑞士等。

大洋洲面积约 900 万平方千米，是世界上面积最小的一个洲。主要国家有澳大利亚、新西兰、斐济等。

（二）时区

世界各地以太阳高度确定的时间只适用于当地，并不适用其他国家，这给人们带来不便。为了克服时间上的混乱，1884 年在华盛顿召开的一次国际经度会议（又称国际子午线会议）上，将地球的 360°经度按照 15°一个时区划分为 24 个时区，并且规定英国（格林尼治天文台旧址）为本初子午线，即 0°经线。0°经线刚好通过伦敦，所以伦敦采用的时间是 0 时区，即世界标准时间。

以 0°经线开始计算，往东方向，依次分为东 1～12 区；往西方向，依次为西 1～12 区。西 12 区和东 12 区共占一个时区，以 180°经线为界，每个时区的中央经线上的时间就是这个时区内统一采用的时间，称为区时，相邻两个时区的时间相差 1 小时。例如，北京接近东经 120°经线，所以采用的是东 8 区的时间。中国东 8 区的时间比泰国东 7 区的时间早 1 小时，而比日本东 9 区的时间晚 1 小时。因此，出国旅行的人，必须随时调整自己的手表，才能和当地时间相一致。凡向西走，每过一个时区，就要把表拨慢 1 小时（如 2 点拨到 1 点）；凡向东走，每过一个时区，就要把表拨快 1 小时（如 2 点拨到 3 点），这就是“东加西减”的原则。

如果你现在有一个朋友在伦敦上学，你想在中午 12：00 和他视频聊天，这样合适吗？

解析：伦敦处于 0 时区，我国处于东 8 区，按照“东加西减”的原则，伦敦处于我国的西方，通过计算，我们中午 12：00，伦敦时间为凌晨 4：00，你朋友现在可能还在睡梦中。

（三）我国的国际运输

国际运输是我国运输业的重要组成部分。随着快递服务的迅速发展，往来于国际间的快件不断增多，国际运输成为实现快递企业发展的必要手段。

我国的国际航线和国际航空业务发展迅速。截至 2022 年年底，我国与其他国家或地区签订双边航空运输协定 129 个，其中，亚洲 44 个（含东盟），非洲 27 个，欧洲 38 个（含欧盟），美洲 13 个，大洋洲 7 个。截至 2023 年 10 月，我国已与 104 个“一带一路”共建国家签署双边航空运输协定，与 57 个共建国家实现空中直航，跨境运输便利化水平不断提高。

随着“一带一路”建设的推进，按照固定车次、线路、班期和全程时刻表，开行于中国与欧洲及“一带一路”沿线国家的中欧班列已成为集装箱国际铁路联运列车统一品牌。截至 2024 年 2 月底，中欧班列国内出发城市达 120 个，通达欧洲 25 个国家 219 个城市，运输网络覆盖亚欧大陆的主要区域。

中欧班列铺划了西、中、东 3 条运行线。西通道，主要吸引西南、西北、华中、华北、华东等地区进出口货源，在新疆阿拉山口、霍尔果斯铁路口岸与哈萨克斯坦铁路相连，途经俄罗斯、白俄罗斯、波兰等国铁路，通达欧洲其他各国。中通道，主要吸引华中、华北等地区进出口货源，在内蒙古二连浩特铁路口岸与蒙古国铁路相连，途径俄罗斯、白俄罗斯、波兰等国铁路，通达欧洲其他各国。东通道，主要吸引华东、华南、东北地区进出口货源，在内蒙古满洲里铁路口岸、黑龙江绥芬河铁路口岸与俄罗斯铁路相连，途经白俄罗斯、波兰等国铁路，通达欧洲其他各国。

中国是世界航运的大国，在国际航运领域发挥重要的作用。截至 2023 年 8 月，我国与 66 个国家和地区商签了 70 个双边和区域海运协定，并已与 100 多个国家和地区建立了航线联系。航线覆盖“一带一路”沿线所有沿海国家和地区，服务网络不断完善，海运连接度全球领先。中国船东拥有的船队规模达到 2. 492 亿总吨。我国的远洋航线以主要海港为起点，可分为东、西、南、北四个方向。这些航线把我国与世界主要经济区域联系起来，具体如下。

（1）东行航线由我国沿海港口东行到日本，并经日本东渡太平洋抵达北美和拉美各国，然后再通过巴拿马运河到达加勒比海地区和北美、拉美各国的东海岸。

（2）南行航线由我国沿海港口起南行到东南亚、澳大利亚和新西兰等地。

（3）西行航线是一条非常重要的航线，由我国各港口起，先经南再往西航行，穿过马六甲海峡进入印度洋，经红海，过苏伊士运河，入地中海，出直布罗陀海峡，才进入大西洋。还有一条航线，经印度洋，绕过非洲南端的好望角，进入大西洋。西行航线可达南亚、西亚、非洲、欧洲各国港口。

（4）北行航线主要抵达朝鲜、韩国、俄罗斯等的海港。

四、百家姓知识

“姓氏者，标示家族血缘之符号也”。据研究，中华古姓来源于图腾崇拜，系氏族徽号或标志。姓氏一直是代表中国传统宗族观念的主要外在表现形式，以一种血缘文化的特殊形式记录了中华民族的形成，在中华民族文化的同化和国家统一上曾起过独特的民族凝聚力的作用。

《百家姓》是一部关于中文姓氏的作品。按文献记载，成文于北宋初。原收集姓氏 411 个，后增补到 504 个，其中单姓 444 个，复姓 60 个。《百家姓》与《三字经》《千字文》并称“三百千”，是中国古代幼儿的启蒙读物。“赵钱孙李”成为前四姓是因为《百家姓》形成于宋朝，故而宋朝皇帝的赵氏，吴越国国王钱氏、正妃孙氏以及南唐国主李氏成为百家姓前四位。

据统计，截至 2018 年，全国在用姓氏共计 6150 个，传统意义上的“百家姓”占全国户籍人口总量的近 85%。全国共有 23 个姓氏户籍人口数量超过一千万。王姓、李姓户籍人口数量均超过 1 亿。王、李、张、刘、陈 5 个姓氏户籍人口数量占据前五名。

在快递服务业务中，很多工作环节都与姓氏有关，尤其是快递员和客服人员，熟悉客户姓氏，有利于提高工作速度和服务质量。

任务三　快递安全知识

知识目标

1. 掌握快递岗位中的信息安全、快件安全、交通安全知识。
2. 掌握基本的消防安全知识。
3. 了解职业病和工伤相关知识。

能力目标

学生通过学习能够树立安全意识。了解快递从业人员不仅要在工作中注意自己的人身安全，还要注意工作场所的消防安全，同时对职业病和工伤相关知识有一定了解。特别是快递从业人员有义务保护客户隐私，保障快件的安全。

任务导入

“小包裹”里的“大安全”

一件件快递包裹的流动，满足着人民群众对美好生活的追求，释放出强劲的发展动能。中国快递，与中国高铁、中国路、中国桥、中国港一道，成为靓丽的中国名片。

与此同时，快递与个人安全、公共安全、国家安全息息相关。从国家安全角度看，必须严防一些不法分子利用快递运输枪爆物品、毒品等，实施危害国家安全和人民生命财产安全的行为；必须严防一些境外反华敌对势力通过寄递渠道传输各类非法书刊、传单、音像制品等，向境内开展渗透；必须严防一些国家通过寄递渠道对我国开展情报窃密等活动；必须严防我国一些独有动植物样本、稀缺金属资源等通过寄递渠道流向境外，对我非传统安全构成现实威胁。

寄递安全关乎国家安全、社会稳定和人民群众生命财产安全。维护寄递安全，需要全社会共同努力。2023 年 5 月，国家安全部等 17 部委联合印发《平安寄递专项行动方案》，严查严处寄递枪爆物品、毒品、反宣品、危险化学品、侵权假冒商品、野生动植物及其制品、外来入侵物种、假劣药品、假币、烟草等违法寄递行为。

讨论：生活中有哪些与快递行业相关的安全问题？

一、国家安全知识

（一）国家安全的概念

国家安全是指国家政权、主权、统一和领土完整、人民福祉、经济社会可持续发展和国家其他重大利益相对处于没有危险和不受内外威胁的状态，以及保障持续安全状态的能力。中央国家安全委员会第一次会议中，提出了 11 种国家安全：政治安全、国土安全、军事安全、经济安全、文化安全、社会安全、科技安全、信息安全、生态安全、资源安全、核安全。

（二）国家安全的重要性

国家安全直接关系社会主义制度的稳定以及改革开放和社会主义现代化建设的顺利进行。任何个人和企业都有维护国家的安全、荣誉和利益的义务，不得做出有危害国家安全、荣誉和利益的行为。因此作为快递从业人员，必须了解并掌握国家安全的相关知识。

（三）快递从业人员维护国家安全的权利和义务

1. 权利

根据《中华人民共和国国家安全法》的规定，公民和组织支持和协助国家安全工作的行为受法律保护。因支持、协助国家安全工作，本人或者其近亲属的人身安全面临危险的，可以向公安机关、国家安全机关请求予以保护，公安机关、国家安全机关应当会同有关部门依法采取保护措施。公民和组织因支持、协助国家安全工作导致财产损失的，按照国家有关规定给予补偿；造成人身伤害或者死亡的，按照国家有关规定给予抚恤优待。公民和组织对国家安全工作有向国家机关提出批评建议的权利，对国家机关及其工作人员在国家安全工作中的违法失职行为有提出申诉、控告和检举的权利。

2. 义务

公民和组织应当履行下列维护国家安全的义务。

（1）遵守宪法、法律法规关于国家安全的有关规定。

（2）及时报告危害国家安全活动的线索。

（3）如实提供所知悉的涉及危害国家安全活动的证据。

（4）为国家安全工作提供便利条件或者其他协助。

（5）向国家安全机关、公安机关和有关军事机关提供必要的支持和协助。

（6）保守所知悉的国家秘密。

（7）法律、行政法规规定的其他义务。

此外，任何个人和组织不得有危害国家安全的行为，不得向危害国家安全的个人或者组织提供任何资助或者协助。

二、快件信息安全

（一）快件信息安全的概念

快件的信息安全是指通过制定规章制度和技术措施，防止在未经许可的情况下，修改、盗窃客户快件的信息或对快件进行物理破坏。保证客户快件中的个人和商业信息安全是快递业务员必须履行的职责和义务。

（二）快件信息安全的重要性

随着信息化建设的不断深入，国民经济和社会发展对信息化的依存度越来越高，信息安全已成为国家安全、城市安全、公共安全的关键环节。快件中的某些重要信息，一旦发生安全问题，有可能影响社会稳定和经济运行，其后果将是灾难性的。快递企业能否保证快件中的信息安全将直接影响快件能否安全、及时地送达客户，关系快递企业的服务质量和信誉。

全国首例！余姚警方打掉一新型黑灰产业链条

随着网购普及，快递量大大增加的同时，个人信息也可能面临泄露的风险。我们收到的快递包裹上，都会贴有一张“快递面单”，主要用来记录发件人、收件人以及货物种类等相关信息，其中还包含收件人的姓名、电话、家庭住址等隐私信息。而一些犯罪嫌疑人，就把目光投向了这些快递面单，甚至这些快递面单还在网上被明码标价，批量售卖。

为有效打击该类违法犯罪，余姚市公安局破获了全国首例利用木马软件盗取快递始发云仓快递面单信息案，打掉了一条侵犯公民个人信息的新型黑灰产业链，抓获嫌疑人 35 名，涉案金额达 3000 余万元。

综合相关线索后，警方对有重大作案嫌疑的马某进行了抓捕，且当场在其身上缴获带有同款木马程序的 U 盘一个。通过对现场证据的分析研判，结合网上作战，警方快速掌握了马某上家鲍某和提供技术支持的高某的身份，并赴广州和重庆实施抓捕。随着落网人员的增加，又一上线谢某也浮出了水面。证据链进一步完整后，警方逐渐梳理出了一条快递面单黑灰产业链。

为了躲避警方的追查，这个犯罪组织里的成员使用境外的软件进行交流沟通，甚至连交易也只使用境外的虚拟货币进行结账，这给警方的搜证工作带来了极大的困难。2023 年 5 月，在掌握大量线索和证据后，余姚警方开展了抓捕行动，先后赴全国 9 省 20 市共抓获嫌疑人 35 名，缴获手机 100 余部、电脑 30 余台。

（三）保障快件信息安全的基本要求

2015 年 11 月 1 日，国家邮政局规定实行“快递实名制”。针对快递业的高速发展与用户信息泄露隐患并存的现象，国务院通过并颁布了《快递暂行条例》。其中明确了“用户隐私信息泄露”的这一违法违规行为，加大了处罚力度。2023 年修订的《快递服务》国家标准更加注重保护个人隐私。其中规定，快递服务主体采集寄递服务用户个人信息，应限于实现快递服务目的的最小范围，包括姓名、联系方式、寄件（收件）地址、寄递物品信息、身份证信息等，不应过度收集用户个人信息。同时，应采取措施避免在快递电子运单上显示完整的用户个人信息。国内寄递，收件人姓名和寄件人姓名应隐藏 1 个汉字以上；联系电话应隐藏 6 位以上；地址应隐藏单元户室号。

在快递行业普及的隐私面单（见图 1-3-1），就是快递企业加强信息安全的成果。在隐私面单上，消费者的信息包括姓名、电话等通过技术处理，不直接显示在快递隐私面单上，并且只允许快递员查看。一些更加先进的技术还会将用户手机号码加密处理，快递员也只能通过 App 直接进行拨打，无法看到客户真实电话号码。快递企业通过权限管理、信息加密、建立线上线下投诉举报制度等多种措施，强化对寄递用户个人信息保护。目前，隐私面单在全行业的日均使用量超 1.5 亿单。

图 1-3-1　快递企业隐私面单

此外，快递企业对工作人员的基本要求如下。

（1）快件在处理过程中，除指定的有关工作人员外，不准任何人翻阅信息。

（2）快递从业人员不得私自抄录或向他人泄露收、寄件人姓名、地址、电话等快件信息。

（3）处理快件的工作场所，除有关人员外，其他人员不得擅自进入。

（4）严禁将快件私自带至与工作无关的任何场所。

（5）严禁藏匿、破坏、非法拆开快件，发现此类现象应及时制止，并向主管部门报告。

（6）申请改寄、撤回或更改收件人地址、姓名等，应严格检查寄件人证件，检查通过后方可拿出快件给申请人检查。

（7）发现快件包装破损可能泄露快件内容信息，应马上报告主管人员。

（四）个人信息安全事件应急处置和报告

寄递企业应对个人信息安全事件时，应满足以下要求。

（1）应制定个人信息安全事件应急预案。

（2）应定期（至少每年一次）组织内部相关人员进行应急响应培训和应急演练，使其掌握应急处置策略和规程。

（3）发生个人信息安全事件后，应根据应急预案进行以下处置：

①记录事件内容，包括但不限于：发现事件的人员、时间、地点，涉及的个人信息及人数，发生事件的系统名称，对其他互联系统的影响，是否已联系执法机关或有关部门；

②评估事件可能造成的影响，并采取必要措施控制事态，消除隐患；

③按照国家网络安全事件应急预案等有关规定及时上报，并及时报告邮政管理部门，报告内容包括但不限于：涉及个人信息数量、内容、性质等总体情况，事件可能造成的影响，已采取或将要采取的处置措施，事件处置相关人员的联系方式；

④个人信息泄露事件可能会给寄递服务用户的合法权益造成严重危害的，如敏感个人信息的泄露，实施安全事件的告知；

（4）根据相关法律法规变化情况以及事件处置情况，及时更新应急预案。

三、快件安全知识

保证快件的安全是快递服务中的一个非常重要的内容，快件的安全直接影响快递企业的服务质量和企业形象。

（一）快件安全的内容

快递企业应采取措施，确保快件安全，如下所示。

（1）防止损毁。防止快件由于受潮、污染、虫咬、火烧等造成损毁。

（2）防止被盗。防止快件整件或者部分内容物在收派过程中被盗。既要防止社会外部盗窃快件，也要加强内部快件安全管理。

（3）防止泄密。不得拆解快件，并保守快件信息秘密。

（4）防止丢失。在外部收派过程中防止由于夹带快件、外包装破损等造成的快件丢失。

（二）保障快件安全的注意事项

1. 利用非机动车收派

（1）快递员在进行快件收派过程中，快件不交由他人捎带，不乱扔乱放，不让他人翻阅。

（2）进入单位或居民区内，车辆及快件应尽量放在视线可及或有人看管的相对安全的地方。

（3）收派快件时，不出入与工作无关的场所。

（4）雨雪天气准备好防水防冻物品，防止快件被淋湿。

（5）派送时，将快件捆绑牢固，快件不得裸露在外，避免快件在路途中掉落。

2. 利用机动车收派

（1）快递派送车后厢玻璃窗应有防护措施，电动三轮车的车厢和摩托车装快件的容器应加装锁具。

（2）机动车递送快件时要将车辆放在适当的位置（视线可及的范围）。司机下车时必须锁好车辆并将车钥匙取下，以确保快件和车辆的安全。

除此之外，快递员需要加强安全防范意识，客服麻痹思想，确保人身安全和快件安全。如发生快件、车辆被盗抢的情况，快递员应立即报警，并及时向领导汇报，妥善处理好被盗快件的善后工作。

（三）疫情流行期间快递企业防控措施

传染病暴发流行期间，快递企业相关部门应立即根据政府发布的预防控制方法及指导原则制定相应的应急措施。快递企业应储备一定量的符合国家标准的消毒产品和防护用品，所有从事消毒工作的人员应经过培训，并严格按疾病预防控制部门的要求或消毒产品使用说明进行操作。

1. 快件处理各环节的预防措施

快递末端网点应每日消毒。消毒范围包括地面、门把手、柜台、桌椅、公用设施、设备、总包袋等。网点应勤通风换气，并定期对空调进行消毒。网点工作人员上班期间应按规定穿戴防护用品。

中转中心的分拣与输送设备也应在每班结束后定期消毒。设备消毒应使用无腐蚀性消毒剂擦拭或直接喷雾，达到消毒作用时间后用清水擦拭。中转中心工作人员上班期间也应按规定穿戴防护用品。总包袋应定期集中消毒。

运输快件的车辆应在装载快件前通风换气，并用消毒剂对驾驶室、货箱内部进行消毒。车辆归班后，应先停靠在专门区域内，打开门窗进行通风，换气后方可驶入快件装卸区。卸下快件后，应立即对驾驶室、货厢内部进行消毒。驾驶人和押运人员在工作期间应按规定穿戴防护用品，必要的时候还应按规定进行体检。

快递员每次归班后，应立即使用消毒剂对所使用的设备、衡器、用品用具等进行消毒，并定期对收派作业使用的容器、格架、车辆等进行消毒。快递员投递快件时应采取相应的防护措施，并将快件投递到疾病预防控制部门指定的地点或场所。

2. 处理可疑污染快件的措施

怀疑为可疑污染快件时，应立即向当地疾病预防控制部门报告，并在疾控部门的指导下，由卫生消毒专业人员对发现可疑快件的处理场所消毒。

可疑污染快件应使用双层不易破损的塑料袋封存，并按疾病预防控制部门的规定进行无害化处理。处理可疑污染快件时，应按规定穿戴防护用品。可疑污染快件应使用专车运输。

3. 疫情流行期间快递人员防控措施

快递员是流动性较高的群体，流行病爆发期间，快递企业及快递员要做好如下防控。

（1）快递企业应做好工作人员的健康监测，建立每日体温监测制度，并做好信息登记。

（2）快递企业应为快递员提供足够的医用口罩和免洗手消毒剂等防护用品。

（3）快递企业应教育职工尽量减少聚会，避免到人员密集的公共场所活动。

（4）快递员应保持居室清洁，勤开窗通风。

（5）快递员外出提供服务时应佩戴医用口罩。戴口罩前应保持手部卫生，分清口罩的正、反面，佩戴时应全部遮盖口鼻处，双手压紧鼻两侧的金属条，使口罩与面部紧密贴合。当口罩污染或潮湿后应及时更换。

（6）保持手部卫生。减少接触公共场所的公共物品；掌握正确的洗手方法，勤洗手，洗手时使用洗手液或香皂，使用流动水洗手。

（7）尽量减少使用厢式电梯，减少与顾客的接触机会。

（8）保持良好的卫生习惯。不随地吐痰，打喷嚏或咳嗽时用手肘部或纸巾遮住，不要用手接触口、鼻、眼。口鼻分泌物用纸巾包好，弃置于有盖垃圾箱内。

（9）快递员有发热、咳嗽等症状应自觉停止提供快递或送餐服务，快递企业应督促其及时就医。

四、交通安全知识

快件的运输是快递流通的重要环节之一，也是快递之所以“快”的核心。严格遵守交通安全规则是人身安全的重要保证，无论是汽车、摩托车都要严格遵守交通法律法规，做到既保证自身的安全，又不对他人造成伤害。

（一）驾驶汽车的安全注意事项

1. 避免疲劳驾驶

疲劳驾驶是指驾驶员在长时间连续行车后，产生生理机能和心理机能的失调，而在客观上出现驾驶技能下降的现象。驾驶人睡眠质量差或不足，长时间驾驶车辆，容易出现疲劳。疲劳后继续驾驶车辆，会感到困倦瞌睡，四肢无力，注意力不集中，判断能力下降，甚至出现精神恍惚或瞬间记忆消失，出现动作迟误或过早，操作停顿或修正时间不当等不安全因素，极易发生道路交通事故。因此，疲劳后严禁驾驶车辆。

防止疲劳驾驶的几点建议

①出行之前要有充足的睡眠。

②不要服用使人困倦的任何药物。

③驾驶车辆每3~4小时至少停车休息20分钟。

④行车中保持驾驶室空气畅通、温度和湿度适宜，减少噪声干扰。

⑤感到疲劳时应及时驶离道路，停到安全地带休息，减轻疲劳后再继续驾驶车辆，并尽量不在深夜出行。

2. 预见性驾驶

许多交通事故都是由于驾驶员对险情确认迟缓或判断失误所致。为了避免交通事故的发生，预测在什么样的场合会有怎样的险情，对于安全驾驶非常重要。

相关知识与拓展

预见性驾驶三要点

①学会判断：不要因错误判断或盲目自信导致交通事故。

②及时确认：对复杂的交通环境中可能出现的险情进行及时确认。

③有效操作：根据险情的程度，理智地采取相应驾驶操作。

3. 应急驾驶

很多交通事故往往是因为一些突然情况所致，比如爆胎、转向失控、制动失灵、火灾、碰撞、天灾等。驾驶员一旦遇上这些紧急情况，一定要采取必要的应急技术措施，最大限度地减轻或化解事故带来的损失和伤亡。

（二）快递专用电动三轮车驾驶要求

（1）快递专用电动三轮车在非机动车道上行驶，最高车速不应大于15km/h。

（2）轻型快递专用电动三轮车整车长度不得超过2.7m，宽、高分别不得超过0.9m和1.4m；重型快递专用电动三轮车整车最大长、宽、高限值分别为3m、1m、1.5m。

（3）快递专用电动三轮车最大装载质量不超过180kg。

（4）厢体顶部、左右侧面不应安装有外凸物。

（5）快递专用电动三轮车只准许乘坐1个驾驶员。

（6）临时停靠禁占机动车道。

（三）助力自行车驾驶要求

（1）使用助力自行车驮载快件，长、宽、高不准超过规定限度：高度自地面起不得超过 1.5m，宽度左右不得超出车把 0.15m，长度前端不宜超出车轮，后端不宜超出车身 0.3m。

（2）助力自行车应在非机动车道上行驶。

（3）在没有区分机动车道与非机动车道的道路上，应当靠车行道的右侧行驶，并注意观察瞭望，避让机动车辆。

（4）转弯前，减速慢行，向后瞭望并伸手示意，确认安全后方可转弯。

（5）不牵引其他车辆，也不被其他车辆牵引；不攀扶其他车辆；双手不离车把。

（6）通过陡坡或交通情况复杂地段时，下车推行通过。

（7）超越其他车辆时，不能影响被超车辆和其他车辆的正常行驶。

五、职业安全

职业安全是指企业应按照国家有关职业安全与卫生法规的要求，为职工提供一个符合国家职业安全和卫生标准的工作场所或作业环境，劳动者应懂得有关职业安全与卫生的法规和相关知识，正确掌握安全使用生产设施和劳动保护用品的方法，以保护自己免受职业事故或职业病的伤害。职业安全不仅关系广大职工的切身利益，也是快递企业安全、高效生产的有力保障。职业安全在现代企业管理中已显得日益迫切和重要。

（一）职业病

1. 职业病的定义

根据《中华人民共和国职业病防治法》的规定：职业病是指企业、事业单位和个体经济组织等用人单位的劳动者在职业活动中，因接触粉尘、放射性物质和其他有毒、有害物质等因素而引起的疾病。各国法律都有对于职业病预防方面的规定，一般来说，符合法律规定的疾病才能称为职业病。2013 年 12 月 30 日印发的《职业病分类和目录》将职业病分为十大类，共 132 种。

在生产劳动中，接触生产中使用或产生的有毒化学物质、粉尘气雾、异常的气象条件、高低气压、噪声、振动、微波、X 射线、γ 射线、细菌、霉菌；长期强迫体位操作，局部组织器官持续受压等，均可引起职业病，一般将这类职业病称为广义的职业病。对其中某些危害性较大，诊断标准明确，结合国情，由政府有关部门审定公布的职业病，称为狭义的职业病或称法定（规定）职业病。

我国政府规定诊断为法定（规定）职业病的，需由诊断部门向卫生主管部门报告；职业病患者，在治疗休息期间，以及确定为伤残或治疗无效而死亡时，按照国家有关规定，享受工伤保险待遇或职业病待遇。

2. 职业危害与预防

职业危害因素是指在职业活动中产生和（或）存在的可能对职业人群健康、安全和作业能力造成不良影响的因素或条件，包括化学、物理、生物等因素。快递作业中常见的职业病危害因素有粉尘、化学毒物、噪声与振动、高温、低温等。下面介绍粉尘的危害与防治、化学毒物的危害与预防。

（1）粉尘的危害与防治。

国际标准化组织规定，粒径小于 75μm 的固体悬浮物为粉尘。

①粉尘的危害。粉尘的危害包括污染大气环境、降低光照度、破坏机器特别是精密仪器。粉尘对人的五官、皮肤的刺激作用会引起炎症，人体接触有毒粉尘（如铅、砷、汞等）会引起中毒，吸入各类粉尘到人体肺部易引起尘肺病。

②粉尘的防治措施。针对粉尘危害，可以从“革、水、密、风、护、管、教、查”八个方面进行防治。“革”，是指工艺改革和技术革新；“水”，是指湿式作业；“密”，是指密闭尘源；“风”，是指通风除尘；“护”，是指个人防护；“管”，是指建立规章制度，维护管理；“教”，是指宣传教育；“查”，是指定期检查、评比、总结，定期进行健康检查。

（2）化学毒物的危害与预防。

①化学毒物的危害。化学毒物是指进入机体，蓄积达一定的量后，干扰或破坏机体的正常生理功能，引起暂时性或永久性的病理状态，甚至危及生命的化学物质。化学毒物侵入人体后与人体组织发生化学或物理化学作用，并在一定条件下破坏人体的正常生理机能，引起某些器官和系统发生暂时性或永久性病变，这种病变被称为中毒。

②化学毒物的预防。预防中毒，应定期对工作场所空气中的毒物浓度进行检测，超标时要采取措施，将其控制在国家职业卫生标准接触限值以下。快递从业人员应实行上岗前健康体检，排除职业禁忌证者参加接触毒物的作业，坚持定期体检和离岗体检，做到患病早治疗。

快递行业在收寄快件时应严格遵守国家相关的禁寄物品规定，禁止收寄危险化学品。

对于散发有毒有害物质的工作场所，应采用密闭的方法防止毒物逸散，在密闭不严或不能密闭处，应安装通风排毒设施维持负压操作，并将逸散的毒物排出。

案例

寄十桶危化品致两名快递员中毒获刑

2019 年 10 月底，上海某新材料科技有限公司股东唐某与公司股东决定，将部分原材料从嘉善运回上海。2019 年 11 月 12 日，唐某为节约运输成本，仅用工业塑料桶简单包装 224kg 危险化学品，联系某知名物流集团嘉兴运输有限公司嘉善第二营业部上门取件，其间唐某故意隐瞒邮寄物品的真实信息，谎报危险化学品为普通药品。

快递员上门取件时，未按规定开箱验视和查询核查，也未按规定要求托运人提供托运清单和寄递物品的相关证明，以普通快递的方式收寄。该件收至该物流公司嘉善快递末端网点后，在未经过任何安检的情况下，由该物流集团承接运输业务的上海某城物流公司承运。在途经多个中转场分流装卸后，将该件跨省运输至上海市闵行区浦江镇中转场进行分流。

该件到达该中转场后，由两名临时聘用的外包劳务人员进入车厢进行分拣分流，因经验不足，两名分拣人员在闻到刺激性气味，并发现部分包装桶底部有液体泄漏的情况下，仍违规作业两小时，并将破损包装桶交问题件处理部处理。

问题件处理部明知快递有不明液体泄漏，并有刺激性气味，但既未按规定采取安全检查处置措施，也未按规定向邮政管理部门报告，擅自对该件进行简单加固包装后，继续转运至颛桥中转站（目的地）。到达该目的地后，该件仍在未经过任何安检的情况下进行派件，送至收件人唐某所在公司。当晚两名分拣人员因吸入有毒气体送医院抢救，一人重伤，一人轻微伤。

最终，法院判决：被告单位上海某新材料科技有限公司犯非法运输危险物质罪，判处罚金人民币三十万元；被告人唐某犯非法运输危险物质罪，判处有期徒刑三年，缓刑五年。

（3）噪声危害与防护。

噪声是指没有规律的声音，既没有固定的振动周期，也没有稳定的强度，从生理学和心理学的角度而言，噪声泛指人们不需要的，对人的听力、健康、情绪、心理带来负面影响的所有声音。

①生产性噪声的危害。首先是对人听力的影响，其次是对人的消化系统、神经系统、心血管系统等的影响。例如，影响人的睡眠，诱发不良情绪，干扰人们的正常交流，这些都是导致事故的潜在危险因素。

②生产性噪声控制与防护。包括生源控制、传播途径控制、噪声个体防护、噪声作业职业健康监护等手段。当环境噪声控制措施达不到职业接触限值要求时，必须使用噪声个体防护用品，即护听器。护听器有耳塞、耳罩和防噪声帽盔三类。

（4）振动危害与控制。

①振动的危害。振动是指因为力的往复作用使机件或机械整体产生往复运动，往复作用的力透过机件作用于人身上。根据振动对人体作用范围的不同可分为两类，即全身振动和局部振动。全身振动一般为大振幅、低频率的振动，振动所产生的能量能通过支撑面作用于坐位或立位操作的人身上，引起一系列人体组织器官的病变。局部振动可引起手臂振动病，属法定职业病之一。

②振动的控制。振动控制包括振源控制、弹性隔振、阻尼减振三大手段。振动的职业健康监护包括上岗前、在岗期间和离岗时振动危害职业健康检查。上岗前的职业

健康检查主要是为了发现振动职业禁忌证，在岗期间职业健康检查主要是为了发现手臂振动病。振动个体防护措施主要是使用防振手套。

（5）高温作业危害与防护。

高温作业是指在生产劳动过程中，作业场所平均 WBGT 指数（Wet Bulb Globe Temperature Index）大于或等于 25℃的作业。WBGT 指数亦称为湿球黑球温度，是通过干球温度计、自然湿球温度计、黑球温度计在同一地点分别测得温度的加权代数和。该指数是综合评价人体接触作业环境热负荷的一个基本参量，单位为℃。

①高温作业的危害。高温作业最直接的危害是导致职业性中暑。中暑是由于热平衡和（或）水盐代谢紊乱而引起的以中枢神经系统和（或）心血管障碍为主要表现的急性疾病。中暑发病进程是热量积蓄致使体温升高，首先摧毁体温调节机制，体温进一步过高，超过细胞，特别是脑细胞能够耐受的程度时，将出现以中枢神经系统为主的功能失调症状，严重时可危及生命。

②高温作业的防护。对于劳动者室内和露天作业 WBGT 指数不符合标准要求的，应根据实际接触情况采取有效的个人防护措施。高温作业工人应穿导热系数小、透气性好的工作服；根据不同作业的要求，还应适当佩戴防热面罩、工作帽、防护眼镜、手套、护腿等个人防护用品。

（6）低温作业的危害与防护。

根据中华人民共和国国家标准《低温作业分级》（GB/T 14440—1993）的规定，作业人员在生产劳动过程中，其工作地点平均气温等于或低于 5℃的作业即为低温作业。在室内因条件限制或其他原因而无采暖的低温作业，如在冷库、酿造业的地窖等，其特点是没有季节性。快递行业一些工作人员常年在室外作业，北方的冬季气温较低，需要低温作业防护。

①低温作业的危害。低温作业首先会影响人的正常操作能力，导致工效下降甚至事故，严重时可出现冻伤。冻伤已被列入我国职业病分类与目录，成为法定职业病之一。全身机体受冷后，毛细血管收缩，皮肤血流量减少，而末梢血管收缩也会使血压升高，容易引起高血压患者发生脑出血的意外。

②低温作业的防护。低温作业环境应尽可能实现自动化、机械化，避免或减少人员低温作业；在冬季寒冷作业场所，要有防寒采暖设备，露天作业要设防风棚、取暖棚；应选用导热系数小、吸湿性弱、透气性好的材料做防寒服装。工作时，作业人员必须穿戴好防寒服、鞋、帽、手套等保暖用品；冷库附近要设置更衣室、休息室，保证作业人员有足够的休息次数和休息时间，有条件的最好让作业后的工人进行热水浴。

3. 职业病的预防

（1）建立劳动卫生职业病防治网。由各级领导负责，有关方面大力协作，建立一个由专业防治机构以及劳动保护专职人员组成的防护网，开展职业病的防治工作。

（2）建立空气中毒物浓度测定制度。定期测定，以提供改进预防措施的依据。

（3）建立工作前体检、定期体检制度。工作前体检在于排查患有某些疾病的人不适于该工作的情况，如腰部受过重伤的工人不宜从事搬运工作。定期体检目的在于尽早发现职业危害对人体的影响，早诊断，早治疗。

（4）合理使用劳动防护用品，尽量减少快递企业常见的职业伤害。

（5）技术革新、工艺改造。这是预防职业病的重要途径，从根本上改善劳动条件，控制和消除某些职业性毒害。

（6）增加通风排气设备，将有毒气体局限化并及时排出；对少数高毒物质，必须严格密闭，采取隔离式操作，以避免或减少直接接触。

（二）工伤及其预防

1. 工伤的认定

工伤也称“因工负伤”，是指职工在生产劳动或工作中负伤。根据国家规定，执行日常工作及企业行政方面临时指定或同意的工作，从事紧急情况下虽未经企业行政指定但于企业有利的工作，以及从事发明或技术改进工作而负伤者，均为工伤。《工伤保险条例》规定，有下列情形之一的认定为工伤。

（1）在工作时间和工作场所内，因工作原因受到事故伤害的。

（2）工作时间前后在工作场所内，从事与工作有关的预备性或者收尾性工作受到事故伤害的。

（3）在工作时间和工作场所内，因履行工作职责受到暴力等意外伤害的。

（4）患职业病的。

（5）因工外出期间，由于工作原因受到伤害或者发生事故下落不明的。

（6）在上下班途中，受到机动车事故伤害的。

（7）法律、行政法规规定应当认定为工伤的其他情形。

职工有下列情形之一的，视同工伤。

（1）在工作时间和工作岗位，突发疾病死亡或者在 48 小时之内经抢救无效死亡的。

（2）在抢险救灾等维护国家利益、公共利益活动中受到伤害的。

（3）职工原在军队服役，因战、因公负伤致残，已取得革命伤残军人证，到用人单位后旧伤复发的。

下列哪些情形下不得认定为工伤？

①派件途中中暑晕倒。

②醉酒或者吸毒致伤。

③在工作场所被重物砸伤。

④故意犯罪致伤。

⑤自残或者自杀。

⑥下班途中遭遇车祸受重伤。

⑦派件过程中跟客户起争执被打伤。

解析如下。

《国务院关于修改〈工伤保险条例〉的决定》中指出，有下列情形之一的，不得认定为工伤或者视同工伤：

①故意犯罪的。

②醉酒或者吸毒的。

③自残或者自杀的。

2. 工伤事故的预防

工伤预防是指事先防范职业伤亡事故以及职业病的发生，减少事故及职业病的隐患，改善和创造有利于健康的、安全的生产环境和工作条件，保护劳动者在生产、工作环境中的安全和健康。工伤预防是建立健全工伤预防、工伤补偿和工伤康复“三位一体”工伤保险制度的重要内容，是避免和减少工伤事故和职业病的发生，有效保障职工的生命安全，减少经济损失，促进企业的稳定发展和社会的稳定的关键手段。

工伤预防措施可以分为工程技术措施、教育措施、管理措施和经济措施等。

（1）工程技术措施是指对设备、设施、工艺、操作等，从安全角度考虑计划、设计、检查和保养的措施。

对新设备、新装置，从设计阶段开始就应充分考虑安全问题。一般新设备开始时能满足安全要求，但使用以后，因磨损、疲劳或腐蚀等因素的影响，设备也会转变为不安全的状态。因此必须根据生产的发展和设备的使用情况，及时改进或采取相应的工程技术措施。工程技术措施是最基本的预防措施。

（2）教育措施是指通过不同形式和途径的安全教育，使职工掌握安全方面的知识和操作方法。安全教育不仅仅是为了学习安全知识，更重要的是要会应用安全知识。

安全教育分两个大方面，一个是思想教育，另一个是安全技术知识教育。

思想教育的目的是要使企业领导、管理人员和操作人员从思想上认识安全工作对生产的促进和保护作用，正确处理好安全与生产的关系，自觉地去组织和落实安全措施。加强法制观念，严格执行规章制度，是做好安全工作的基础。通过提高各级领导和广大职工的政策水平，正确理解安全生产方针，严格认真执行安全生产法规，做到不违章指挥、不违章作业。

安全技术知识教育包括生产技术、安全技术知识以及专业安全技术知识三个层次的教育。生产技术教育包括企业的基本生产概况、生产工艺流程、操作方法、设备性能以及产品的结构、质量和规格。安全技术知识教育包括企业生产过程中的不安全因素及其规律性、可预防性、安全防护基本知识和尘毒防治的综合措施，个人防护用品的正确使用，发生事故时的紧急救护及自救措施等。专业安全技术知识教育是对特种作业人员进行的专门教育。掌握先进、实用的安全技术是进行安全生产的另一重要前提。

（3）管理措施是指由国家机关、企业单位组织制定有关的安全规程、规范和标准，是从制度上采取的措施。

管理措施包括贯彻实施有关法规、规章、标准、规范、安全操作规程，组织安全检查，落实岗位责任制，交接班制度以及各种安全认证制度，如挂牌操作、动用明火程序等。

（4）经济措施指采用经济手段辅助进行工伤预防。比较行之有效的措施是在企业内部设立各种安全奖。对安全生产搞得好的单位和个人进行物质奖励，差的进行经济惩罚。

作为快递企业，对工伤事故的预防可以采取以下措施。

①对员工，特别是新员工，进行职业培训，强化安全意识，提高自我保护能力。

②完善科学管理制度，落实各项安全生产防护措施。

③及时发放配备劳动保护用品。

④安排员工加班加点工作时应考虑员工身体的承受能力。

⑤定期对企业生产设备进行检测和维护，防止因生产设备的原因发生事故。

3. 工伤保险

工伤保险，是指劳动者在工作中或在规定的特殊情况下，遭受意外伤害或患职业病导致暂时或永久丧失劳动能力以及死亡时，劳动者或其遗属从国家和社会获得物质帮助的一种社会保险制度。工伤保险是指通过社会统筹的办法，集中用人单位缴纳工伤保险费，建立工伤保险基金，对劳动者在生产经营活动中遭受意外伤害或职业病，并由此造成死亡、暂时或永久丧失劳动能力时，给予劳动者及其实用性法定的医疗救治以及必要的经济补偿的一种社会保障制度，这种补偿既包括医疗、康复所需费用，也包括保障基本生活的费用。

《工伤保险条例》第十条规定：用人单位应当按时缴纳工伤保险费。职工个人不缴纳工伤保险费。用人单位缴纳工伤保险费的数额为本单位职工工资总额乘以单位缴费费率之积。

《工伤保险条例》第四条规定：职工发生工伤时，用人单位应当采取措施使工伤职工得到及时救治。对受伤较轻的，可以到本单位的内部医疗机构进行简单处理；但对伤害严重的，应当将伤者尽快送到附近有相应处理能力的医疗机构进行抢救。一方面，用人单位的抢救要抢时间，以满足紧急救治工伤职工的需要；另一方面，用人单位在运送伤员时，要运用科学的卫生防护手段和技术，使伤情得以控制，而不加重病情。此外，根据1991年国务院制定的《企业职工伤亡事故报告和处理规定》，用人单位要及时向有关部门报告，否则要受相应的处罚。

（三）职业安全中的劳动防护

快递企业应按照行业劳动定员定额要求，科学确定劳动者工作量和劳动强度；配备必要的劳动安全卫生设施和劳动防护用品，制定恶劣天气等特殊情形下的劳动保护措施；采取适当方法改善生产生活条件等。

1. 劳动防护用品的概念

劳动防护用品是指为使劳动者在生产过程中免遭或减轻事故伤害和职业危害而提供的个人随身穿（佩）戴的用品。劳动防护用品除个人随身穿用的防护性用品外，还有公用性的防护设施和用具，如安全网、护罩、护栏等。

2. 快递从业人员常用的劳动防护用品

（1）护腰带或护腰背心。经常做腰部负重工作的人员可以使用防护装备，如使用护腰带（见图 1-3-2）和护腰背心等保护腰部，以便加强腰部固定性。防止快递从业人员因长期搬运快件弯腰或腰部负力过重而引起腰肌劳损。

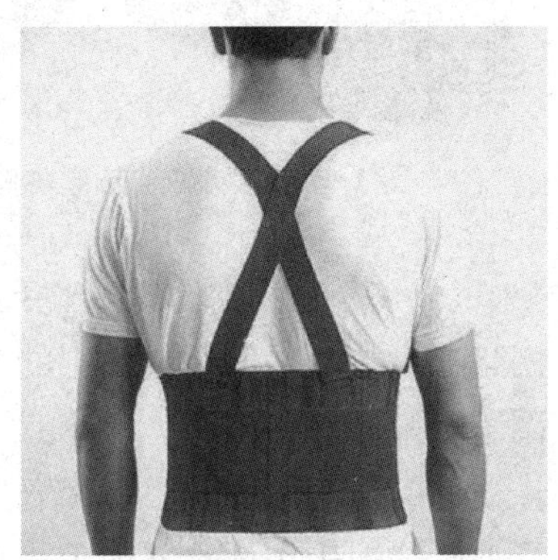

图 1-3-2　护腰带

（2）口罩。快递从业人员在粉尘较多的作业环境中，需要佩戴防护口罩，减少粉尘对身体的直接危害，预防尘肺病。

根据防护对象不同，可将口罩分为防油性颗粒物（油烟、油雾和非油性颗粒物）和非油性颗粒物（粉尘、烟、雾、微生物等）两种。根据国家标准，KN 系列防尘口罩分为 KN100、KN95、KN90 三个等级。

劳动防护口罩的选择因工作环境而异。一般工作环境戴棉纱口罩即可（见图 1-3-3)，棉纱口罩属于机械式过滤口罩，依靠棉纱的层层阻挡，能挡住直径像头发丝粗的颗粒物。防护口罩是防护级别较高的口罩，比如 KN95 口罩（见图 1-3-4）是一种常见的防护口罩，它对于直径为 0.3μm 的颗粒物有 95%的过滤效果，有助于预防肺部伤害发生。

图 1-3-3　棉纱口罩

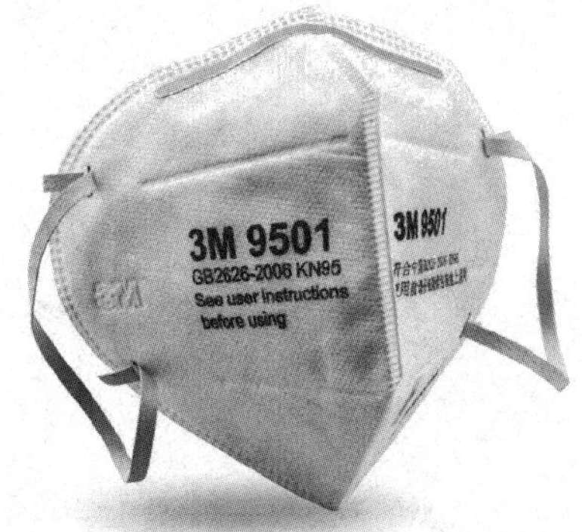

图 1-3-4　KN95 口罩

（3）防护鞋。其用于保护足部免受伤害。快递从业人员进入处理场地，需要穿上防护鞋（见图 1-3-5），防止足部砸伤；雨雪天气，路面较滑时，应该穿上防滑鞋（见图 1-3-6），防止摔倒。

图 1-3-5　防砸、防穿刺保护鞋

图 1-3-6　雨雪天气劳动防滑鞋

（4）防护手套。其用于手部保护，防止手部撞击、切割、擦伤。快递从业人员在搬运有可能对手部造成伤害的（表面粗糙、锋利等）快件时，应该戴上防护手套（见图 1-3-7）。

（5）耳塞、耳罩。正确佩戴耳塞、耳罩，能更好地保护听力（见图 1-3-8）。佩戴耳塞时，一边用耳朵同侧手将耳塞压扁、柔细，一边用对侧手从头的后方向上、向外拉耳郭，尽量把耳道拉直，同时用同侧手将耳塞塞入耳道，耳塞膨胀后在耳道内成型堵住耳道。不同的耳罩佩戴方法可能会略有不同。需要注意的是应尽量调节耳罩杯的位置，使两耳位于罩杯中心，并完全覆盖耳郭。

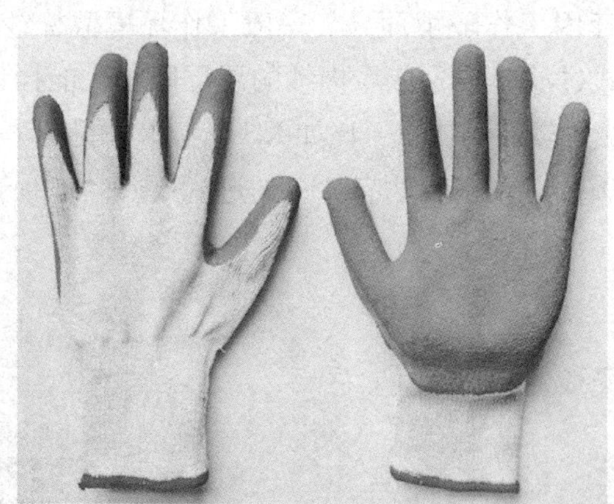

图 1-3-7　劳动防护手套

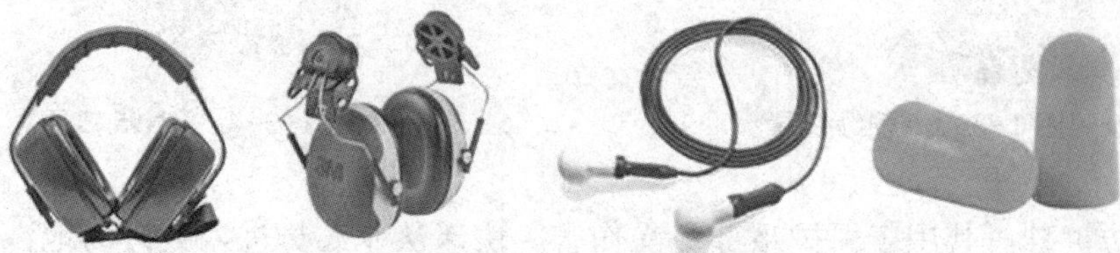

图 1-3-8　耳罩、耳塞

（6）防护头盔（安全帽）。安全帽是保护头部最常用的保护工具，是作业人的保护神。佩戴方法：将安全帽戴正，拉紧下颏带（留一指头缝隙）后帽箍调到合适位置并栓系牢固，以防帽子滑落与碰掉（见图 1-3-9）。

（7）反光背心。反光背心的面料一般为荧光色，以荧光黄和荧光橘红为主，这两种颜色可视性强，在白天能起到很好的警示作用（见图 1-3-10）。反光背心配备高质量的反光带，在仓库和物流作业场所，穿戴反光背心可以帮助工作人员在低光环境中更容易被同事和车辆发现，从而避免发生意外事故。

图 1-3-9　安全帽

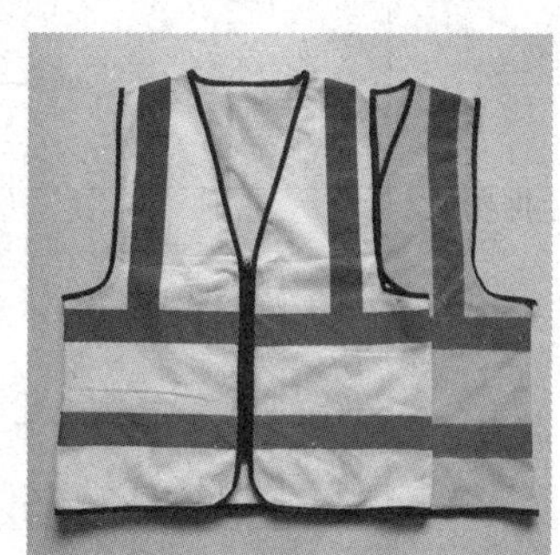

图 1-3-10　反光背心

（四）安全生产设备配置

根据规定，邮政企业、快递企业及其他从事寄递服务的企业（以下统称寄递企业），从收寄到投递的各个环节、营业场所、处理场所、机房和运输车辆（村邮站和快递合作营业场所除外），需配置安全生产设备。以人防、物防、技防相结合为原则，配置相关安全生产设备，保障生产经营安全。寄递企业所配置的安全生产设备，其技术参数和性能指标应符合国家或行业相关标准的规定。寄递企业应加强对安全生产设备的管理，建立设备管理档案，开展设备操作培训，确保设备发挥安全保障作用。寄递企业必须配置的安全生产设备如表所示（见表 1-3-1）。

表 1-3-1　　营业场所、处理场所、运输车辆安全生产设备配置

序号	场所或车辆	安全生产设备类型或车辆类型	配置要求	安装区域或配置数量
1	营业场所	消防设备	营业场所应配备与场所面积相适应的消防设备	—
2			灭火器	以 A 类（固体火灾）、民用建筑严重危险级为基准进行配备

续 表

序号	场所或车辆	安全生产设备类型或车辆类型	配置要求	安装区域或配置数量
3	营业场所	隔离设备	金属门	营业场所
4			金属栅栏	与外界相通的窗口、通风口
5			物理隔离	业务接待区和其他区域之间；拓展型营业场所的充电区与其他区域之间
6			防火防爆设备	拓展型营业场所的充电区
7		监控设备	视频监控摄像头	营业场所内部；拓展型营业场所的充电区、停车与装卸区
8		报警设备	烟雾报警器	营业场所内部
9		其他	自动应急照明设备、防毒口罩、长胶手套等安全防护用品	营业场所
10	处理场所	消防设备	处理场所应配备与场所面积相适应的消防设备	—
11			符合标准要求的灭火器	以A类（固体火灾）、民用建筑严重危险级为基准进行配备
12		隔离设备	围墙	与外界相隔处
13			栅栏或隔离桩等隔离设备	处理场所入口
14			机动车限速标志和机动车减速带	处理场所入口前10m以外
15			金属栅栏	与外界相通的窗口或通风口
16			隔离装置	分拣区、办公区和员工生活区之间
17		监控设备	视频监控摄像头	与外相通的各出入口、停车场等部位，以及处理场所内部
18			专门的安全监控室	处理场所

续　表

序号	场所或车辆	安全生产设备类型或车辆类型	配置要求	安装区域或配置数量
19	处理场所	安检设备	微剂量 X 射线安全检查设备	航空和高铁邮件、快件，以及国际和港澳台邮件、快件应保证 100% 过机安检，其他邮件、快件过机安检率应符合相关规定
20		报警设备	报警器	处理场所内部
21		其他	安全设备警示标识	处理场所内部
22			防漏电和过载保护装置	处理场所的电气线路
23			安全警示牌	在分拣设备以及其他作业设备附近
24			隔离保护设备，跨越处应设置带护栏的人行跨梯	在分拣设备的动力部件，以及滚轴、滑轮等传动部件处
25			应急隔离区	处理场所
26			自动应急照明设备、防毒面具、紧急救助医疗箱	处理场所
27			警用防爆罐、警用防爆毯	特殊地区的处理场所
28	运输车辆	干线运输车辆	车载定位系统	车体
29			倒车影像装置	车体
30			两个 2kg 以上的干粉灭火器	驾驶室
31			锁闭装置	货箱
32		揽投车辆	封闭车厢	货箱
33			锁闭装置	货箱

六、消防安全知识

快递服务工作，尤其是快件处理场地同消防安全工作联系十分紧密。作为快递从业人员，必须增强消防安全意识，掌握消防安全相关知识，以杜绝消防隐患。

（一）处理场地的消防安全注意事项

（1）场地内要保持环境清洁，各种物料码放整齐并远离热源，注意室内通风。

（2）保证场地内防火通道的畅通，出口、通道处严禁堆放任何物品。

（3）场地内不得私接电源、电线，如确实需要，需报相关部门批准和办理。

（4）使用各种设备必须严格遵守操作规程，严禁违章作业。

（5）电气设备运行期间，要加强巡视，发现异常及时处理。

（6）避免各种电气设备、线路受潮和过载运行，防止发生短路，酿成事故。

（7）场地内禁止使用明火，如确实需要须征得安保部门同意，在采取有效安全措施后，专人负责，使用后保证处理妥当无隐患。

（8）消防灭火器等消防器材及设施必须由专人负责，定点放置；定期检查自动报警系统、消防设备能否正常使用。

（9）消防安全人员按时对场地内各部位进行检查，出现问题及时报告。

（10）工作结束前，应检查本区域内所有开关、电源是否断开，确认安全无误后方可离开。

（11）发现火灾险情要积极扑救，并立即报警。

（二）火灾种类及常见灭火器

1. 火灾种类

根据可燃物的类型和燃烧特性，可将火灾分为 A、B、C、D、E、F 六大类。

A 类火灾指固体物质火灾。这种物质通常具有有机物质性质，一般在燃烧时能产生灼热的余烬。如木材、干草、煤炭、棉、毛、麻、纸张、塑料（燃烧后有灰烬）等火灾。

B 类火灾指液体或可熔化的固体物质火灾。如煤油、柴油、原油、甲醇、乙醇、沥青、石蜡等火灾。

C 类火灾指气体火灾。如煤气、天然气、甲烷、乙烷、丙烷、氢气等火灾。

D 类火灾指金属火灾。如钾、钠、镁、钛、锆、锂、铝镁合金等火灾。

E 类火灾指带电火灾。其是指物体带电燃烧的火灾。

F 类火灾指烹饪器具内的烹饪物（如动植物油脂）火灾。

2. 四种基本的灭火方法

（1）窒息灭火法。窒息灭火法是根据可燃物燃烧需要足够的空气（氧气）这个条件，采用适当措施阻止空气流入燃烧区，或者采用不燃物质或惰性气体冲淡（稀）空气中的氧气含量，使燃烧物缺乏氧气的助燃而熄灭。这种灭火方法适用于扑救密闭的房间、生产装置、设备容器内的火灾。

（2）冷却灭火法。冷却灭火法是根据可燃物发生燃烧必须达到一定温度的条件，将水或灭火剂直接喷洒在燃烧着的物体上，使燃烧物的温度降低到燃点以下，从而终止燃烧。

（3）隔离灭火法。隔离灭火法是根据发生燃烧必须具备可燃物这个条件，将与燃烧物体邻近的可燃物隔离开，使燃烧停止。

（4）抑制灭火法。抑制灭火法是将灭火剂喷在燃烧的物体上，参与燃烧反应过程，使燃烧中产生的游离基消失，形成稳定分子或低活性的游离基，从而使燃烧终止。

3. 灭火器的分类与使用

（1）二氧化碳灭火器：适用于 A、B、C 三类火灾，不适用于金属火灾。扑救棉麻、纺织品火灾时，应注意防止复燃。由于二氧化碳灭火器灭火后不留痕迹，因此适宜扑救家用电器火灾。二氧化碳灭火器使用方法如下。

①灭火时要将灭火器提出防火场，在距离燃烧点 5m 左右放下灭火器。

②拉出保险销，一手握住喇叭筒根部的手柄，另一只手握紧启闭阀的压把。

③对没有喷射软臂的二氧化碳灭火器，应把喇叭筒往下呈 70°~90°。

④使用时不能直接用手抓住喇叭筒体外壁和金属连接管，防止手被冻伤。

⑤灭火时，当可燃物呈流淌状燃烧时，应将二氧化碳灭火器的喷流由近而远向火焰喷射。

⑥如果可燃液体在容器内燃烧时，应将喇叭筒提起，从容器的一侧上部向燃烧的容器中喷射，但不能使二氧化碳喷流直接冲到可燃液体面上。

⑦在室外使用二氧化碳灭火器时，应选择上风方向喷射；在窄小的空间使用时，操作者使用后应迅速离开，以防窒息、中毒。

（2）化学泡沫灭火器：可用来扑灭 A 类火灾，如木材、棉布等固体物质燃烧引起的失火；最适宜扑救 B 类火灾，如汽油、柴油等液体火灾。使用化学泡沫灭火器灭火时，能喷射出大量泡沫，它们能黏附在可燃物上，使可燃物与空气隔绝，同时降低温度，破坏燃烧条件，达到灭火的目的。化学泡沫灭火器对于扑灭油类火灾效果最好，适用于油田、炼油厂、原油化工企业、车库、飞机库、港口和油库等场所。化学泡沫灭火器使用方法如下。

①在及时赶赴火场时不得将灭火器倾斜，更不可横向或颠倒。

②当距离着火点 10m 左右时，即可将筒体颠倒过来，一只手紧握提环，另一只手抓住筒体底，将泡沫射准燃烧物。

③如果可燃液体已呈流淌状燃烧，则应将泡沫由远而近喷射；如果在容器内燃烧，应将泡沫射向容器的内壁，切忌直接对准液体表面喷射。

④扑救固体火灾时，应将泡沫对准燃烧最猛烈处。

⑤使用灭火器时应始终保持倒置状态。

（3）干粉灭火器：干粉灭火器可扑灭一般火灾，还可扑灭油、气等燃烧引起的失火。干粉灭火器是将二氧化碳气体或氮气气体作为动力，将筒内的干粉喷出灭火的。主要用于扑救石油、有机溶剂等易燃液体、可燃气体和电气设备的初期火灾。干粉灭火器在使用前先上下颠倒几次，使筒内的干粉松动。

干粉灭火器使用方法（见图 1-3-11）：灭火时，快速将灭火器拿到火场，在距燃烧场 5m 处放下灭火器，然后拔下保险销，用力压下手柄，对准火苗根部由近而远左右扫射。

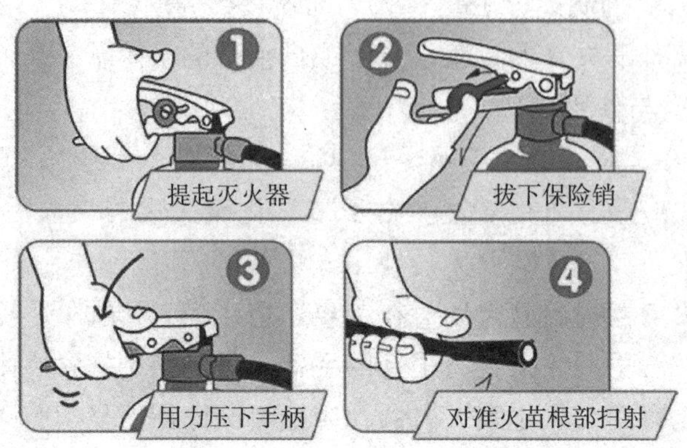

图 1-3-11　干粉灭火器使用方法

（4）1211 灭火器：适用于任何可燃物引起的初起火灾，其使用方法与干粉灭火器的使用方法相同。1211 灭火器使用时不能颠倒，也不能横卧，否则灭火剂不会喷出。另外，在室外使用时，应选择在上风口喷射；在窄小的室内灭火时，灭火后操作者应迅速撤离，因为 1211 灭火剂也有一定的毒性，要注意避开。

4. 灭火器摆放要求

（1）灭火器应设置在位置明显和便于取用的地点，且不得影响安全疏散。

（2）灭火器的摆放应稳固，其铭牌应朝外。手提式灭火器宜设置在灭火器箱内或挂钩、托架上，其顶部离地面高度不应大于 1. 50m；底部离地面高度不宜小于 0. 08m。灭火器箱不得上锁。

（3）灭火器不宜设置在潮湿或强腐蚀性的地点。当必须设置时，应有相应的保护措施。

（4）灭火器设置在室外时，应有相应的保护措施。

（5）灭火器不得设置在超出其使用温度范围的地点。

（三）消防栓及使用方法

消防栓主要由消防水带、水枪、消防水阀门、专用消防水池、消防水管、报警自动加压水泵等组成。其使用方法（见图 1-3-12）是：发生火灾时，先用消防锤击破报警玻璃，然后用力展开消防水带，将消防水带的一端套在消防栓出水接口上，另一端接上消防水枪，抓稳消防水枪后拧开消防栓水阀门，对准火源根部喷射；在展开消防水带时，要将水带抛顺，不要有拧卷、折叠现象；打开消防栓水阀应在抓稳消防水枪后进行，避免消防水枪在水压作用下大幅摆动，伤到周围的人；水阀应尽量开到最大，以保证水枪有足够的水压和出水量。

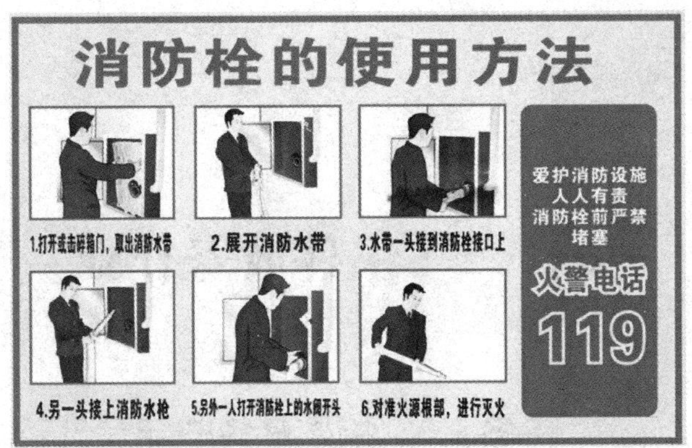

图 1-3-12　消防栓的使用方法

（四）火警报警的基本方法

如果发现火灾发生，最重要的是报警，这样才能及时控制火势，减轻火灾造成的损失。火警电话的号码是119。这个号码应当牢记，在全国任何地区，向公安消防部门报告火警的电话号码都是一样的。发现火灾，可以打电话直接报警。家中没有电话的，要尽快使用邻居、电话亭或者附近单位的电话报警。

报火警时，要向消防部门讲清着火的单位或地点，讲清所处的区（县）、街道、胡同、门牌号码或乡村地址，还要讲清是什么物品着火、火势怎样。报警以后，最好安排人员到附近的路口等候消防车，指引通往火场的道路。

不能随意拨打火警电话，假报火警是扰乱社会公共秩序的违法行为。在没有电话的情况下，应大声呼喊或采取其他方法引起邻居、行人注意，协助灭火或报警。发生火灾时，如有人被大火围困，特别是被围困在楼上时，应首先组织力量，贯彻“救人第一、救人与救火同步进行”的原则，积极施救。

相关知识与拓展

火灾紧急疏散自救逃生知识

①熟悉环境，记清方位，明确路线，迅速撤离。

②通道不堵，出口不封，门不上锁，确保畅通。

③听从指挥，不拥不挤，相互照应，有序撤离。

④发生意外，呼唤他人，不拖时间，不贪财物。

⑤自我防护，低姿匍匐，湿巾捂鼻，防止毒气。

⑥直奔通道，顺序疏散，不入电梯，以防被关。

⑦保持镇静，就地取材，自制绳索，安全逃生。

⑧烟火封道，关紧门窗，湿布塞缝，防烟侵入。

项目二　快件收寄作业

任务一　快递服务产品

1. 掌握快件收寄重量、规格的限制。
2. 掌握主要的快递服务产品和增值服务。
3. 理解快递服务范围的内涵。

能力目标

学生能够根据客户的寄递需求，推荐合适的快递基础服务和增值服务，能够向客户清楚说明各项增值服务的具体细则。学生能够判断客户要求寄递的快件是否超出快递企业规定的服务范围。

请为客户推荐合适的快递服务

北京的宋先生来到快递末端网点，想要寄一块价值9998元的手表，目的地为广东东莞。手表为全新商品，宋先生提供了手表原包装和发票。

讨论：请为宋先生推荐合适的快递服务产品。

一、快递服务产品

快递企业为客户提供无形的服务，即快递服务产品。随着客户需求的多样化发展，快递企业提供的服务种类也在不断增加，以满足不同层次客户的需要。

（一）国内快递服务产品

1. 标准快递

快递服务时限指快递服务主体从收寄开始，到第一次投递的时间间隔（冷鲜产品除外）。标准快递就是快递企业提供的满足国家标准的快递服务（简称“标快”）。标准时效快递服务的时限应满足以下要求（偏远地区以及出现不可抗力等因素除外）。

（1）寄件地和收件地在同一城市城区的同城快递服务时限不超过 24 小时，其他同城快递服务时限不超过 48 小时。

（2）省内异地及省际快递，服务时限不超过 72 小时，寄件地或收件地为乡镇（非城区）及以下区域的快递服务时限可适当延长，延长时间不宜超过 48 小时。

（3）除出现海关清关障碍以及不可抗力等因素外：①港澳台快递服务时限不超过 6 个工作日；②亚洲的主要城市快递服务时限不超过 6 个工作日；③北美洲的主要城市快递服务时限不超过 8 个工作日；④欧洲地区的主要城市快递服务时限不超过 10 个工作日；⑤大洋洲地区的主要城市快递服务时限不超过 11 个工作日；⑥其他地区城市的国际快递服务时限可视实际情况而定。

2. 限时快递

限时快递是指快递服务组织在限定时间段内将快件送达用户的快递业务。快递企业提供的限时快递服务主要有“即日件”“次晨件”“半日达”等。限时快递服务比标准快递服务速度更快，资费也略高。

（1）“即日件”是指当日寄件、当日送达的快递服务。例如，有的快递企业承诺在指定服务范围和寄递时间内收寄，当日 20：00 前送达。有的快递企业在跨省及跨经济圈重点城市之间提供即日件服务，承诺当日 22：00 前送达。

（2）“次晨件”是指当日寄件、次日上午送达的快递服务。例如，有的快递企业承诺在指定服务范围和寄递时间内收寄，次日 12：00 前送达（香港地区住宅区次日 18：00 前送达）。

京东快递试点 9 省市内“次晨达”服务，最早 8 点送达

2023 年年底，京东快递启动首批个人寄递时效提速计划，即北京、上海、广东等 9 地省内部分线路以及长三角、京津冀主要城市之间，用户在小程序或 App 等渠道下单后，可享受最早第二天一早收快递的“次晨达”体验。同时，京东快递上门取件的时间也将延长至最晚 23 点，若收件方有紧急需求，京东快递还将增加晨间派送频次，最早 8 点即可将快件送到收件人手中。

（3）同城半日达，为上午寄下午到，或下午寄当天到的同城快递服务。例如，有的快递企业承诺在指定服务范围和寄递时间内收寄，根据寄件时间及快件寄/收地址，可查询明确的快件送达时间，同城范围内半日送达。

时效快递行业“卷”起来了！

2023年上半年，电商快递市场的竞争可以用白热化来形容。

3月，菜鸟打响第一枪。菜鸟率先推出“1212”半日达模式。中午12点前下单，下午到；晚上12点前下单，次日上午到。

4月，京东物流上线“云仓达”业务，向经销商开放京东物流配送体系资源。传统批发业务结合同城电商，将电商配送时效进一步缩短到“半日达”。

5月，申通、顺丰也“升级”了。申通宣布，加入菜鸟智选仓配，在长三角和珠三角等重点经济圈提供从支付到签收的次日达服务。顺丰特快宣布升级，一方面，大幅提升次日达履约率，有效提高“快”的稳定性；另一方面，快速拓展次晨达城市覆盖范围，异地服务流向增加41%，有效提高“快”的规模性。

目前，普通时效产品普遍按同城、跨城、跨省等不同流向，分别对应给出确定性揽派时效：菜鸟、顺丰的半日达，即“上午寄下午到，下午寄当天到”；京东“特快送”产品突出“1小时上门揽收，最快当日达”；圆通、申通的产品按时效分为了当日达、次日达、隔日达、三日达四档。

可以看出，同城件的寄递时效已经从当日“卷”到了半日。

3. 经济快递

经济快递主要客户为电商企业，快递服务主体提供资费较优惠、时效稍慢的快递服务（采用陆路运输方式）。例如，有的快递企业提供的快递服务指定了服务范围和寄递时间，根据寄件时间及快件寄/收地，一般2~5天送达。

4. 重货快递

重货快递主要指大件包裹，尤其是单件重量较重的快件。例如，有的快递企业可以收寄单件重量为20~100kg的快件，严格来说，这属于快运业务。根据寄件时间及快件寄/收地，可查询明确的快件送达时间。

5. 冷链快递

冷链快递是基于冷仓，对有温度控制要求的生鲜类食品，提供冷链运输、末端优先派送的专属冷链快递服务。寄递产品包括海鲜、大闸蟹、冷鲜肉、茶叶、樱桃、荔枝、杨梅、草莓、鲜花等百余种品类，依托企业航空及陆运网络，叠加冷链专线的定制化服务。

（二）国际快递服务产品

国际快递服务产品与国内的种类相近。按照时效和资费的不同，有满足国家标准的国际标准快递（简称“国际标快”）；有资费较低、时效稍慢的国际特惠快递；有针对电商企业的国际小包裹快递；也有针对大件货物、超重货物的国际重货快递。快递企业会根据不同的目标市场需求推出相应的服务产品。

案例

智慧、绿色的全球化物流助力全球贸易

菜鸟早在2017年便开启了全球化物流进程，至2023年，服务的跨境包裹量已超过15亿件，服务商家及品牌超10万个。按2022年包裹规模计，菜鸟已是全球首屈一指的跨境电商物流企业，物流网络覆盖全球200多个国家和地区。

菜鸟跨境快递“五日达”起锚。一件商品从中国发出，要经过下单、仓库打包分拣、出库、运输、组板和登机，以及海外清关、分拨至末端配送等十多个环节，菜鸟国际快递只需要5天就能将其送到远在重洋之外的消费者手中，这样的时效是跨境商家以往完全不敢奢求的。

二、增值服务

随着社会的发展，客户的需求也日益增多，逐渐呈现出多样性、特殊性等特点。为满足客户的个性化需要和特殊需求，各个快递企业均提供多种多样的增值服务，并收取增值服务费。这既是企业的竞争战略，也是企业增收的途径。下面列举部分比较常用的增值服务。

（一）保价

1. 保价的概念

保价快递是指用户按规定交付保价费，由快递服务主体对该快件的丢失、损毁、内件不符等承担相应赔偿责任的快递服务。如果保价快件在传递过程中发生丢失、损毁以及内件不符等问题时，用户可以向快递企业提出索赔诉求，快递服务主体须承担相应的赔偿责任。

《快递暂行条例》第二十一条规定，经营快递业务的企业应当告知相关保价规则和保险服务项目；寄件人交寄贵重物品的，应当事先声明；经营快递业务的企业可以要求寄件人对贵重物品予以保价。该规定表明，寄件人交寄贵重物品时负有事先声明义务。快递员在收寄高价值物品时，应提示客户保价。

根据《快递暂行条例》第二十七条的规定，快件延误、丢失、损毁或者内件短少的，对保价的快件，应当按照经营快递业务的企业与寄件人约定的保价规则确定赔偿责任；对未保价的快件，依照民事法律的有关规定确定赔偿责任。

案例

顺丰升级保价服务

2022 年“双十一”前，顺丰上线了保价服务升级版，为客户提供多场景、多维度的保价服务。据悉，升级后的保价服务体系包含“足额保”“定额保”“基础保”三大产品，用户选择更多，权益得到进一步保障。

“足额保”适用于商品价值较为明确的物品。足额保价下，价值 500 元及以下物品的保价费为 2 元，价值 501 元到 1000 元（含）的物品保价费为 3 元，1000 元到 1 万元（含）、1 万元到 20 万元（含）、20 万元到 50 万元（含）的保价费率分别为 0.8%、0.9%、1%。足额保价全部丢损，“保多少、赔多少”，部分损毁也进一步增加补偿方案。例如，张女士寄递一部全新的手机，官网售价 4000 元，假设邮递过程屏幕出现损坏，官方维修价 2000 元，在足额保价情况下，理赔方案包括维修费和 15%的折旧费，其中维修费 2000 元、折旧费 600 元，共理赔 2600 元。若全丢全损，全额赔偿 4000 元。

“基础保”，保费更便宜，保价金额在 500 元（含）以下收取 1 元保费，501 元到 1000 元（含）收取 2 元保费，1000 元以上保价费率为 0.5%。基础保的处理时限也缩短到了 1 个工作日。若“基础保”物品全丢全损，按物品的实际损失价值进行赔偿，部分损坏，按损坏程度的比例进行赔偿，最高不超过保价金额。如果张小姐寄递官网售价 4000 元的手机，邮递过程屏幕出现损坏，官方维修价 2000 元，在基础保价情况下，可理赔 2000 元，比“足额保”少 600 元的折旧费。

“定额保”是顺丰专门服务于发票、证件等价值难以衡量或者包含无形价值托寄物的新保价产品。保价金额为 500 元收取 2 元保费，保价金额为 1000 元收取 4 元保费，保价金额为 2000 元、5000 元、10000 元分别收取 8 元、19 元、36 元保费。客户寄递时可以自主选择保价金额，全部损毁按照保价对应价值“保多少、赔多少”，部分损毁按 50%保价金额固定比例赔偿，最快 12 小时赔付到账。例如，用户寄递一张门禁卡，保价 1000 元，邮递过程中门禁卡发生变形折损，当选择定额保时，如果受损程度为严重受损不可使用，赔付额为 1000 元；如发生轻微受损，不影响使用，则赔付额为 500 元，而基础保则会赔偿用户门禁卡补办工本费。

“定额保”最大的亮点是在理赔环节不再要求提供价值凭证，仅凭借损坏程度结合保价金额就可以按照比例进行赔偿，大大放宽了赔付的标准。

2. 保价服务的注意事项

（1）声明价值。对快递企业来说，快件价值越高，遗失、损毁所产生的风险越大。

为了规避风险，快递企业一般都规定了保价物品的最高赔偿价值。快递员在收取快件时需要注意，客户填写的快件声明价值不得超出本企业规定的最高赔偿价值限制。

（2）保价快件的标识。保价快件普遍都是价值较高或客户非常重视的物品，因此须妥善包装快件，并使用特殊的标识提醒各操作环节注意保护快件。例如快递企业采用一次性的保价封签，在快件包装封口的骑缝线上粘贴保价封签并请客户在封签上签名，确保只有破坏封签才能打开快件包装。

（3）快件称重。为了能够及时发现保价快件是否短少，并进行相应处理，快递企业一般对保价快件重量精确度做出较高要求。例如，某快递企业规定，保价快件的重量必须精确到小数点后两位，且各交接环节必须进行重量复核，确保从收取到派送整个过程的快件安全。

（4）运单标注。对于保价的快件，快递企业要求在运单的保价栏中标记保价，并将物品的声明价值填入相应位置。

（5）赔偿上限。保价快件最高赔偿额不超过客户投保的声明价值。

相关知识与拓展

快递保价知多少

小王将一台价值 11800 元的莱卡偏光显微镜交由某快递公司邮寄，显微镜在运输过程中损坏，小王遂起诉快递公司要求赔偿损失。快递公司辩称，小王下单时没有选择保价服务，只同意按照七倍运费赔偿小王 532 元。

法院查明，小王下单时，在“我已阅读并同意《电子运单条款》”下方进行了勾选，《电子运单条款》使用红色、加粗字体提示“若您未选择保价，则在七倍运费的限额内向您赔偿托寄物的实际损失”。最终，法院认定上述条款对双方具有法律约束力，判决快递公司按照七倍运费赔偿小王 532 元。

法律提示：根据《快递暂行条例》第二十七条的规定，快件延误、丢失、损毁或者内件短少的，对保价的快件，应当按照经营快递业务的企业与寄件人约定的保价规则确定赔偿责任；对未保价的快件，依照民事法律的有关规定确定赔偿责任。

《民法典》第八百三十二条规定，承运人对运输过程中货物的毁损、灭失承担赔偿责任。《民法典》第八百三十三条规定，货物的毁损、灭失的赔偿额，当事人有约定的，按照其约定；没有约定或者约定不明确，依据本法第五百一十条的规定仍不能确定的，按照交付或者应当交付时货物到达地的市场价格计算。

寄件人与快递公司之间成立运输合同关系，根据上述规定，未保价快件毁损、灭失的，应当按照民事法律的有关规定确定赔偿责任，而意思自治是民事法律的基本原则，即在当事人之间有合法有效约定时，应当按照当事人约定确定双方权利义务。上述案例中，法院即尊重了合同双方的意思自治，按照《电子运单条款》的约定确定赔偿金额。

由于快递公司通常会在运单条款中约定以运费的数倍（通常为一到九倍）作为未保价快件的最高赔偿限额，因此，虽然并不只有选择了保价服务才有权获赔，但是针对价格昂贵的物品，寄件人要养成良好习惯，填写寄件单时应详细描述托寄物的名称、性质、数量等关键信息，并尽量选择足额保价服务。这样一方面可以提示快递公司注意货物安全，避免运输过程中毁损、灭失；另一方面可以在货物发生毁损、灭失时，按照保价条款进行索赔，防止出现案例中小王的获赔金额远远低于实际损失的情况。

3. 快件保价与快件保险的比较

保险快件是指客户在寄递快件时，除交纳运费外，还按照快递企业制定的保险公司承诺的保险费率缴纳保险费的快件。如果保险快件在传递过程中发生延误、丢失、损毁以及内件不符等问题时，客户有权向承保的保险公司提出索赔要求。保价与保险的异同见表 2-1-1。

表 2-1-1 保价与保险的异同

<table>
<tr><th>项目</th><th>快件保价</th><th>快件保险</th></tr>
<tr><td rowspan="3">相同点</td><td colspan="2">客户均在运费以外额外支付了费用</td></tr>
<tr><td colspan="2">客户寄递的物品均发生灭失、损坏、短少后才获得赔偿</td></tr>
<tr><td colspan="2">客户寄递物品的声明价值均不得超过物品的实际价值</td></tr>
<tr><td rowspan="7">不同点</td><td>风险由个人转移到快递企业</td><td>风险从个人和快递企业转移到保险公司</td></tr>
<tr><td>当事人有客户、快递企业</td><td>当事人有客户、快递企业、保险公司、第三方评估机构</td></tr>
<tr><td>风险范围只包含快递企业责任造成的损失</td><td>风险范围包括快递企业责任、第三人侵权行为、不可抗力三种情况造成的损失都给予赔付</td></tr>
<tr><td>对不易确定和计量实际价值的快件允许办理保价，但一般设置最高限额</td><td>承保的损失必须是可确定和可计量的</td></tr>
<tr><td>保价条件下支付的是“保价附加服务费”，属于快递公司营业款，风险由快递企业承担</td><td>保险条件下支付的是“保险费”，不属于快递公司营业款，风险由保险公司承担</td></tr>
<tr><td>理赔程序较简单，提供单证较少</td><td>理赔程序烦琐，要提供相关单证</td></tr>
<tr><td>理赔支出由快递企业自行消化，资金投入量大；快件价值界定难度大，容易导致多赔、少赔或不赔等情况，甚至引发官司</td><td>快递公司与一家或几家保险企业签订合作协议，快递企业客户量巨大，可以此争取优惠的保险费率</td></tr>
</table>

（二）包装服务

为了更好地保障快件安全，快递企业可以提供更专业的包装服务，同时提供抗震、减压、缓冲、防潮等多样化、专业化的包装。由于包装业务需要产生除运费以外的服务费，所以一般来说，客户需要包装业务的快件往往都是价值较高且包装难度较大的物品。

包装服务需要客户提出申请，并在运单相应位置做标注，快递企业根据实际情况，安排合适的人员进行包装业务的操作，包装合格后，按正常快件业务发运。

（三）代收货款

代收货款是快递企业接受委托，在投递快件时，向收件人收取货款的业务。快递企业将收到的货款按照约定的时间频率返还给寄件客户，一般有 3 个工作日结算、次周结算、隔周结算等返款周期可供选择。返款周期越短，服务费率越高，且每票设最低服务费。

收取货款的方式多种多样，可以是现金、POS（销售时点系统）刷卡，也可以是电子支付方式。

（四）签单返还

签单返还是快递企业在投递快件后，将收件人签收或盖章后的回单，返回寄件人的业务。返回的签单可以是收件客户签名的收条或收货单等纸质回单；也可以是拍照回传，即在派件时采集寄方与收方约定的证件照片，并将采集的照片通过系统对接方式及时回传给寄方；还可以是电子回单，即派件时收件人需扫码在小程序完成回单查看、实名认证、电子签名，快递员才可交付包裹，签署后回单实时回传。若产生争议，快递企业可为已签署回单提供有偿的出证服务，证明该文件未被篡改。三种签单返还方式收费不等。

寄件客户选择签单返还业务需要在运单指定位置进行标注，并在快件外包装边角处粘贴回单贴纸，达到提示效果。

（五）定时派送

客户预先指定快件到达时间（到件后 7 天内的某个时间）或者要求快件到达后暂不派送，收到通知再安排派送的服务。由于此服务时限要求较高，因此快递服务主体会收取额外的服务费，一般根据客户指定的派送时段的长短、精细程度收取不同费用。

（六）改寄/退回

改寄/退回件是指快递服务主体在首次投递完成前，受用户委托，变更原投递地址，寄往新地址或退回客户指定退回地址的快件。在快件尚未派送至收件人前，同城快件和国内异地快递服务可更改地址；在快件尚未出口验关前，国际快件、港澳台快件可更改地址。快递服务主体一般会收取相应的服务费。改寄/退回将增加快件在途时间，生鲜、水产、温控医药等托寄物损坏风险将增大。

三、快件收寄限制条件

（一）快件重量、规格限制

1. 国内快件重量、规格限制

国内快件一般以单件、小件为主，单件快件不宜超过50kg。有的快递企业也提供大重量、大体积的快件寄递服务，一般归为快运业务。

国内快件的单件包装规格限制为：任何一边的长度不宜超过150cm，长、宽、高三边长度之和不宜超过300cm。不同运输方式对快件规格的要求也有所不同。在收寄快件时，除要考虑重量的限制以外，还要考虑快件运输所使用的运输工具的限制。

2. 国际快件重量、规格限制

文件类、包裹类快件的重量、规格限制应按寄达国家（或地区）对入境快件的有关规定办理。

案例

EMS国际（地区）特快专递的重量、规格限制

EMS国际（地区）特快专递采用国际航空运输。EMS收寄的国际快件举例如下：

韩国、日本、马来西亚等国家（地区）对入境快件最高限重为30kg，任何一边的尺寸都不得超过1.5m，长度和长度以外的最大横周合计不得超过3.0m。

朝鲜、菲律宾等国家（地区）对入境快件最高限重为30kg，任何一边的尺寸都不得超过1.05m，长度和长度以外的最大横周合计不得超过2.0m。

澳大利亚对入境快件最高限重为20kg，任何一边的尺寸都不得超过1.05m，长度和长度以外的最大横周合计不得超过3.0m。

美国对入境快件最高限重为31.5kg，任何一边的尺寸都不得超过1.52m，长度和长度以外的最大横周合计不得超过2.74m。

注：长度和长度以外的最大横周=［长+2×（宽+高）］。

（二）超出服务范围

服务范围是指快递服务主体寄递服务所覆盖的地理区域，也就是快件的收派范围。快递员应在收寄快件时确认快件寄达地址是否在公司服务范围内，否则可能导致快件无法投递或超出时效，引发客户投诉，影响服务质量。超出服务范围的快件有以下两种情况。

1. 快件寄达地无网点覆盖

目前，一些民营快递企业还做不到全国全境覆盖。也就是说，快递服务主体在某些省份或城市没有设立快递末端网点，或者在某些偏远地区（如乡、村）不提供上门派件服务。因此，快递员在收寄快件时需要确认快件寄达地址是否能派送。

如果快递企业在快件寄达地址未开通快递末端网点，则快递员不能收寄此快件。如果快件寄达地址属于偏远地区，当地的网点无法提供上门派送服务，则快递员可以与寄件客户协商，确认收件人同意到网点自取快件，才可以收寄。

2. 快件寄达地未开通特定服务

某些特定快递服务产品只在部分区域开通，这就要求快递员在收寄快件时确认快件寄达地址是否开通客户要求的快递服务，否则会造成快件无法按客户要求派送。例如顺丰的“顺丰即日”业务，承诺“当日寄件，当日送达”，只在中国内地部分城市及流向开通，某一客户想通过顺丰寄一票从北京到香港的“顺丰即日”快件，此件就超出了该企业的服务范围，无法实现“即日达”。

“最美快递员”徐峰：扎根大凉山 20 年，打造出电商快递助力乡村振兴的新模式

2023 年 5 月，第五届“中国梦 · 邮政情　寻找最美快递员”活动揭晓发布会在京举行。徐峰获评“最美快递员”称号。

扎根乡村，服务乡亲，许多快递员将奋斗足迹留在广袤田野上。这其中，便有扎根四川大凉山 20 年的徐峰。“由于地处山区，本地居民接收快递或者想把东西卖到外面，都要花很长时间。”徐峰说，德昌县盛产枇杷、桑葚和樱桃等水果，但因为物流运输不便，很难卖出好价钱。

2009 年，徐峰与韵达公司进行联系对接，开办了德昌县第一个韵达快递网点。徐峰专门买了一台配送车，每天跑到西昌市把快递拉到县城，再一件一件送到居民家里。很快，县城的快递线路渐渐通了，可乡镇群众收寄快递依然不便。于是，徐峰一边联系快递公司总部争取加盟资格，一边寻找物流人才加入团队。现在快递运输线已经覆盖德昌全部乡镇街道，许多人加盟到快递业务中来，其中便包括永郎镇快递网点负责人贺英。

过去苦于没有快递渠道，贺英常常找第三方快递帮助运输。“不仅成本高，来回寄送也不方便。”贺英说。今年初，看到贺英家快递需求量大，徐峰主动上门，邀请她加入快递网点运营。加入快递网点后，贺英售卖的水果当天就能发货，3 天以内就能送达。“把快递网建起来，才能让电商更好地融入乡村。”徐峰说。

不少村民对电商销售感兴趣，但是不知道该如何去做。徐峰想到，把东西卖出大凉山，光靠一个人的力量不行，必须一手建电商网点，一手搞电商培训。于是，他开始探索“快递+电商”融合发展模式，并投资140多万元建立德昌县创新创业孵化中心，开展免费电商培训。

2016年12月的一天，德昌县创新创业孵化中心的培训教室里，学员们踊跃发言。“哪个平台最好用，门槛低?”“怎么在平台上推广咱们的农产品?”“水果的快递包装有哪些注意事项?”徐峰对学员们的提问逐一进行详细解答。

“从2016年至今，德昌县创新创业孵化中心已经开展培训100余场次，参训人数超过4000人次，吸引40多家企业入驻。”徐峰介绍。

新时代新征程，心中有梦想，肩头有担当，手上有干劲，脚下有方向，快递人在平凡的岗位上，坚持以建设物流强国的国家战略为使命，最终实现乡村振兴的伟大理想。

任务二　快件收寄准备

知识目标

1. 掌握快件收寄的方式和流程。
2. 了解快递员收寄的准备工作。
3. 了解快递行业基本礼仪规范。

能力目标

学生能够熟知上门取件、网点收寄、智能快件箱收寄的流程，能够明确快递员工作准备的内容以及快递从业人员应具备的礼仪规范。

任务导入

小组任务：根据生活经验，绘制快件收寄整体流程图，比一比哪组画得最全。

任务分析：学生大多都有收寄快递的经验，也能通过网络查询快件的路径信息。通过小组讨论，集思广益，总结出快件收寄的基本流程，激发学生的成就感。

一、快件收寄流程

收寄流程是指快递员从客户处收取快件的全过程，包括验视、包装、填写运单和称重计费等环节。快件可采用营业场所收寄、协议用户收寄、上门收寄和智能收投服务终端收寄四种方式。营业场所收寄是通过快递末端网点完成收寄的服务方式；协议用户收寄是对签订寄递协议的交寄量大或交寄频次高的寄件人提供批量交寄的服务方式；上门收寄是收派员到寄件人现场完成收寄的服务方式；智能收投服务终端收寄是通过智能快件箱、智能远程收寄终端等设备完成收寄的服务方式。下面介绍三种典型的收寄流程。

（一）上门揽收业务流程

上门揽收，是指快递服务主体接单后立即通知快递员取件，快递员接到通知后，在规定时间内到达客户处揽收快件，并将快件统一带回快递末端网点，完成快件交接的全过程（见图 2-2-1）。上门揽收便捷、灵活，取件时间一般在 2 小时内，或按与客户约定的时间取件。

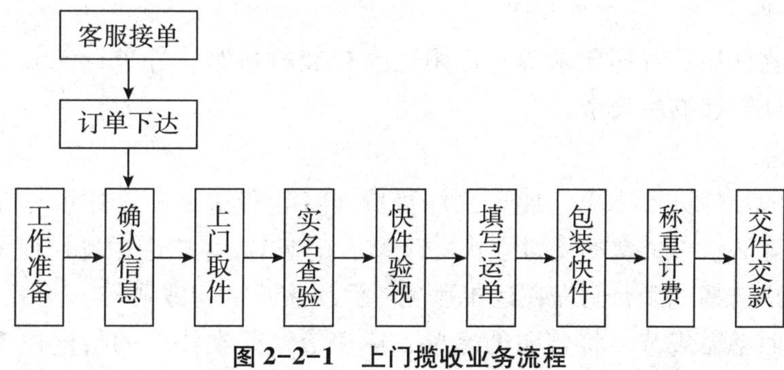

图 2-2-1　上门揽收业务流程

1. 工作准备

快递员提前准备好需要使用的操作设备、物料（用品用具）、单证等。

2. 确认信息

快递员可以从以下三种渠道获得揽收信息。

（1）客服中心下单。寄件客户通过热线电话下单、网络下单、微信下单等方式，将寄件需求告知给客服人员，客服人员给出报价，寄件人同意后客服人员接单。客服人员将客户订单下达给相应片区的快递员，将寄件客户地址、电话等信息通过内部系统发送给快递员，快递员在限定时间内到达指定地点，揽收快件。

（2）客户主动联系。客户直接拨打快递末端网点（或快递员）电话，要求上门揽收的，快递员要按约定时间到达指定地点，揽收快件。

（3）投递途中揽收。快递员在投交快件时，要主动询问客户是否有寄件需求，若客户有需求，要现场办理快件的揽收工作。

快递员获得揽收信息后，要检查客户地址是否超出自己的服务范围、客户信息是否有误，如果有，需要及时反馈给客服部门或者客户。

3. 上门取件

在约定时间或限定时间范围内到客户指定地址收取快件。按照相关规定停放收派车辆，离开收派车辆前，应锁闭装载快件的车厢，避免快件丢失。

4. 实名查验

核对寄件人的有效身份证件，录入寄件人的实名信息。

5. 快件验视

验视托寄物是否属于禁止或限制寄递的物品。属于禁止寄递物品或超出限制寄递要求的，礼貌地拒绝收寄，并及时向公司相关部门报告违法禁寄物品情况。

6. 填写运单

指导客户填写电子运单，提示客户阅读运单背书条款，询问客户是否需要保价等增值服务。客户下单时以电子化方式填写运单信息，客户提交运单信息即视为签署运单，因此无须再在打印出的运单上签字。

7. 包装快件

根据托寄物性质、寄递要求等，选用适当包装材料对快件进行包装，使快件符合运输要求，保证寄递物品安全。

8. 称重计费

对包装完的快件进行称重，计算快件资费，将计费重量和资费填写在运单的相应位置。跟客户确认快件资费的支付方式（现结、记账）。客户选择寄付现结，则收取相应的资费；客户选择记账，则需在运单账号栏注明客户的记账账号。

最后，按照粘贴规范，将打印的运单、标识等粘贴在快件的指定位置上。快递员应立即用快递手持终端扫描运单条码做收寄处理，并上传信息。

9. 交件交款

将收寄的快件在规定的时间内运回快递末端网点。复查快件包装和运单内容，确认无误后，快递员将收寄的快件交给网点仓管，将所收款项交给相关工作人员。

案例

粗心快递员寄错包裹，女子收到 14 万元珠宝

本应寄至深圳市的价值 14 万余元的珠宝首饰，不想因快递工作人员疏忽被寄至安徽舒城，好在经过热心居民和民警的帮助，该批珠宝终于物归原主。

8 月 14 日 18 时许，舒城居民陈女士携带两份快递件赶到舒城县公安局刑侦大队受案中心，称其在网上购买了衣物，但却收到两个捆绑在一起的包裹，打开发现一个是其购买的衣物，而另一个包裹里装了 13 件金镶玉首饰。陈女士害怕被诈骗，遂赶往公安机关求助。

民警仔细查看包裹内的 13 件金镶玉首饰，每件首饰都有对应的铭牌和珠宝鉴定证书，物品总价值达 141980 元。包裹内还有张交收通知单，上面注明该首饰是由江苏常州某珠宝店寄往深圳总部，但未留寄收双方的联系方式。

由于物品价值较大，民警找到舒城本地某快递点负责人，由其联系常州相应快递点及收件的快递工作人员。经该工作人员回忆，其承认系自己工作疏忽，误将陈女士的单号打印了两遍，贴在此快递包裹上，珠宝店寄件人也没有复核，这才导致快递错寄。

由于找不到该店寄件人的联系方式，寄件人留下的固定电话也无法接通，民警立即联系常州警方，由当地辖区派出所民警前往店内询问情况。但当辖区派出所民警和舒城县公安民警先后与该店店长沟通时，其坚称首饰已通过快递寄出，并怀疑两地民警和快递人员都是诈骗分子，不愿多沟通。

无奈之下，民警在某快递点工作人员的见证下将该包裹进行封存保管。次日上午，民警多次拨打电话沟通，常州某分店店长多方核实后，这才发现 13 件金镶玉首饰确实在邮寄过程中丢失。8 月 17 日，13 件金镶玉首饰终于物归原主。

（二）网点收寄业务流程

网点收寄，是指客户主动前往快递末端网点寄递快件，网点的快递员接收、查验客户交寄的快件，指导客户填写运单，完成快件包装和称重计费，最后将收寄的快件统一交接给网点相应工作人员的全过程（见图 2-2-2）。

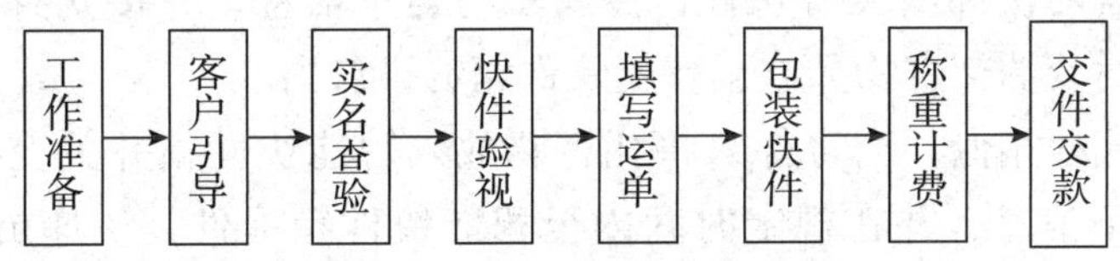

图 2-2-2　网点收寄业务流程

需要注意的是，网点收寄需引导客户到指定柜台处寄件，并在视频监控下完成收寄操作。网点收寄各个环节具体操作与上门揽收业务流程操作相同，此处不再赘述。

高校开启毕业“寄”，毕业生可享优惠价格

交完论文，完成答辩，2023 届高校毕业生的告别时刻在盛夏悄然而至。面对毕业生的大件行李寄件需求，快递公司纷纷把服务站点开进高校，并推出各种优惠活动。

圆通为部分高校提供进校园打包服务，免费提供物料、编织袋、纸箱等，在寄递价格上也给出了一定优惠。

韵达在全国多地高校为毕业生提供优惠寄件服务。以韵达海南网点为例，该网点从6月初开始进校园开展“毕业季”活动，结合学校的作息时间，快递员每天从上午9点到晚上7点为毕业生服务，每天的收货量在2~3吨，大部分都是20~40千克的行李。韵达为毕业生提供了免费纸箱和胶带，还有专门的工作人员帮助打包。毕业生可以在小程序上选择拼团寄件、大件包裹寄送等优惠活动，还可以通过网上寄件、微信下单等服务功能预约上门取件。

各个大学也在积极行动。某学校后勤服务管理中心联系了邮政快递、菜鸟驿站、京东快递、顺丰快递等，以优惠的价格为毕业生提供服务。其中，菜鸟驿站推出毕业优先寄活动，对于6月15日之前寄件的学生，快递员会到宿舍楼下取件，免费送大件快递纸箱，并有大件行李价格优惠。

（三）智能快件箱收寄业务流程

智能快件箱也叫快递柜、智能柜，是指提供快件收寄、投递服务的智能末端服务设施。智能快件箱已纳入公共服务设施相关规划和便民服务、民生工程等项目。如今，在住宅小区、高等院校、商业中心、交通枢纽等区域都有智能快件箱，智能快件箱已成为我国城市快递末端服务的重要组成部分，可以为用户提供7×24小时寄件服务，满足了用户随时寄件的需求，有人称其为“无人网点”。

寄件人使用智能快件箱交寄快件，需要填写运单信息，并接受身份查验；通过身份查验后，将未封装的交寄物品放至智能快件箱的格口内。

与上门揽收流程相似，当寄件人将托寄物放入智能快件箱并关上格口后，快递员立即收到揽收提示信息，并在规定时间内至智能快件箱提件。快递员取出托寄物时，应当比对交寄记录，确认无误后，当场验视、封装。快递员用手持终端扫码确认收寄后，寄件人将收到运单号，并可据此查询快件信息。

客户投放到智能快件箱中的交寄物品有下列情形之一的，快递员不得收寄，应当场将交寄物品退回至智能快件箱，并在软件系统中做揽收失败操作，软件系统会将“拒收开箱码”发送给寄件客户，提醒客户取回交寄物品，不得收寄的情形如下。

（1）交寄物品与交寄信息不一致。

（2）寄件人身份未经查验或者未登记身份信息。

（3）国家规定涉及安全保障的其他情形。

快递企业应对通过智能快件箱收寄的快件作出标识，并重点进行安全检查。使用智能快件箱提供寄递服务过程中，发现禁止寄递或者限制寄递物品的，应当依法处理。

使用丰巢智能柜寄件操作流程

第 1 步：微信关注“丰巢智能柜”公众号。

第 2 步：在公众号中绑定手机号，并完成实名认证。

第 3 步：在“丰巢智能柜”公众号中选择“寄快递”，在弹出页面中选择位置最近的丰巢智能柜，填写寄件人和收件人的信息，填写寄送物品信息，选择是否保价、选择付款方式、选择快递服务企业，阅读《丰巢寄件服务协议》，并选择“同意”，确认提交，线上下单完成。获得一个“寄件码”。

第 4 步：到选定的丰巢智能柜处，点击智能快递柜的显示屏，选择“寄件”，输入“寄件码”。

第 5 步：根据所交寄物品的大小，选择格口（有大、中、小三种规格），然后支付运费，智能柜相应格口会自动弹开，将交寄物品放入，关上格口，寄件完成（见图 2-2-3）。

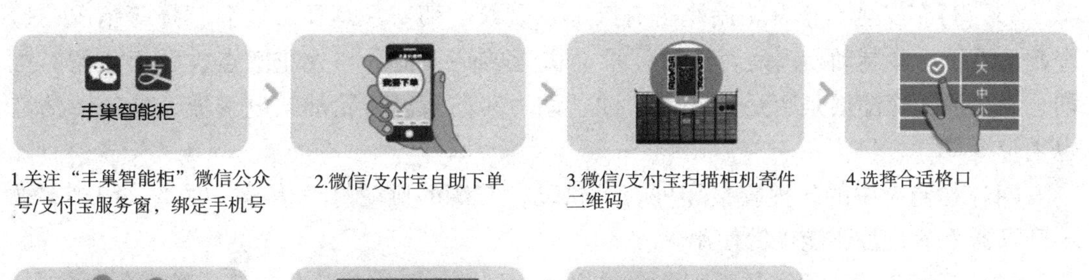

图 2-2-3 丰巢智能柜寄件流程

丰巢智能柜规格如图 2-2-4 所示。

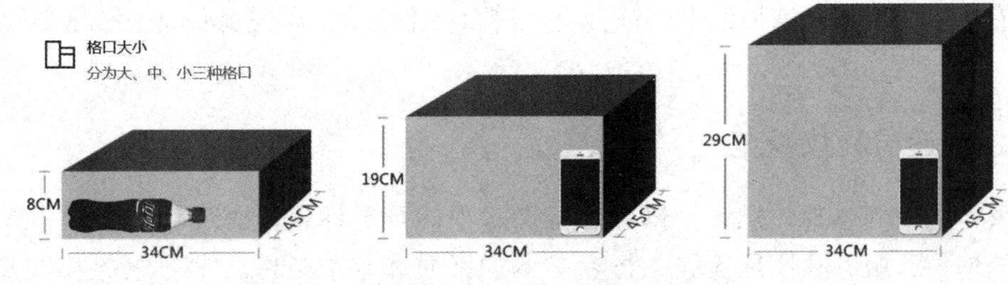

图 2-2-4 丰巢智能柜规格

二、收寄准备

快递员应认真学习国内、国际快件业务基本规定，掌握快件禁寄规定、限寄规定、资费计算标准、保价（保险）规定及运单填写规范，了解企业提供的快递服务产品及相关时效，以及快递末端网点作业计划（各波次快件封发出口时间）。此外，每日上岗前，还应做好以下准备工作。

（一）作业工具准备

快递员应提前准备好背包、绑绳、雨披、雨布；少量封装材料（文件封、包装袋）、少量填充材料（气泡膜等）、胶带、记号笔、便携手提秤、卷尺、介刀、零钱等；以及手持终端、电子运单打印机等设备，并保证电量、打印胶纸充足，设备运转正常。

（二）运输工具检查

1. 汽车检查

（1）车辆外观。有无明显破损，有无有碍安全的漏洞，四门能否关牢、锁死。

（2）车辆内部。车厢内是否清洁、防止污染快件。

（3）行车安全。查看轮胎是否有鼓包、裂纹、切口、刺穿、过分磨损等情况；检查制动系统，看制动距离是否正常；发动机运转是否良好、火花塞点火是否正常；机油、刹车油、冷却剂是否足量，刹车油、助力转向液、齿轮油、电解液、玻璃清洁液也须带上。

（4）检查车中的各种胶接零件有无松动，车辆的照明灯、信号、喇叭、门锁、玻璃升降器手柄是否还能正常使用。

（5）配套工具。检查是否配备简单修理工具、备用轮胎及车载灭火器。

2. 电动三轮车检查

（1）检查轮胎气压是否正常，有无龟裂和切口。

（2）制动转向等操作系统是否灵活有效，断电装置是否能在刹车前断电。

（3）检查蓄电池电量是否充足，电路及各电器配件工作是否可靠。

（三）单证准备

快递员每天要随身携带的个人证件有工牌（工作证）、居民身份证、驾驶证、行驶证等。

三、快递员礼仪规范

礼仪作为人们思想、意识、修养、情操水平的重要标识，在现代社会中占据着极其重要的地位，服务礼仪是各服务行业必备的素质和基本条件。学习服务礼仪知识不仅有助于塑造良好的形象，还有助于提高综合素质。

（一）快递服务一般礼仪

俗话说“站有站姿，坐有坐姿”，就是要求大家的仪态要落落大方，站、坐、行都要有度。基本的礼仪仪态有站姿、坐姿、行姿、手势和表情五个方面，这五个方面作为一个整体构成了基本的礼仪形象。

1. 站姿

标准的站姿，从正面观看，全身笔直，精神饱满，两眼正视，两肩平齐，两臂自然下垂，两脚跟并拢，两脚尖张开60°，身体重心落于两腿正中；从侧面看，两眼平视，下颌微收，挺胸收腹，腰背挺直，手中指贴裤缝，整个身体庄重挺拔（见图2-2-5）。

站立时切忌倚靠，耸肩驼背，左右摇晃，两脚间距过大。站立交谈时，可视情况适当调整站姿，双手可随说话的内容做一些手势，但不能太多或幅度太大，以免显得粗鲁。在正式场合站立时，不要将手插入裤带或交叉于胸前，更不能有小动作，如摆弄衣角、咬指甲等，这样做个人一种缺乏自信、缺乏经验的感觉。

2. 坐姿

就座时，通常从左侧走向自己的座位，然后落座。坐下后身体要端正，上身自然挺直，两腿自然弯曲，双脚平落地上，双膝并拢，双脚距离与肩大致相等。坐椅子一般只坐满椅子的三分之二，不要靠椅背（见图2-2-6）。离座时，起身动作应轻缓，保持上身是直立状态，可将左脚或右脚向后收半步，而后站起，待站定后，从座位的左侧离去。

女性在公共场合要注意自己的坐姿。尤其是在穿裙装的时候，女性宜采用双腿斜放式坐姿，即双脚首先并拢，然后双脚向左侧或向右侧斜放，力求使斜放后的腿部与地面呈45°（见图2-2-7）。

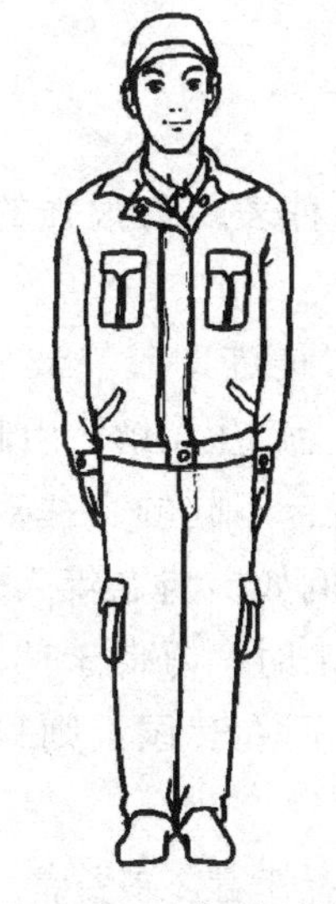

图2-2-5　标准站姿

图2-2-6　标准坐姿

图2-2-7　双腿斜放式坐姿

在客户处时，必须有客户邀请入座方可坐下，切忌过于随便。半坐半躺、跷二郎腿和单脚踩凳等都是不良坐姿，都应避免。

3. 行姿

优美的行姿能展示人的动态美，体现出一个人的精神风貌。行走时应身体协调，步伐从容，步态平稳，步幅适中，步速均匀，走成直线（见图 2-2-8）。

在公共场合行走，应注意以下事项。

（1）行走不东张西望。

（2）不将双手插入裤带或反背于身后。

（3）通道、走廊放轻脚步，靠右侧同行。

（4）在行走时如遇到客户应主动让客户先行。

（5）避免叼着香烟在人群中行走。

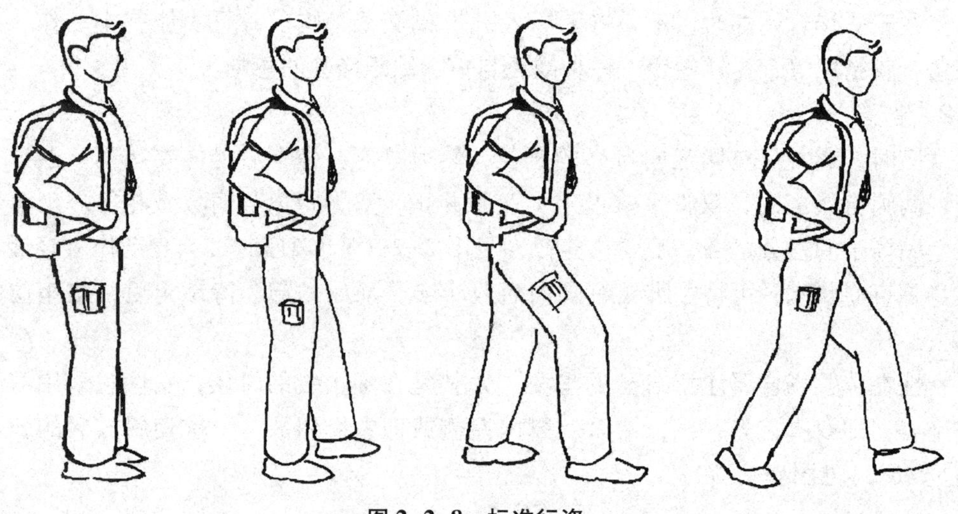

图 2-2-8　标准行姿

4. 手势

手势是一种无声的语言，在交往中有着丰富的含义，是一种表现力很强的体态语言。使用手势时，需要注意把握好以下三个原则。

一是规范原则。根据惯例，人们在交往中，表示“再见”“请进”或“鼓掌”“介绍”等，都有其规范的手部动作，不能随意改变和乱加使用，以免产生误解，引起麻烦。

二是贴切原则。手势语的使用要适应交往情境和环境，适合不同的交往对象，要考虑双方关系、年龄、地位、心理及文化背景等方面的差异。例如，与老年人交谈时，若将双手背于身后，有不敬之嫌。又如，在我国，招呼他人过来时，习惯于伸出右臂，掌心向下动，这个手势在英国则被认为是“去那边”的意思，而在美国，则只能用于唤狗过来。

三是适度原则。手势语在交际中的作用显而易见，但这并不意味着多多益善。多余的手势，不仅不能表达情意，反而是画蛇添足。当众搔头皮、掏耳朵、抠鼻孔、剔牙齿、剪指甲、挠痒痒、摸脚丫、搓泥垢等不卫生的手势和动作，以及在与人交谈时，用手指点他人或在桌子上乱涂、乱画等手势和举动都是不良行为，有损快递员形象，应极力避免。

5. 表情

与客户交谈是快递员不可避免的行为，在与客户交谈时，也要注意自己的表情。

眼神可以流露出内心的情感，给人以不同的感受。例如，热情、真诚的目光，会让人感到被欢迎、被尊重；游离不定的目光，会使对方产生不信任；目不转睛、长久的瞪视，甚至可能激怒对方。在与别人交谈时，应注意注视他人的部位与注视的角度。交谈时可以注视对方的眼睛，但不宜过久；也可以注视对方的面部，但最好不要聚集于一处，而以散点柔视为宜。

快递员要避免不当目光，例如，与人见面，不是正视对方而采用俯视，这是一种居高临下的目光，让人有不平等、受歧视的感觉；对别人浑身上下反复打量，尤其是对陌生异性，这种目光易被理解为寻衅滋事；当别人说错了话或拘谨不安时，仍直视对方，会被误认为是对他的讽刺和嘲笑；频繁地眨眼，快速转动眼球，挤眉弄眼，会给人留下轻浮、不稳重的印象。

除了眼神，微笑也是一种生动的表情，会创造出令人轻松的氛围。作为专业人员，一到岗位就应把个人的一切烦恼和不安置于脑后，振作精神，把微笑服务贯穿于工作的全过程中。

虽然微笑是“世界通用语言”，但也不能不分场合、不看对象地随意使用。微笑要兼顾对象，当对方存在生理缺陷、满面哀愁或当对方由于说错了话、做错了事、出了洋相而颇感尴尬时，都不应面带微笑。

（二）快递服务服饰礼仪

1. 着装

快递企业一般要求快递员着公司统一制服，即工装。着工装要保证服装熨烫整齐，没有污损；衣服袖口须扣上，衣领要摆好，上衣下摆须束在裤内；衣兜放置物品不宜过多；系深色皮带，鞋带要系好，保持鞋面干净，穿深色袜子，不得穿着拖鞋。

2. 配饰

快递企业一般要求快递员在岗期间全程佩戴工牌。此外，可以佩戴婚戒、手表，不得佩戴装饰性很强的饰品和吉祥物，不宜佩戴手链、手镯和垂吊式的夸张耳环，也不应将项链露于工装之外。

（三）快递服务形象礼仪

1. 面部卫生

面部清洁与护理是保持良好仪容仪表的基础。面部清洁的标准是：无灰尘、无污垢、无汗渍、无分泌物、无其他不洁之物。快递员在进行面部修饰时注意保持清新自然而不过分做作。

男性快递员应该做到：头发整洁无头屑，梳理整齐，前不遮眉，侧不掩耳，后不及领，发型朴素、不烫染；每天剃须；不留长指甲；如果戴眼镜，应保持镜片清洁；保持鼻孔清洁，平视时鼻毛不得露于鼻孔外。

女性快递员可以在工作中化淡妆，力求自然；头发梳理整齐、美观，不染异色，不宜披发。

2. 口腔卫生

在工作中应预防口臭。在工作前不应吃有异味的食品，如蒜、葱、韭菜和臭豆腐等，不饮酒或含有酒精的饮料，饭后漱口。工作中应尽量不吸烟，以此来避免工作时的口臭问题。

存在口臭问题时，应避免用嘴呼吸，在工作时也应注意保持一定的距离，必要时可以用漱口水或口香糖减少异味，但应避免在客户面前嚼口香糖这种不礼貌的行为。

3. 耳、鼻部卫生

快递员要对耳郭、耳根后及耳孔边经常进行除垢，不可在此处留皮屑，但此举不宜在工作岗位上进行，特别是不要在客户面前掏“耳屎”。有的人耳孔周围会长出一些浓密的耳毛，有人鼻毛长到一定程度也会冒出鼻孔之外，对此，应定期检视、修剪。

快递员切勿当众用手去擤鼻涕，更不要用力吸入腹中，去除鼻涕宜在无人在场时进行，以手帕或纸巾进行辅助，并注意不要将此举搞得响声太大。

4. 手部卫生

在快递服务中，快递员用双手接递运单、快件等，因此可以说，手是快递员的“第二张名片”。快递员手臂要求干净整洁，饭前便后要洗手。指甲要经常修剪，指甲的长度不应超过指尖，不染指甲，指甲缝中不能有污垢。不能用牙齿啃指甲，也不能在公共场合修剪指甲，这都是不文明、不雅观的举止。

此外，快递员不能在工作岗位上乱用双手，如揉眼、挖耳、抠鼻、剔牙、抓痒等，也不能用双手四处乱摸。在手臂上文身更是被严格禁止的。

（四）快递服务语言礼仪

快递员与客户交谈时，应使用文明用语，尽量少用专业术语，让客户有亲切感，避免出现影响交流效果的情况。

1. 日常服务用语

在快件服务中，语言要亲切，招呼要热情，待人要诚恳有礼貌。快递员在与客户打交道时要使用文明礼貌用语。下面列举了在不同工作场景的礼貌用语：

初次见面或当天第一次见面时使用：“您好/你好/早上好/下午好！我是××快递的快递员。”

向客户询问时使用：“对不起，请问……”

无论客户等候的时间长短，均应向客户表示歉意，可以说：“让您久等了。”

如需让客户办理手续或事情时，可以说：“麻烦您，请您……”

当需要打断他人谈话时可以说："不好意思，打扰一下……"

对其他人所提供的帮助和支持，要表示感谢，可以说："谢谢！"或"非常感谢！"

称呼客户时，可以说："贵公司"或"姓氏+先生/女士。"

同客户交流时，可以说："您请讲"或"是的/知道/明白。"

当遇到客户寄递的物品属于违禁品时，可以解释说："对不起/非常抱歉，这种物品属于违禁品，会被相关部门查扣/运输途中存在安全隐患，不能收寄，请您谅解"。

2. 电话礼仪

电话是快递行业中最常使用的与客户沟通的媒介，快递员应时刻保持手机畅通，及时接听电话。与客户通话过程中要专心，边吃东西边打电话是对客户的极端不尊重，如果有继续处理的事情，可以向客户解释清楚并请客户稍等。在与客户通电话时，尽量走到安静的地方，减少其他噪音。下面列举快递员接打电话的礼貌用语。

接通来电时，服务人员可以说："您好，××快递。""早上/下午好/您好，我是××快递的快递员，前来收件/派件。""贵公司×先生/女士让我来收件。"

回答客户催派时，可以说："不好意思，我会尽快赶过来。"或者"对不起，给您添麻烦了，我尽快过来收件。""不好意思，我马上到您那派件，请您稍等。""没关系，希望下次能为您服务"。

询问客户具体位置时，可以说："您好，打扰您了，我是××快递的快递员，现在为您派件，但不知您的具体位置是在哪?""您好，打扰您了，我是××快递的快递员，正在上门收件，您是在××小区×幢×楼吗?"

挂断电话之前，可以说："很高兴与您通话，×先生/女士。""谢谢您的提醒，我们会尽快改善。""对于给您造成的不便，非常抱歉。"

相关知识与拓展

快递服务忌语

①我确定不了快递员什么时候过去。

②等着吧，我送完这里就过去。

③我来收快件的，快点拿件。

④打开包裹，需要检查内件！不让看你就别寄了。

⑤保价不？/不保价，碎了（丢了）不管！/保不保价随你，应该丢不了。

⑥你自己包装好，不然出问题自己负责。

⑦不用问，我们都有收费标准。/标准在墙上，自己看吧。

⑧自己上网查吧。/等着吧，几天就到了！

⑨快签字，我急着走。

⑩觉得我们公司不好，你可以找别的公司。

（五）快递服务行为礼仪

行为礼仪是快递员最应注意的一个方面。员工的一言一行不但代表着自己，更代表着公司的企业形象，如果在服务过程中语言不规范，态度不好，行为让人难以接受，会直接导致公司信誉下降，也会影响个人的工作业绩。

1. 公共场合礼仪

在公共场合，快递员应遵纪守法、尊老爱幼、乐于助人、见义勇为；应爱护公共设施，爱护园林设施，爱护绿地；在使用公共设施时，应自觉维护设施，不使其受损。

2. 上门服务礼仪

当前往客户办公室（房间）时，应先敲门或按门铃，敲门时，应用食指或中指连续敲门 3 下，等候约 10 秒，如无人应答，可以再重复一次，敲门力量要适中，避免影响他人；如果按门铃，按铃时间不超过 3 秒，等候约 10 秒，如无人应答，可以再重复一次。在等候开门时，应站在距门 1 米左右处，未经客户允许不能进入房间。

在客户房间不要东张西望，在客户办公场所要注意礼让，通过走廊、大厅或乘坐电梯都应主动礼让他人先行。

到达客户所在场所，不能马上收取快件时，要态度谦逊、礼貌地上前询问，并视等候时间做出调整。在等待时间内，未经客户允许，不得随意就座或随意走动，也不得随意拿动客户的物品、与其他人员开玩笑、大声喧哗、吸烟等，这些都是不礼貌的行为。在客户处使用手机接听电话也要尽量小声，以不影响其他人工作为宜。

3. 网点服务礼仪

快递末端网点是客户了解快递企业最直观的渠道。能够快速、准确地接待客户是网点服务人员最基本的业务素质。当客户进入网点，服务人员应第一时间做出反应，主动跟客户打招呼，询问客户的需求，并帮助客户完成快件的寄递业务。

4. 接、递物品礼仪

在工作中，快递员在向客户递送或接收名片、运单、快件或发票时，都应采取双手递上或接过来的方式，以表示对客户的尊重。如果需要客户签字，也应双手将文件递上，并使文件的正面对着客户一方。当客户需要剪刀或介刀打开快件时，快递员应将把手位置递到客户手中，而将尖锐部分朝向自己。

相关知识与拓展

某快递企业上门服务礼仪、话术要求

1. 等待进门环节

在客户单位或者小区时，应主动出示工牌，礼貌与客户处的工作人员打招呼并进行自我介绍：“您好，我是××公司快递员，我是来给××先生/××女士收/派快件的。”

若由收发室（小区物业等）统一办理手派快件，应事先向客户确认，并得到客户的许可，否则应向工作人员说明快件的重要性，任何情况下不得与前台工作人员发生任何口角和冲突。

当前往客户处时，无论客户的门是否打开还是关闭，都应敲门向客户请示。敲门时，应该用力适度，用食指或者中指连续轻敲3下，等待5~10秒之后再敲第二次。

2. 进门环节

进门后在客户处应该遇礼让，不东瞅西望，对除客户外的相关人员，应礼让三分，在征得客户同意后才能进出客户办公场所或者其他地方；快递员切忌出现手把门框、脚踢墙壁等动作。

针对和客户的熟悉程度不同，应采用不同的自我介绍介绍方式。应保持微笑、目光注视客户，采用标准服务用语，自信、清晰地说“您好，我是××快递员×××，我是来派送快件的”介绍的同时出示工牌，把工牌有相片的一面朝向客户，等顿2秒，让客户看清楚相片和姓名。

3. 快件签收环节

在客户处未经得客户允许，不得随意就做或者随意走动，任意翻看客户的资料，不得大声喧哗，私自接听客户电话，在客户处接听手机也应该尽量小声，以不影响客户为原则。

将货物双手递给客户，并说“××先生/女士这个是您的快件，请您确认一下。”若客户没有疑问，则用右手食指轻轻在派工汇总表上，让客户签字“××先生/女士，麻烦您在这里签收，谢谢”。

在签收的时候如果发生快件损坏，部分遗失，货件不符不能与客户发生任何争执。

快递员必须严格按照运单上金额进行收取，不得以任何理由收取任何额外费用，应双手接收客户交付的运费。

4. 辞谢和道别环节

所有收派工作完成之后，一定要进行辞谢和道别。辞谢时，可以说“谢谢您，希望下次再次为您服务。”此时，眼睛一定要看着客户，即使客户背对你活着低头，也要让对方清楚地听到。离开时把门轻轻带上。

任务三　收寄验视

1. 掌握寄递安全“三项制度”。

2. 掌握实名查验。

3. 掌握国家关于禁、限寄物品的规定。

4. 掌握禁、限寄物品的处理方法。

能力目标

学生能够独立完成验证寄件人的有效身份证件，能够识别国家规定的禁寄、限寄物品，并对其做出适当的处理。

任务导入

获评高层次人才的快递小哥：能从数百物品中一眼挑出禁寄品

从事快递行业5年，李庆恒从没想过自己有机会能成为高层次人才。因为在2019年参加的浙江省第3届快递职业技能竞赛中夺得快递员项目的第一名，他在今年成功获评杭州市高层次人才，并将在子女就学、医疗保健、车辆上牌等方面享受人才礼遇，还将享有100万元购房补贴。

成为快递分拣员后，他每晚都用最快的速度将包裹准确无误地分拣完毕，还练就了一项“报菜名”的真本事：无论快递上标明的是航空代码、区号还是邮编，他都能立马回答出来在哪个城市。

让李庆恒“一赛成名”的是2019年举办的浙江省第3届快递职业技能竞赛。这是全国快递行业规格较高、含金量较大的比赛，竞争激烈程度可想而知。为了准备比赛，李庆恒不仅要做到对全国各地的邮编、城市区号、航空代码张口就来，还要眼疾手快，从固体胶、U盘、打火机、人民币、乒乓球等数百件物品里，挑出航空禁寄物品。

凭借一股子韧劲和过硬的业务能力，李庆恒获得了该赛事快递员项目的第一名。同时被授予“浙江省技术能手”称号。

李庆恒说：“只要脚踏实地工作，每个行业、每份工作都值得尊敬，我们一定要对自己的职业充满信心，这样才能越做越好，也赢得他人的尊重。未来我将更努力地工作，用更专业的服务为快递小哥争光。”

讨论：生活中哪些物品属于快递行业中的禁寄物品？

一、寄递安全“三项制度”

2015年10月，中央综治办、国家邮政局等15部门联合印发《全国集中开展危爆物品寄递物流清理整顿和矛盾纠纷排查化解专项行动的工作方案》，要求在寄递渠道全面落实“收寄验视+实名收寄+过机安检”三项制度。

1. 收寄验视

对收寄物品一律先“验视”、后“封箱”。提醒交寄用户必须遵守国家有关禁止寄递、限制寄递规定要求。坚持“谁收寄、谁负责”的原则，明确收寄验视责任。

2. 实名收寄

除信件和已有安全保障机制的协议客户快递、通过智能快件箱等交寄的邮件、快件外，一律要求通过对寄件人电话号码及相关身份信息比对核实后方可收寄。

3. 过机安检

从快件的收寄，到最终投递，或是寄运出本市（州）之前，至少通过一次 X 光机检查。

寄递物流行业需严格落实“三项制度”，容不得丝毫松懈。

二、实名查验

快递企业应当执行实名收寄，快递员在收寄快件时，要求寄件人出示有效身份证件，对寄件人身份进行查验，并登记身份信息。快递员不应使用他人证件为寄件人实名。

（一）实名查验程序

（1）客户交寄快件，应当如实填写快递运单，并出示本人有效身份证件。快递员核对快递运单所填写的用户姓名或单位名称、地址等身份信息与证件信息是否一致，并登记证件信息以备查。

（2）客户通过互联网下单使用快件寄递服务的，快递员上门取件时，应当要求客户出示有效身份证件，核对电子面单所记载的用户姓名或者单位名称等身份信息与证件信息是否一致。

（3）寄递企业采取与电商客户以及有经常性业务往来的单位客户签订安全协议方式收寄快件的，应当一次性查验寄件人的有效身份证件，登记相关身份信息，留存有效身份证件复印件。

（4）寄件人为法人或者其他组织的，寄递企业应当核对、记录其统一社会信用代码，留存法定代表人或者相关负责人的有效身份证件复印件。

（5）智能收投服务终端实名查验在寄件环节分为下单实名查验和现场实名查验，具体如下。

①下单实名查验：寄件人在下单渠道上传有效身份证件，包括姓名和身份证号等信息，进行人脸认证，留存拍照信息，快递企业实名收寄信息系统进行实名信息认证，认证通过后进行寄件下单操作。

②现场实名查验：寄件人在快递末端网点使用智能远程服务终端设备办理寄件时，通过智能远程服务终端设备读卡器读取身份证件，由寄递企业人员远程视频比对进行实名信息认证。完成实名查验后，智能收投服务终端运营平台向寄递企业派单，将对应快件的寄件人实名信息传送给寄递企业，快递员通过手持终端收到快件完整信息后进行揽收操作。

需要注意的是，有下列情形之一的，寄递企业不得收寄快件：

一是寄件人交寄快件时，拒绝出示有效身份证件，或者拒绝寄递企业登记身份信息的；

二是寄递企业收寄快件时，发现寄件人在运单上填写的寄件人姓名与出示的有效身份证件不一致的。

（二）有效身份证件

有效身份证件要求提供证件原件，而非复印件、扫描件、照片等。寄件人出示的有效身份证件如下（见表 2-3-1）。

（1）居民身份证、临时居民身份证。

（2）中国人民解放军军人身份证件、中国人民武装警察身份证件。

（3）港澳台居民居住证、港澳居民来往内地通行证、台湾居民来往大陆通行证。

（4）外国公民护照。

（5）国家规定的其他有效身份证件。

表 2-3-1　　有效身份证件样例

名称	说明	样例
居民身份证	居住在中华人民共和国境内的年满十六周岁的中国公民，应当依照国家法律的规定申请领取居民身份证；未满十六周岁的中国公民，可以由监护人代为申请领取居民身份证	中华人民共和国 居民身份证 签发机关 北京市公安局西城分局 有效期限 2004.10.27-2024.10.26 姓名 性别 女 民族 汉 出生 1978 年 10 月 27 日 住址 北京市 公民身份号码 1101
临时居民身份证	中华人民共和国临时居民身份证是中华人民共和国内地公民在“申请领取、换领、补领居民身份证期间”可以申请领取的公民身份证明文件	中华人民共和国 临时居民身份证

续　表

名称	说明	样例
中国人民解放军军人身份证件	2016 年 7 月 1 日全军换发启用 2016 式军官证、文职干部证，2016 式义务兵证、士官证、文职人员证、职工证同步换发； 2022 年 9 月 1 日起，“军士证”替代原有的中国人民解放军“士官证”	
中国人民武装警察身份证件	武警部队于 2016 年 7 月 1 日起，陆续为武警警官、文职干部、义务兵、士官、文职人员和职工统一换发 2016 式证件； 2022 年 9 月 1 日起，“警士证”替代原有的中国人民武装警察部队“士官证”	
港澳台居民居住证	为便利港澳台居民在内地（大陆）工作、学习、生活，保障港澳台居民合法权益，根据《居住证暂行条例》的有关规定，港澳台居民前往内地（大陆）居住半年以上，符合有合法稳定就业、合法稳定住所、连续就读条件之一的，根据本人意愿，可以依照相关规定申请领取居住证	
港澳居民来往内地通行证	港澳居民来往内地通行证，由中华人民共和国公安部出入境管理局签发，是具中华人民共和国国籍的香港特别行政区及澳门特别行政区居民来往中国内地所用的证件	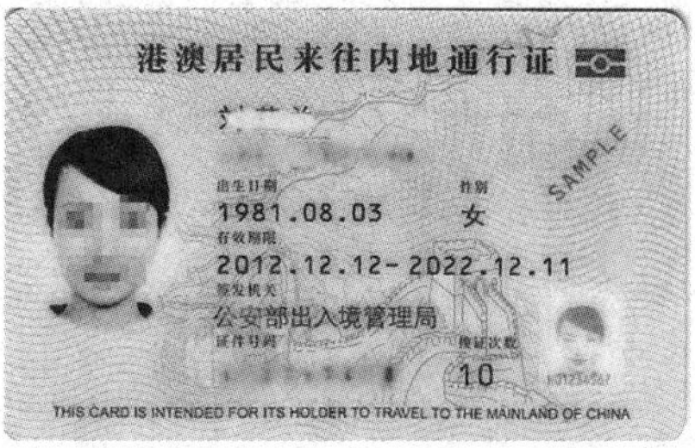

续　表

名称	说明	样例
台湾居民来往大陆通行证	台湾居民来往大陆通行证简称"台胞证"，是台湾地区居民往来大陆地区所持有的证件	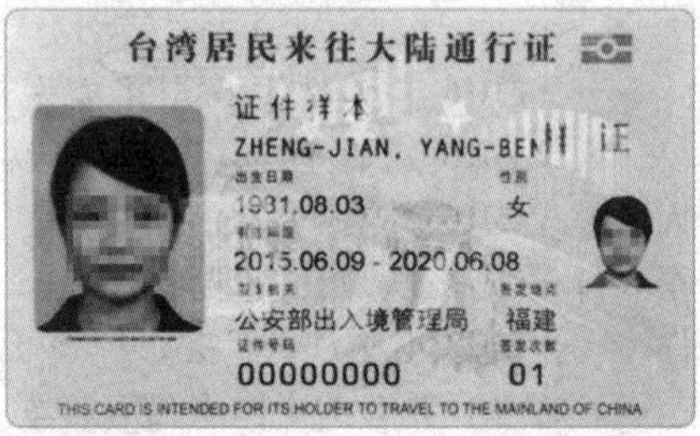
外国公民护照	护照是一个国家的公民出入本国国境和到国外旅行或居留时，由本国发给的一种证明该公民国籍和身份的合法证件	
户口簿	居民户口簿是我国公民的重要证件，由中华人民共和国公安部制，用于登记住户人员的姓名、籍贯、出生年月日、具体职称、职业等内容	
其他有效身份证件，例如：五星卡	"五星卡"由国家移民管理局签发，是经批准在中国境内永久居留外国人的法定身份证件；持证人可在需要证明个人身份的场合作为个人身份凭证单独使用，无须再出示其外国护照	

按照国家规定，快递员核实寄件人身份信息后，需要将寄件人证件号码和寄递物品类别信息录入软件系统中，而这个系统是由公安部门安装的特殊软件，信息直接上传公安后台数据库，确保快递物品来源可追溯、责任能倒查、违法必追究。同时，寄递企业及其从业人员应当对提供寄递服务过程中获取的用户身份信息严格保密，不得出售、泄露或者非法提供寄递服务过程中知悉的用户信息。严格实施实名收寄对于防范、打击寄递渠道违法犯罪活动，维护国家安全、公共安全，促进邮政业持续健康发展具有重要意义。

南昌市公安局破获两起快递未实名登记案件

2021 年初，南昌市公安局治安支队发现并处理两起涉及电信诈骗“两卡”（银行卡、电话卡）寄递案件。

南昌市公安局反诈中心在工作中发现两起快递信息未落实实名登记，快递企业无法提供寄件人的身份信息案件。南昌市公安局立即启动联合执法工作机制，市公安局治安支队向南昌市邮政管理局发送《关于通报两条未落实实名登记违法违规线索的函》，要求市邮政管理局按照相关法律法规对未落实实名登记快递企业（网点）予以处罚，并在行业内通报，进一步强调要求严格落实快递实名登记、开箱验视制度。

南昌市邮政管理局经调查核实，两家快递企业违反了《邮件快件实名收寄管理办法》第十四条规定。2021 年 2 月 3 日，市邮政管理局根据规定分别对两家公司予以八千元、五千元行政罚款处罚，对主管人员及直接责任人员予以两千元行政罚款处罚。

通过对这两起案件的办理及通报，有力提高了南昌市寄递业进一步落实“实名收寄、开箱验视”的责任感，有利于公安机关有效防范、精准打击通过寄递渠道非法贩卖手机卡、银行卡等违法犯罪活动，切实保障了国家安全、公共安全和社会稳定。

三、收寄验视

快递企业在收寄时查验用户交寄的快件是否符合禁寄、限寄规定，以及用户在快递运单上所填报的内容是否与其交寄的实物相符。这是 2016 年 6 月 1 起实施的《快递安全生产操作规范》中提出的强制性要求。原则上，快递员应对快件 100% 开箱检查。快件提前封装的，寄件人应在交寄时开拆，接受寄递企业的验视。寄件人拒绝开拆的，寄递企业不予收寄。

（一）收寄验视程序

凡寄递物品，快递员一律开包、开箱检查，严格查验，具体程序如下（见图 2-3-1）。

（1）先行查验寄件人身份证。

（2）协助寄件人打开快件封装，取出所有物品，铺放在操作台上，逐件验视。

（3）区别衣服类、食品类、日用品类、散装物品类等，分别侧重不同方法进行验视，包括但不限于观、问、看、查、掂、称、闻、听等。

（4）在寄件人视野中完成快件打包封装，做到眼同封装。

（5）当场录入电子面单，贴单。

（6）对验视后收寄的邮件快件，寄递企业应以在运单上打印或加盖验视章等方式作出验视标识，并记录验视人员姓名或者工号。

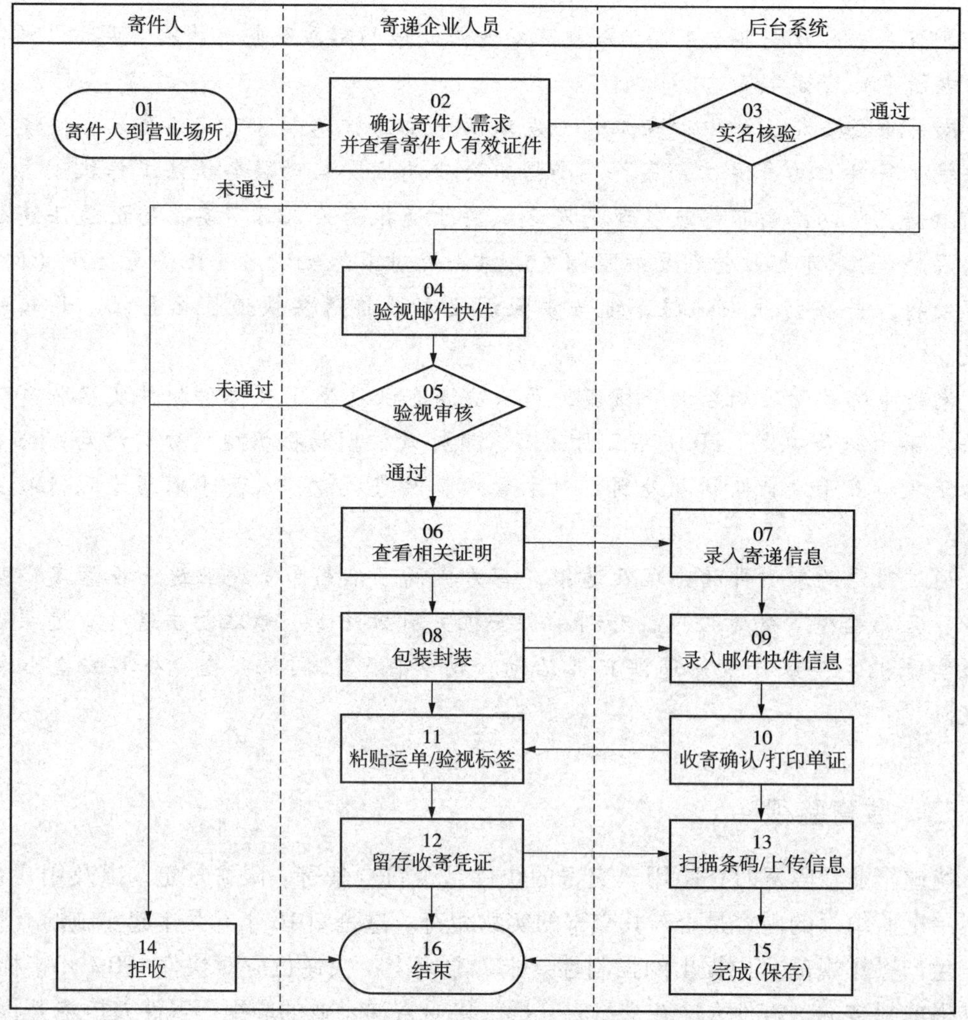

图 2-3-1　营业场所实名收寄验视操作流程

（二）操作要求

快递员应提示寄件人如实申报所寄递的物品，并根据申报内容对交寄的物品、包装物、填充物等进行实物验视。快递员验视时，应按以下要求进行操作。

（1）应在收寄现场对用户交寄的物品进行验视，具备条件的可在视频监控下验视。

（2）宜由寄件人打开封装。

（3）重点查验用户交寄的物品、包装物、填充物是否符合国家关于禁止寄递、限制寄递的规定，以及是否与快递运单上所填报的内容相符。

（4）快递员应注意人身安全，不应鼻腔直闻，不应用手触摸不明液体、粉末、胶状等物品。

（5）对交寄物品内有夹层的，应逐层清查。

（6）对于一票多件的快件，应逐件清查。

验视后，如用户再次增减或更换寄递物品，快递员应在用户最终确认寄递物品后，进行再次验视。

快递企业验视快件时，有下列情形之一的，不予收寄。

（1）用户拒绝当面验视的。

（2）用户填写的快递运单信息不完整的。

（3）用户在快递运单上填写的信息与其交寄的实物不符或者填写的信息模糊，并且拒绝修改或者拒绝重新填写的。

（4）用户交寄禁止寄递物品或者使用的封装材料、填充材料属于禁止寄递物品，或者在内件物品、封装材料、填充材料中夹带禁止寄递物品的。

（5）用户未按照法律、行政法规的规定出示身份证件或者其他书面凭证的。

（6）用户交寄限制寄递的物品超出规定范围的。

（7）用户交寄的快件不符合储存、转运安全要求的。

（8）法律、行政法规规定的其他情形。

（三）注意事项

1. 视为无验视的部分情形

（1）衣服鞋帽类。

即使该物品是透明包装，也应当全部取出并全面展开，通过手摸、眼看等方法，仔细检查口袋、内里等易隐藏物品的部位，如未取出或未全面展开检查的，视为无验视。

（2）电器类物品。

对非商品原包装的，要从包装中取出，用“掂”感受重量，用“摇晃”感受是否在中间夹带物品，如未取出检查，视为无验视。

（3）颗粒、散装干果等物品类。

对非商品原包装的，要全部倾倒、取出，查看是否混杂其他物品。如未全部倾倒、取出检查的，视为无验视。

2. 三个禁止

（1）禁止假验视，如验视动作不到位、物品取出不完整等。

（2）禁止在视频监控外执行收寄验视。

（3）禁止寄件人走后才打包封装。

（四）农产品、鲜活水产品特殊寄递要求

除满足相关标准规定外，农产品寄递收寄验视还应满足以下要求。

（1）快递服务组织在提供农产品、鲜活水产品快递服务前应明确告知禁止寄递物品要求、可收寄农产品和鲜活水产品类别、各类别包装方案、快递范围及快递时限等内容。如不符合收寄条件的，快递服务组织应向寄件人说明原因。

（2）对于生鲜水果、蔬菜、食用菌、花木，以及冷鲜冷冻水产、冷鲜冷冻畜禽肉，应在收寄时确认产品保质期，预计寄达日期应在保质期最后期限提前至少 1 天。

（3）与寄件人当面核实寄递物品的品名、数量、品质、鲜活程度，并如实记录，上传至信息系统。

（4）对于依法需要实施检疫的动植物及其产品，应查验检疫合格标志、检疫合格证明。

（5）快递物品的鲜活程度不符合快递要求或双方存在异议的，可以拒绝收寄。

四、禁限寄物品规定

为了保护国家政治、经济、社会发展，保证快件传输过程中的人身安全、快件安全及快件操作设备安全，防止不法分子利用快递网络渠道从事危害国家安全、社会公共利益或他人合法权益的活动，国家对禁寄、限寄物品作出规定。禁寄是指严格禁止进入快递渠道寄递。限寄是指限制进入，即有条件的进入快递渠道寄递。限寄规定种类繁多，来源不一，一般有数量、价值、材质、资质（生产商、寄件人、收件人、承运人）、证明文件、运输方式、发货地、目的地、包装等方面的限制。快递员在收寄快件时应严格把关，拒绝接收各类禁寄物品并按规定接收限寄物品。

（一）禁止寄递物品

1. 禁止寄递物品规定

国家规定的禁止寄递物品（简称“禁寄物品”），主要包括以下内容。

（1）危害国家安全、扰乱社会秩序、破坏社会稳定的各类物品。

（2）危及寄递安全的爆炸性、易燃性、腐蚀性、毒害性、感染性、放射性等各类物品。

（3）法律、行政法规以及国务院和国务院有关部门规定禁止寄递的其他物品。

快递从业人员应对禁寄物品有防范意识、辨识知识和处置能力。及时发现、报告禁寄物品，维护国家安全、公共安全和人民生命财产安全。

按照国家法律、法规的规定，禁止寄递物品种类及明细如表 2-3-2 所示。

表 2-3-2　　禁止寄递物品种类及明细

枪支（含仿制品、主要零部件）弹药	1. 枪支（含仿制品、主要零部件）	如手枪、步枪、冲锋枪、防暴枪、气枪、猎枪、运动枪、麻醉注射枪、钢珠枪、催泪枪等
	2. 弹药（含仿制品）	如子弹、炸弹、手榴弹、火箭弹、照明弹、燃烧弹、烟幕（雾）弹、信号弹、催泪弹、毒气弹、地雷、手雷、炮弹、火药等
管制器具	1. 管制刀具	如匕首、三棱刮刀、带有自锁装置的弹簧刀（跳刀）、其他相类似的单刃、双刃、三棱尖刀等
	2. 其他	如弩、催泪器、催泪枪、电击器等
爆炸物品	1. 爆破器材	如炸药、雷管、导火索、导爆索、爆破剂等
	2. 烟花爆竹	如烟花、鞭炮、摔炮、拉炮、砸炮、彩药弹、冷光烟花、“钢丝棉烟花”等烟花爆竹及黑火药、烟火药、发令纸、引火线等
	3. 其他	如推进剂、发射药、硝化棉、电点火头等
压缩和液化气体及其容器	1. 易燃气体	如氢气、甲烷、乙烷、丁烷、天然气、液化石油气、乙烯、丙烯、乙炔、打火机等
	2. 有毒气体	如一氧化碳、一氧化氮、氯气等
	3. 易爆或者窒息、助燃气体	如压缩氧气、氮气、氦气、氖气、气雾剂等
易燃液体	如汽油、柴油、煤油、桐油、丙酮、乙醚、油漆、生漆、苯、酒精、松香油等	
易燃固体、自燃物质、遇水易燃物质	1. 易燃固体	如红磷、硫黄、铝粉、闪光粉、固体酒精、火柴、活性炭等
	2. 自燃物质	如黄磷、白磷、硝化纤维（含胶片）、钛粉等
	3. 遇水易燃物质	如金属钠、钾、锂、锌粉、镁粉、碳化钙（电石）、氰化钠、氰化钾等
氧化剂和过氧化物	如高锰酸盐、高氯酸盐、氧化氢、过氧化钠、过氧化钾、过氧化铅、氯酸盐、溴酸盐、硝酸盐等	

续　表

<table>
<tr><td>毒性物质</td><td colspan="2">如砷、砒霜、汞化物、铊化物、氰化物、硒粉、苯酚、汞、剧毒农药等</td></tr>
<tr><td>生化制品、传染性、感染性物质</td><td colspan="2">如病菌、炭疽、寄生虫、排泄物、医疗废弃物、尸骨、动物器官、肢体、未经硝制的兽皮、未经药制的兽骨等</td></tr>
<tr><td>放射性物质</td><td colspan="2">如铀、钴、镭、钚等</td></tr>
<tr><td>腐蚀性物质</td><td colspan="2">如硫酸、硝酸、盐酸、蓄电池、氢氧化钠、氢氧化钾等</td></tr>
<tr><td rowspan="3">毒品及吸毒工具、非正当用途麻醉药品和精神药品、非正当用途的易制毒化学品</td><td>1. 毒品、麻醉药品和精神药品</td><td>如鸦片（包括罂粟壳、花、苞、叶）、吗啡、海洛因、可卡因、大麻、甲基苯丙胺（冰毒）、氯胺酮、甲卡西酮、苯丙胺、安钠咖等</td></tr>
<tr><td>2. 易制毒化学品</td><td>如胡椒醛、黄樟素、黄樟油、麻黄素、伪麻黄素、羟亚胺、邻酮、苯乙酸、溴代苯丙酮、醋酸酐、甲苯、丙酮等</td></tr>
<tr><td>3. 吸毒工具</td><td>如冰壶等</td></tr>
<tr><td>非法出版物、印刷品、音像制品等宣传品</td><td colspan="2">如含有反动、煽动民族仇恨、破坏国家统一、破坏社会稳定、宣扬邪教、宗教极端思想、淫秽等内容的图书、刊物、图片、照片、音像制品等</td></tr>
<tr><td>间谍专用器材</td><td colspan="2">如暗藏式窃听器材、窃照器材、突发式收发报机、一次性密码本、密写工具、用于获取情报的电子监听和截收器材等</td></tr>
<tr><td>非法伪造物品</td><td colspan="2">如伪造或者变造的货币、证件、公章等</td></tr>
<tr><td rowspan="2">侵犯知识产权和假冒伪劣物品</td><td>1. 侵犯知识产权</td><td>如侵犯专利权、商标权、著作权的图书、音像制品等</td></tr>
<tr><td>2. 假冒伪劣</td><td>如假冒伪劣的食品、药品、儿童用品、电子产品、化妆品、纺织品等</td></tr>
<tr><td>濒危野生动物及其制品</td><td colspan="2">如象牙、虎骨、犀牛角及其制品等</td></tr>
<tr><td>禁止进出境物品</td><td colspan="2">如有碍人畜健康的、来自疫区的以及其他能传播疾病的食品、药品或者其他物品；内容涉及国家秘密的文件、资料及其他物品</td></tr>
<tr><td>其他物品</td><td colspan="2">《危险化学品目录》《民用爆炸物品品名表》《易制爆危险化学品名录》《易制毒化学品的分类和品种目录》《中华人民共和国禁止进出境物品表》载明的物品和《人间传染的病原微生物名录》载明的第一、二类病原微生物等，以及法律、行政法规、国务院和国务院有关部门规定禁止寄递的其他物品</td></tr>
</table>

案例

勇担责任，维护安全，快递小哥成为打击毒品犯罪的有生力量

毒品对个人、社会的危害巨大，每个人都有协助相关部门打击毒品犯罪的责任。在各级邮政管理部门的监督指导下，寄递企业严格执行寄递安全“三项制度”，防止禁寄物品通过寄递网络运输传播。同时，邮政管理部门和寄递企业针对快递小哥加大毒品知识宣传，提升其安全意识。一线快递从业人员主动发现、报告、协助公安机关破获涉毒、涉恐等案件的意识和能力明显提升。

2020 年 9 月 30 日，四川省荣县新城某快递营业部的快递小哥接到一位女客户的发件订单，称需要邮寄一些衣物到北京，她也将坐飞机到北京收货。随后，该快递小哥到客户居住的小区外取走快件。第二日上午，快递小哥检验这名女客户需要邮寄的物品时，在一双粉色运动鞋内和一条牛仔裤的口袋里发现 6 袋不同颜色的不明晶体状物品。他怀疑这可能是毒品，随即报警。经民警确认可疑物为冰毒。根据快递小哥提供的信息，在当地警方和快递公司的密切配合下，犯罪嫌疑人被抓捕归案。

除了提升自身对毒品的识别能力，越来越多的快递小哥还成为毒品危害的宣传大使，向普通消费者宣传相关知识，提醒人们提高安全防范意识，远离毒品。在上海、云南、安徽、江西等省份，越来越多的快递小哥加入宣传毒品危害的队伍，成为社区群防群治的重要力量，默默守护着人们的生命健康安全。

2. 航空禁运物品

通过航空方式运输的快件关系到飞行安全，因此要都要严格进行安检，排除航空禁运品上飞机的可能。常见的不能通过航空安检的货物类型如下。

（1）《禁止寄递物品指导目录》规定的所有物品。

（2）易燃品及含有此类危险品的物品。主要有打印墨水、油漆、含酒精成分的香水、松香、蜡烛、硅胶、环氧树脂、胶水、油墨、指甲油、杀虫剂、机油等。

（3）电池及含有电池组件的物品。主要有：手电钻、太阳能灯、电动玩具、游戏机、闹钟、应急灯、检测仪、激光笔、灭蚊器、灯饰、充电器、对讲机、变压器、遥控器、电子书、开瓶器、展示座、电子秤、脱毛器、心率表、收银机、手提电脑、照相机等。

（4）磁性物质及含磁性组件的物品。主要有：音箱、喇叭、扩音器、汽车起动器、磁锁、开锁器、电机、仪表、变压器、传感器等。

（5）不明液体、气体、粉末及含此类不明物的物品。主要有：蜡烛香熏、陶瓷泥、水嘴、玩具样品、走马灯、铁罐样品、咖啡机、沙粒样品、空气清新剂、沐浴液、塑料盒样品、压缩气容器等。

（6）压缩机及含压缩机组件的物品。主要有：压缩机、空调机、除湿机、制冷设备等。

（7）其他物品。主要有：仿真玩具枪、显示器、电视机、玻璃、水银温度计、线路板、铁钩样品、刀具样品等。此外，任何在X光机安检视图呈现“不明图像”的物品都不能通过航空安检，例如，包装使用较厚的固体泡沫，导致内包装物品形状、特性难以显示，出于航空安全考虑，不予通过安检；有锡纸的茶叶盒等也不能通过安检。

需要注意的是，有一些不能通过航空安检的物品可以采用陆路运输方式寄递。这需要收寄人员进行专业的辨别，并告知寄件人陆路运输的时效，在征得寄件人同意后方可办理陆运收寄，并在快件运单中标注“全程陆运”。

相关知识与拓展

危险货物包装标签（见表2-3-3）

表2-3-3　　危险货物包装标签

序号	标签名称	标签图形	对应的危险货物类项号
1	爆炸性物质或物品	（符号：黑色，底色：橙红色）	1.1 1.2 1.3
	爆炸性物质或物品	1.4 （符号：黑色，底色：橙红色）	1.4
	爆炸性物质或物品	1.5 （符号：黑色，底色：橙红色）	1.5

续　表

序号	标签名称	标签图形	对应的危险货物类项号
1	爆炸性物质或物品	1.6 * 1 （符号：黑色，底色：橙红色）	1.6
2	易燃气体	2 2 （符号：黑色或白色，底色：正红色）	2.1
	非易燃无毒气体	2 2 （符号：黑色或白色，底色：绿色）	2.2
	毒性气体	2 （符号：黑色，底色：白色）	2.3
3	易燃液体	3 3 （符号：黑色或白色，底色：正红色）	3

续 表

序号	标签名称	标签图形	对应的危险货物类项号
4	易燃固体	 （符号：黑色，底色：白色红条）	4.1
	易于自燃的物质	 （符号：黑色，底色：上白下红）	4.2
	遇水放出易燃气体的物质	  （符号：黑色或白色，底色：蓝色）	4.3
5	氧化剂	 （符号：黑色，底色：柠檬黄色）	5.1
	有机过氧化物	  （符号：黑色或白色，底色：红色和柠檬黄色）	5.2

续　表

序号	标签名称	标签图形	对应的危险货物类项号
6	毒性物质	 （符号：黑色，底色：白色）	6. 1
	感染性物质	 （符号：黑色，底色：白色）	6. 2
7	一级放射性物质	 （符号：黑色，底色：白色，附一条红竖条） 在标签下半部分写上黑色文字："放射性" "内装物________""放射性强度________"； 在"放射性"字样之后应有一条红竖条	7A
	二级放射性物质	 （符号：黑色，底色：上黄下白，附二条红竖条） 在标签下半部分写上黑色文字："放射性" "内装物______""放射性强度________"； 在"放射性"字样之后应有两条红竖条	7B

续 表

序号	标签名称	标签图形	对应的危险货物类项号
7	三级放射性物质	（符号：黑色，底色：上黄下白，附三条红竖条） 在标签下半部分写上黑色文字："放射性" "内装物______""放射性强度________"； 在"放射性"字样之后应有三条红竖条	7C
	裂变性物质	（符号：黑色，底色：白色） 在标签下半部分写上黑色文字："易裂变" 在标签下半部分的一个黑边框格内 写上："临界安全指数"	7E
8	腐蚀性物质	（符号：上黑下白，底色：上白下黑）	8

续　表

序号	标签名称	标签图形	对应的危险货物类项号
9	杂项危险物质和物品	（符号：黑色，底色：白色）	9

（二）限制寄递物品

国家为适应控制某些物品流通和保护某些物品特许经营权的需要，对一些物品的寄递限定在一定范围内，这就是限寄。限寄规定是本着既照顾和方便顾客的合法需要和正常往来，又限制投机倒把和走私违法行为的原则而制定的。

根据有关规定，在国内范围互相寄递的物品，如卷烟、雪茄烟每件以两条（400支）为限，两种合寄时也限制在400支以内；寄递烟丝、烟叶每次均各以5kg为限，两种合寄时不得超过10kg。每人每次限寄一件，不准一次多件或多次交寄。

2022年11月起，寄递电子烟产品、雾化物、电子烟用烟碱等实行限量管理，具体如下。

（1）寄递电子烟产品每件限量为：烟具2个；电子烟烟弹（液态雾化物）或烟弹与烟具组合销售的产品（包括一次性电子烟等）6个，合计烟液容量不超过12ml。

（2）寄递烟液等雾化物及电子烟用烟碱，每件限量为12ml。

（3）寄递烟具、电子烟烟弹（液态雾化物）、烟弹与烟具组合销售的产品（包括一次性电子烟等）、烟液等雾化物、电子烟用烟碱，每人每天限寄一件，不准多件寄递。

（4）跨境限量寄递参照本规定执行。

（三）禁止、限制进出境物品

我国海关规定了禁止、限制进出境的物品，快递员在收寄和派送时要留意。另外，寄往其他国家（或地区）的快件也要符合寄达国家（或地区）海关的要求。各国（或地区）海关对本国（或地区）出入境货物也有禁止和限制的规定，快递员在收寄时应按照寄达国（或地区）的规定办理。

1. 禁止进境物品

（1）各种武器、仿真武器、弹药及爆炸物品。

（2）伪造的货币及伪造的有价证券。

（3）对我国政治、经济、文化、道德有害的印刷品、胶卷、照片、唱片、影片、录音带、录像带、激光视盘、计算机存储介质及其他物品。

（4）各种烈性毒药。

（5）鸦片、吗啡、海洛因、大麻以及其他能使人成瘾的麻醉品、精神药物。

（6）带有危险性病菌、害虫及其他有害生物的动物、植物及其产品。

（7）有碍人畜健康的、来自疫区的以及其他能传播疾病的食品、药品或其他物品。

来自境外的“纪念品”在蠕动？

区别于猫、狗等传统宠物的海外新型宠物，近年来频繁企图进入上海口岸。2022年，上海海关在邮递、快件等非贸易渠道截获外来物种298种次，其中由跨境电商“异宠”综合治理专项行动截获的进境“异宠”累计达13批次、14种次、879只，涉及野蛮收获蚁、活体甲虫、蜗牛、乌龟、蛇、体长达18厘米的犀金龟幼虫，以及活体蝎子、蝾螈、大头收获蚁等，其中绝大部分此前在我国未有截获报道记录。

据悉，这些“异宠”大多在邮递渠道截获，主要是因为近年来跨境电商兴起，部分国内玩家或商家通过“海淘”途径购入，供个人把玩或非法售卖，由于来源不明且未经过输出国家或地区相关部门检疫，这些爬行动物或昆虫极有可能携带病原微生物和有害生物，威胁我国生态安全和公众健康。

据介绍，为斩断“异宠”购、运、销走私链条，上海海关将严打“异宠”跨境走私覆盖至旅检、邮件、快件等全渠道，并在监管工作中加大科技化手段力度。海关也再次提醒，根据相关法律、法规，未经批准，任何个人和机构不得擅自引进外来物种，禁止携带、寄递活体动植物进境，违反规定的，海关将依法追究法律责任。

2. 禁止出境物品

（1）列入禁止进境范围的所有物品。

（2）内容涉及国家秘密的手稿、印刷品、胶卷、照片、唱片、影片、录音带、录像带、激光视盘、计算机存储介质及其他物品。

（3）珍贵文物及其他禁止出境的文物。

（4）濒危的和珍贵的动物、植物（均含标本）及其种子和繁殖材料。

中华人民共和国禁止携带、邮寄的动植物及其产品名录

一、动物及动物产品类

（1）活动物（犬、猫除外），包括所有的哺乳动物、鸟类、鱼类、两栖类、爬行类、昆虫类和其他无脊椎动物，动物遗传物质。

（2）（生或熟）肉类（含脏器类）及其制品；水生动物产品。

（3）动物源性奶及奶制品，包括生奶、鲜奶、酸奶，动物源性的奶油、黄油、奶酪等奶类产品。

（4）蛋及其制品，包括鲜蛋、皮蛋、咸蛋、蛋液、蛋壳、蛋黄酱等蛋源产品。

（5）燕窝（罐头装燕窝除外）。

（6）油脂类，皮张、毛类，蹄、骨、角类及其制品。

（7）动物源性饲料（含肉粉、骨粉、鱼粉、乳清粉、血粉等单一饲料）、动物源性中药材、动物源性肥料。

二、植物及植物产品类

（1）新鲜水果、蔬菜。

（2）烟叶（不含烟丝）。

（3）种子（苗）、苗木及其他具有繁殖能力的植物材料。

（4）有机栽培介质。

三、其他类。

（1）菌种、毒种等动植物病原体，害虫及其他有害生物，细胞、器官组织、血液及其制品等生物材料。

（2）动物尸体、动物标本、动物源性废弃物。

（3）土壤。

（4）转基因生物材料。

（5）国家禁止进境的其他动植物、动植物产品和其他检疫物。

3. 限制进境物品

（1）无线电收发信机、通信保密机。

（2）烟、酒。

（3）濒危的和珍贵的动物、植物（均含标本）及其种子和繁殖材料。

（4）国家货币。

（5）海关限制进境的其他物品。

4. 限制出境物品

（1）金银等贵重金属及其制品。

（2）国家货币。

（3）外币及其有价证券。

（4）无线电收发信机、通信保密机。

（5）贵重中药材。

（6）一般文物。

（7）海关限制出境的其他物品。

对于寄往港澳台地区及其他国家（或地区）的物品，应遵守海关限值的有关规定。个人寄自或寄往港澳台地区的物品，每次限值为 800 元人民币；寄自或寄往其他国家和地区的物品，每次限值为 1000 元人民币。

药品属于国家限制进出境物品。国家明确禁止出境的中药材及中成药有：麝香、蟾蜍、虎骨、犀牛角、牛黄等（不含配以微量麝香、蟾蜍的成药，如麝香还阳膏、六神丸等，但包括含犀牛角和虎骨成分的药品）。其余中药材和中成药，在规定的限值内，海关可以放行。中成药指注册商标上标有“国药准字”的中成药。商标上标有“国食健字”的中成药不适用本规定。

相关知识与拓展

区分“国药准字”和“国食健字”

“国药准字”是药品生产单位在生产新药前，经国家药品监督管理局严格审批后，取得的药品生产批准文号。其格式为：国药准字+1 位字母（H 或 Z、S、J、B）+8 位数字，其中 H 代表化学药品、Z 代表中成药、S 代表生物制品、J 代表进口药品国内分包装、B 代表保健药品。只有获得此批准文号，药品才可以生产、销售。

“国食健字”由国家药品监督管理局审批的保健食品。批准文号为：国食健字+G 或 J，G 指国产，J 指进口。

五、禁限寄物品处理方法

（一）禁寄物品处理办法

快递员收寄快件时如果发现禁寄物品，应拒收并向寄件人说明原因。

寄递企业完成收寄后发现禁寄物品或者疑似禁寄物品的，应当停止发运，立即报告事发地邮政管理部门，并按下列规定处理。

（1）发现各类枪支（含仿制品、主要零部件）、弹药、管制器具等物品的，应当立即报告公安机关。

（2）发现各类毒品、易制毒化学品的，应当立即报告公安机关。

（3）发现各类爆炸品、易燃易爆等危险物品的，应当立即疏散人员、隔离现场，同时报告公安机关。

（4）发现各类放射性、毒害性、腐蚀性、感染性等危险物品的，应当立即疏散人员、隔离现场，同时视情况报告公安、环境保护、卫生防疫、安全生产监督管理等部门。

（5）发现各类危害国家安全和社会稳定的非法出版物、印刷品、音像制品等宣传品的，应当及时报告国家安全、公安、新闻出版等部门。

（6）发现各类伪造或者变造的货币、证件、印章以及假冒侵权等物品的，应当及时报告公安、工商行政管理等部门。

（7）发现各类禁止寄递的珍贵、濒危野生动物及其制品的，应当及时报告公安、野生动物行政主管等部门。

（8）发现各类禁止进出境物品的，应当及时报告海关、国家安全、出入境检验检疫等部门。

（9）发现使用非机要渠道寄递涉及国家秘密的文件、资料及其他物品的，应当及时报告国家安全机关。

（10）发现各类间谍专用器材或者疑似间谍专用器材的，应当及时报告国家安全机关。

（11）发现其他禁寄物品或者疑似禁寄物品的，应当依法报告相关政府部门处理。

（二）限寄物品处理办法

快递员在收寄快件时如发现限寄物品，应告知寄件人处理方法及附加费用。

个人寄递物品超出规定限量的，如卷烟、烟丝、烟叶、电子烟产品、雾化物、电子烟用烟碱等，应拒绝收寄超出部分，也不准一次多件或多次交寄。

个人邮寄进出境物品超出规定限值的，应办理退运手续或者按照货物规定办理通关手续。但邮包内仅有一件物品且不可分割的，虽超出规定限值，经海关审核确属个人自用的，可以按照个人物品规定办理通关手续。个人邮寄进境物品，海关依法征收进口税，但应征进口税税额在人民币 50 元（含 50 元）以下的，海关予以免征。

任务四　填制运单

1. 了解运单合同条款。
2. 掌握运单填写规范。

3. 掌握正式清关需要客户提供的单据。

学生能够熟知运单包含的信息内容，掌握运单填写的规范，能独立完成运单填写操作。学生能够用英文填写国际运单和清关单证。

任务导入

小组任务：每组收集一个快递企业运单，将各组运单进行比较，列举不同快递企业的运单有哪些相同的内容。

任务分析：学生通过观察、分享、讨论，可以总结出快递运单包含的主要信息，并发现很多之前没有注意到的内容。

快递运单又称快件详情单，是用于记录快件原始收寄信息及服务约定的单据。快递运单是快递企业与寄件人之间的寄递合同，其内容对双方均具有约束力。快递运单的作用如下。

（1）寄件人与快递企业之间的寄递合同。

（2）快递企业签发的已接收快件的证明。

（3）付费方式和快递企业据以核收费用的账单。

（4）是出口快件的报关单证之一。

（5）是快递企业安排内部业务的依据。

一、电子运单

快递电子运单是将快件收寄信息按一定格式存储在计算机信息系统中，并通过打印设备将快件收寄信息输出至热敏纸等载体上所形成的单据。电子运单分为一联电子运单和两联电子运单（见图 2-4-1 和图 2-4-2）。快递服务组织一般使用一联电子运单。

（一）电子运单的各区域信息内容

1. 快递服务组织信息区

显示快递服务组织的相关信息，如快递服务组织的名称、标识、客服电话等。

2. 码号区

印有条码或二维码。条码内容为快件编号；二维码内容包括通用寄递地址编码、快件编号、内件信息及收件人姓名、地址和联系电话等。

图 2-4-1　一联电子运单

图 2-4-2　两联电子运单

3. 目的地信息区

显示快件目的地区域的名称（或代码）、类别（城市或农村）等。

相关知识与拓展

三段码

三段码重新定义了快递的三级派送区域，在面单打印出来时，根据收件人地址由算法动态、智能地计算出目的地分拨编码、目的地网点编码、派件的快递员编码，极大提高了信息颗粒度。三段码通过大数据学习可以快速、准确地识别包裹目的地，从而将包裹分拣到正确的运输路径上，大大提高了分拣效率，降低了错分率。同时，通过对快递员行为特征的分析，三段码能够精准辨识其常规配送范围，精准匹配对应包裹，完成高效投递。以前分拣快件时需要查看每票快件的详细地址，现在只需要查看面单上醒目的三段码编码即可（见图 2-4-3）。

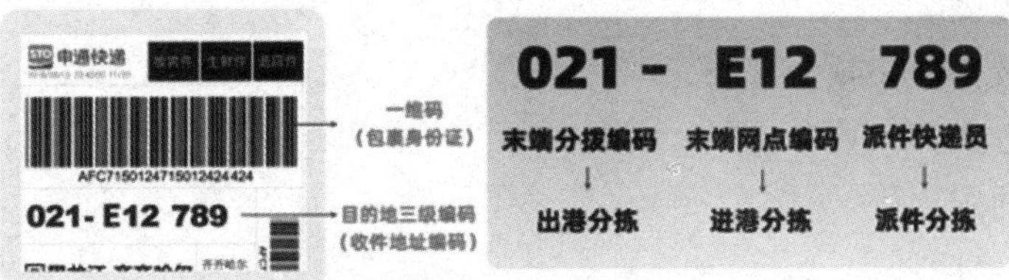

图 2-4-3　电子运单三段码

4. 收件人信息区

显示收件人姓名、地址、联系电话等。为保护个人信息，收件人姓名和寄件人姓名应隐藏 1 个汉字以上，联系电话应隐藏 6 位以上，地址应隐藏单元户室号。此外，快递服务组织、电子商务经营主体应采用手机虚拟安全号等技术对电子运单上的个人信息进行加密处理。

5. 寄件人信息区

显示寄件人姓名、地址、联系电话等。

6. 内件信息区

显示内件的名称、类别、数量等。

7. 业务类别及业务处理区

显示业务类别名称（如商务快递、标准快递、经济快递等）；快件的质量、体积、运费、付款方式、投递方式（如宅递、箱递、站递或其他）、收件时间、服务协议约定提示、寄件人签名等。

8. 签收区

显示收件人或代收人签字、签收时间等。

9. 自定义区

由快递服务组织根据自身业务需要设置，可包括三段或四段码、生鲜冷链、时效要求、易碎品提示等其他信息。

（二）电子运单的快递服务协议

快递服务协议一般置于快递服务企业网站、微信小程序及 App 软件系统中，客户在填写运单信息时系统会自动提示客户阅读快递服务协议。快递服务协议是确定快递企业与客户之间权利、义务的主要依据，是格式合同。快递服务协议由快递企业和寄件人共同承认、遵守，具有法律效力，自签订之日起确认生效。快递服务协议主要包括以下内容。

（1）快递服务协议适用的法律、法规。

（2）快递服务主体服务范围及责任声明。

（3）禁寄和限寄物品。

（4）验视的规定。

（5）安全检查条款。

（6）收费规则。

（7）保价及保险条款。

（8）查询方式。

（9）赔偿约定。

（10）免责声明。

（11）争议解决方式。

详见附录一：EMS 国内邮件电子详情单服务协议。

二、运单填写规范

(一) 运单填写的总体要求

客户交寄快件，应当如实填写快递运单，并出示本人有效身份证件。快递运单应当包括以下事项。

(1) 寄件人姓名或者单位名称等身份信息、地址、联系电话。

(2) 收件人姓名或者单位名称等身份信息、地址、联系电话。

(3) 寄递物品的名称、属性、数量。

(二) 运单内容填写规范

1. 用户填写区

(1) 寄件人信息、收件人信息。

根据“实名制”要求，寄件人、收件人姓名要填写确切，应与有效证件姓名一致。寄件人、收件人为“法人”的，除填写具体的寄件人、收件人姓名外，还要将寄件单位和收件单位全称填写清楚。

寄件人、收件人号码必须填写，包括电话区号和电话号码（座机和手机号码均可）。

寄件人、收件人地址在非直辖市的，均须按省、市、县、街道、门牌号码（楼号、单元号、楼层、房号）的顺序填写，农村地址须按省、市、县、乡、村的顺序填写。出境和国际快递运单还应增加城市、国家（地区）等信息内容。

(2) 内件信息。

内件品名应详细注明内装物品的具体名称及具体数量。出境和国际快递运单还应增加价值和原产地等信息内容。快件如需清关，寄件人还需要一次性提供完整单证，如报关单、报关委托书（电子委托书除外）、合同、发票、装箱单、特殊单证如许可证等，并确保单证信息与实际货物一致。快递服务组织对寄递物品有依法验视的权利。

(3) 快递服务协议。

客户阅读快递服务协议，勾选“已阅读并同意服务协议”等字样，提交运单信息，服务协议生效。

2. 业务处理区

(1) 件数、重量。

根据快件性质和规格，快递员应与寄件人共同确认后，由快递员填写快件件数、重量、体积等信息。件数是指一票运单对应的快件件数，如果寄件人寄递的所有物品装在一个封套或一个纸箱中，此栏填写“1”；如果寄件人寄递的物品装在两个以上的纸箱中，且每个纸箱单独封装收寄，则此栏按照实际装箱数量填写，这样的快件在快递行业中称为“一票多件”。

（2）业务类别。

快递员勾选客户选择的业务类别，如即日到、标准快递、经济快递等。

（3）增值服务。

快递员询问寄件人是否需要增值服务，如果选择1项以上增值服务，快递员应告知寄件人所选增值服务的条件和费用，并填入运单中。

寄件人决定是否保价。对于选择保价服务的快件，其“声明价值”须如实填写。“声明价值”是计算保价费用和出现快件损毁后理赔的重要依据，不能估计、杜撰。如果寄件人选择不保价，则不用填写。

（4）寄递费用。

寄递费用一栏由快递员按实际发生金额填写。寄递费用合计一般包含运费、增值服务费、包装费用等。

（5）付费方式。

付款方式有寄付、到付、第三方付和月结等，出境和国际快递运单还可增加包括关税和税金的支付方式等内容。快递员与寄件人共同确认后，在运单上勾选付款方式。有的快递企业提供的到付服务需要收取一定的服务费，快递员应知会客户。

（6）收派人员信息。

由收寄、派送快递员填写姓名或工号，表明此票快件由该快递员收寄验视或派送。

（三）国际运单填写注意事项

收寄国际快件时，应符合中国海关对出境快件的禁限寄要求，同时也要符合目的地国家海关、经停中转国家海关对进境快件的禁限寄要求。快递员需指导客户规范填写国际运单，指导用户准备、填写清关单证，并审核清关单证。国际运单填写内容与国内运单基本相同，这里需要注意的主要有以下几个方面。

1. 寄件人信息、收件人信息

寄件人和收件人名址应使用英文填写。收件人信息包括收件人姓名、国家、城市、详细地址、邮政编码、电子邮箱等。

2. 区分快件种类

进出境快件分为文件类、个人物品类和货物类三类。文件类进出境快件是指法律、法规规定予以免税且无商业价值的文件、单证、票据及资料。品名申报为“DOC（文件）”，价值申报为“0美元”。个人物品类进出境快件是指海关法规规定自用、合理数量范围内的进出境的旅客分离运输行李物品、亲友间相互馈赠物品和其他个人物品。除此之外的快件为货物类。在国际快递业务习惯中，为了操作上的便利，一般把快件分为文件类和物品类（个人物品类和货物类）。

快递员需要准确区分快件为文件类还是物品类，并对物品类快件进行高低价值区分。文件类快件只需填写快递运单，物品类快件除填写快递运单外还应填写形式发票。

3. 报关信息

用英文明确标注详细物品名称及数量；如实申报托寄物价值，申报价值以美元表示。申报价值过高或过低都会对快件产生影响。申报过高可能会在目的地产生税款，收件人需要缴纳税款后方能收到快件。申报过低在始发地清关时，海关会对申报价值产生怀疑，要求重新申报或扣留货物甚至追究法律责任。

根据快件种类核实客户准备的单证是否齐全。物品类快件如包裹、货样、广告品、礼品需要提交形式发票，形式发票的内容应包括收、寄件人姓名，公司名称、地址，品名，数量，价值，产地等，并提供收、寄件人的电话号码。另外，根据中国海关规定，价值在5000元以上的货物，需要向海关正式报关。正式报关需要寄件人提供：报关单、报关委托书（电子委托书除外）、合同、发票、装箱单、特殊单证如许可证等。

相关知识与拓展

详见附录二：常用寄递物品英文名称。

4. 费用支付

（1）确认关税支付方。快递员应与客户确定关税支付方，关税的支付方可以是寄件人，也可以是收件人或第三方客户。

（2）确认快件费用支付方。可以是寄方付、收方付或第三方付。客户选择到付业务时，快递员应对收件方的国际快件账号的有效性进行审查。

任务五　包装快件

知识目标

1. 了解快递常用包装材料。
2. 掌握快件包装操作规范。
3. 掌握检验包装的方法。

能力目标

学生能够认识常用的包装材料，了解各类包装材料的特性。能够按照国家标准对快件进行包装，并检验包装是否合格。

小组任务：请对给定的物品进行快递包装

材料准备：快递教材（5本）、蜡笔（1盒）、骨瓷马克杯（2个）；填充材料若干；纸箱1个；透明胶带1卷；介刀1把。

任务分析：学生可以根据生活经验，对快件进行包装，并在各组之间传看，比一比哪组包装最好。

包装是指在寄递过程中为保护快件安全，方便其储存运输，采用适合的封装用品、填充物和辅助物等，按照一定的技术方法进行的操作活动。快件的包装是否符合运输要求，对保证快件安全、准确、迅速地传递起着极为重要的作用。尤其是易碎物品和不规则物品，如果包装不妥，不但快件本身容易损坏，而且还会导致其他快件受损，甚至会给工作人员带来人身伤害。

快件可以由快递员封装，也可由寄件人自行封装。寄件人已自行包装的托寄物，快递员需进行物品检验，确认无误后方可封装发运。符合快件运输要求的包装，可以经受长途运输和正常碰撞、摩擦、震荡、压力以及气温变化而不致损坏。因此，一定要按照快件性质、大小、轻重、寄递路程及运输情况等，选用适当的包装材料对快件进行妥善包装。

一、快件包装的原则

（一）安全性原则

快递包装应具备保护寄递物品的功能。包装应防冲击和挤压，避免物品出现损坏；有隐私防护要求的寄递物品应选用不透光的包装容器或材料；包装箱内有多件物品时，应按照“重不压轻、大不压小”的原则进行装箱；包装箱内有易碎物品或液体类物品等特殊物品时，应单独进行包装防护，防止出现破损或漏液，造成二次污染。

（二）环保性原则

国家邮政局发布《快递业绿色包装指南（试行）》，倡导快递包装减量化、绿色化、可循环。快件包装应选用减量化包装物；宜使用可重复使用容器，减少一次性包装物的使用；包装物在满足寄递要求的情况下，寄递企业不应再进行二次包装；合理选用与寄递物品相适应的封装用品，降低空箱率；胶带不应过度缠绕，宜选用免胶带结构的封装用品；宜选用由生物降解材料制成的外包装、包装辅助物；宜选用单一材料组成的包装物。

简单来说，快递从业人员要避免过度包装，即超出快件正常包装功能需求，包装物选用、包装层数、包装空隙率、填充物或封装用胶带使用等超过必要程度。过度包装会增加资源、能源消耗，危害生态环境和人体健康，违背可持续发展理念。

尝试绿色转型！快递包装垃圾这样破解

2023 年“双十一”当天全国快递业务量达 6.39 亿件，快递包装垃圾更是惊人，这些垃圾是怎么处理的？

杭州市萧山区广德社区里有 9 个再生资源回收定时定点投放点，方便居民们投放各种可回收垃圾。在这些垃圾中，快递包装类占比可以达到 60%~70%。可回收物每天平均有 500 千克，其中至少有 300 千克是纸板。截至 2023 年 9 月，杭州全市累计设置再生资源回收网点 2876 个，再生资源回收量达 185.1 万吨。

这些回收来的垃圾经过初步分拣、打包、称重，相关数据上传到街道垃圾分类智慧监管云平台。在平台上可以实时看到居民投放垃圾的画面和各种垃圾分类数据。从广德社区收集到的快递垃圾每天会被集中清运到附近的分拣中心。工人们在这里把纸板、泡沫箱、胶带、塑料等不同材质的垃圾分类处理。快递垃圾中，瓦楞纸箱快递包装占 44%；塑料袋类包装占 33.5%；套袋纸箱占 9.5%；编织袋、珠光袋、泡沫箱等其他包装占 13%。为了鼓励垃圾分类和投放，居民的垃圾分类参与信息会实时转换为积分，记入“智能账户”。不同的可回收物对应不同的积分，积攒起来可以兑换垃圾袋、肥皂等生活物品。

在杭州师范大学一家快递点，同学们取了快递之后，基本都是当场拆包裹，卫生安全，也方便回收。站点工作人员初步统计，包裹回收的比例有 90%。这个站点的包裹回箱活动已经有 7 年时间，近一亿个快递包装被回收并用于重复寄件或循环再生。为了让更多人把快递包装留在快递站点，消费者在站点取完快递、留下包装后，可以通过现场扫码领取回收金或是参加碳积分公益活动。在快递站点门口的绿色物流管理数字化大屏上，能看到到站取件、到站寄件、纸箱回收等实时数据。按全年 5383 千克的碳排放量，相当于种了 600 多平方米的树。

从 2020 年开始，多部委发文要求加快推进快递包装绿色转型，2023 年，商务部进一步要求，常温物流包装层数不宜超过 2 层；产品单次包装成本不宜超过产品总成本的 5%，物流包装成本不宜超过物流成本的 10%。一系列政策的出台，让相关企业在快递变“绿”的道路上加速前进。

二、快件包装材料

包装材料在功能上主要分为封装用品、包装填充物和包装辅助物。封装用品主要包括封套、包装袋、包装箱等；包装填充物主要包括气泡膜、海绵、泡沫板、珍珠棉等；包装辅助物包括胶带、打包带、打包器、标志贴等。

（一）封装用品

常见封装用品如表 2-5-1 所示。

表 2-5-1 常见封装用品

封装用品名称	说明	实物图片
封套	快递封套是以纸板为主要原料的信封式封装用品。带有一次性自贴封口，简单易用，适用于在运输、中转操作等过程中易发生折皱、划花的重要单据和文件类快件	
塑料薄膜包装袋	即普通包装袋，多由单层树脂材料制成，各快递企业有不同规格。包装袋的封口为一次性黏胶，密封后防水、安全，适用于不易破碎、抗压类的小件快件的外包装	
气泡膜包装袋	气泡膜包装袋以树脂为主要原料，内衬有气泡，具有坚韧（不容易撕烂）和防震的功能，能够更好地保护袋内的物品。气泡膜包装袋有单层和双层两种。 单层气泡膜包装袋（见右图上）多作为内包装，用于包裹易碎物品起到防震作用；双层气泡膜包装袋（见右图下）多用牛皮纸作外层，里层为内衬气泡膜，封口为一次性黏胶，密封后防水、防震，适用于书籍、高档服装等易褶皱、易受潮的快件的外包装	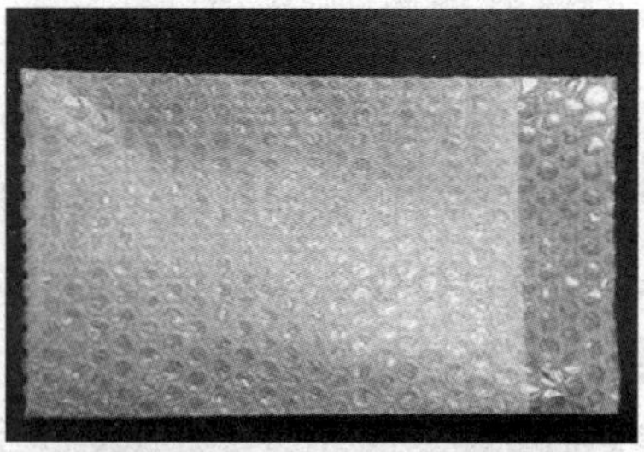 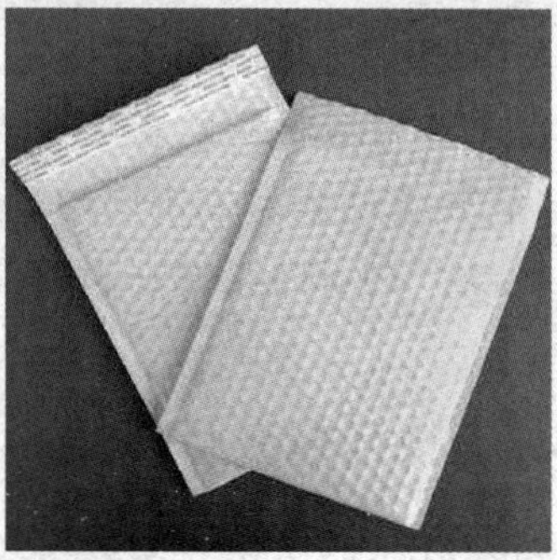

续　表

封装用品名称	说明	实物图片
塑料编织布包装袋	俗称编织袋，以树脂为主要原料，有多种规格。大号的编织袋盛装重量在 10~50kg，中小号的编织袋盛装重量在 5~10kg。编织袋多用于总包，也用于对不易损坏的物品的包装	
包装箱/免胶带包装箱	包装箱是以瓦楞纸板为主要原料的箱式封装用品，纸箱制作选用的纸板分为 3 层瓦楞和 5 层瓦楞纸板，一般有 1~7 号七种规格。 不同材质和规格的纸箱具有不同的承重和承压能力。在使用纸箱包装快件时，需要根据快件的重量和尺寸，选择合适的纸箱，以确保快件的安全。 免胶带包装箱无须使用胶带，绿色环保	 
包装筒	包装筒强度较高，抗变形能力强，可用作运输包装、外包装，也可做内包装。一般快递中用于易损坏或易折损物品的包装。如大幅工程图纸，卷起后装于包装筒内发运	
木箱	木箱是以木板、木条为主要原料的包装容器，能装载多种性质不同的物品，常见的有木板箱和框架箱。 木板箱（见右图）有较大的耐压强度，有抗破裂、溃散、戳穿的性能，一般用来发运微型机器；	

续 表

封装用品名称	说明	实物图片
	框架箱（见右图）由条木构成箱体骨架，具有较好的抗震性、抗扭性，有较大的耐压能力，且装载量大，一般用于中小型机器的发运	
泡沫箱	保温隔热、缓冲抗震；用于生鲜件的保温	
保温袋	加强温控；用于泡沫箱内包装使用，加强控温效果	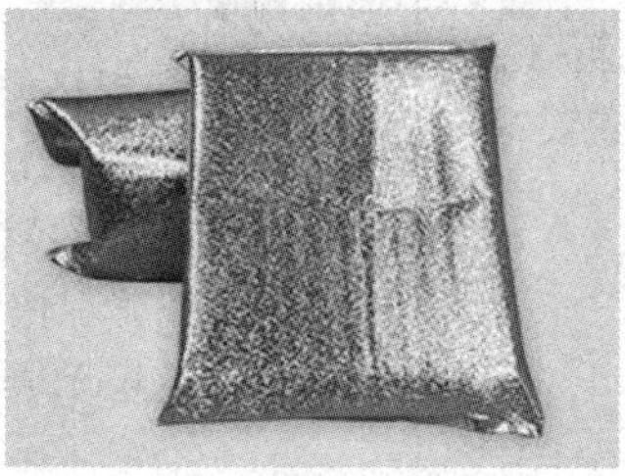
冰袋	吸热，保温；用于生鲜件的箱内降温，如水果、海鲜、肉类等	
循环包装箱	循环使用，快递企业回收，抗震防护，方便安全，用于各类物品的外包装	

（二）包装填充物

填充物是指在快件中，填充于内件和外包装之间的、能够起到缓冲和保护作用的物品。按照产品的材质、形态与结构可以将填充物分为以下四类。

（1）植物纤维类，包括瓦楞原纸、其他非正常成品纸及纸板、植物纤维模塑等。

（2）发泡类，包括聚乙烯（PE）软质泡沫（俗称珍珠棉）、发泡颗粒等。

（3）充气类，包括气泡垫（又名气泡膜）、充气柱（又名气泡柱、气柱袋）、充气枕（又名气泡袋、充气袋）等。

（4）悬空紧固类，包括薄膜与框架悬空结构、绑带与框架悬空结构等。

常见填充物如表 2-5-2 所示。

表 2-5-2 常见填充物

名称	实物图片
纸填充物	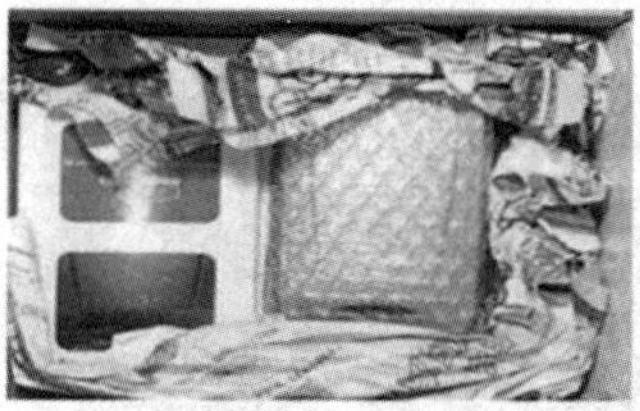  
瓦楞纸板填充物	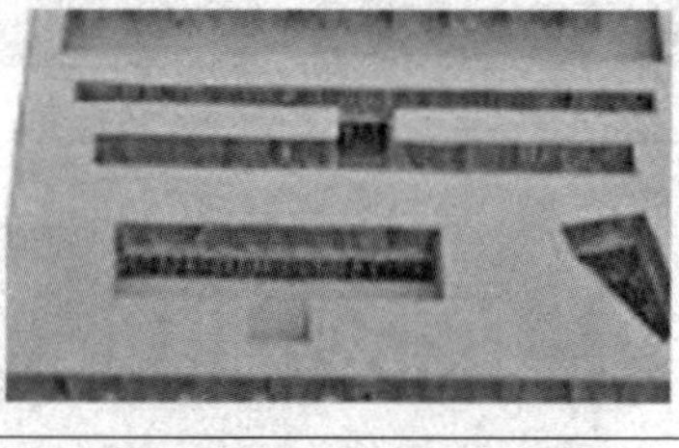 
纸浆模塑填充物	 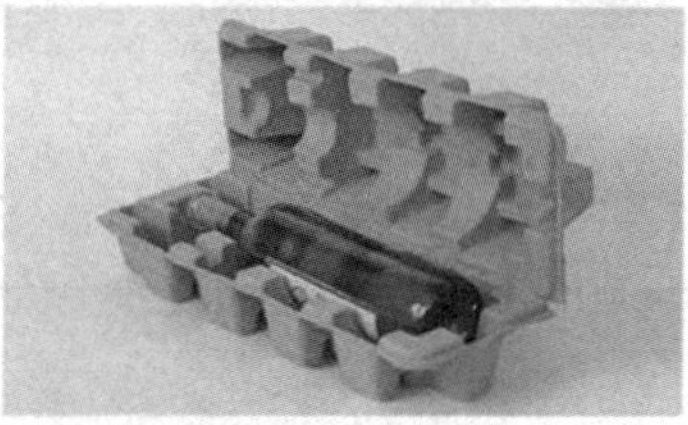
聚乙烯（PE）软质泡沫（俗称珍珠棉）	 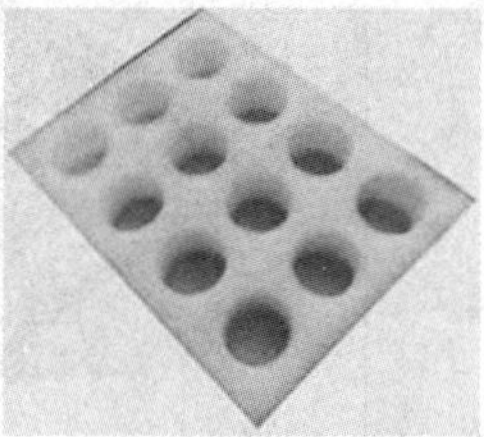

续 表

名称	实物图片
发泡颗粒	 
气泡垫	 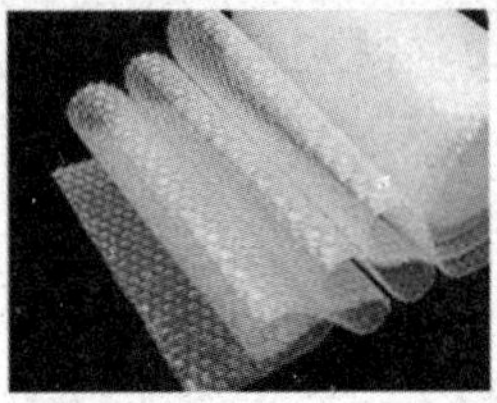 
充气柱	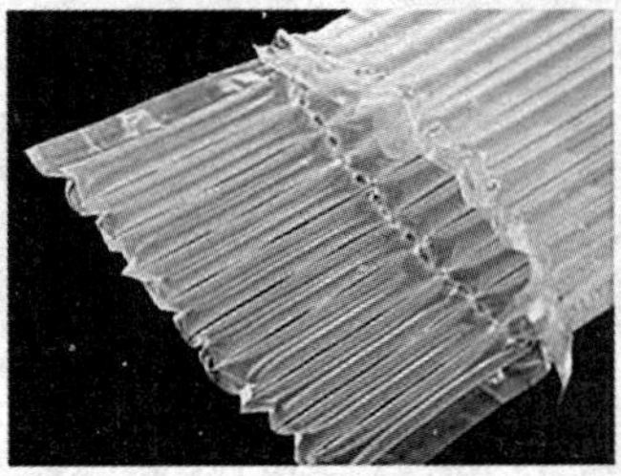 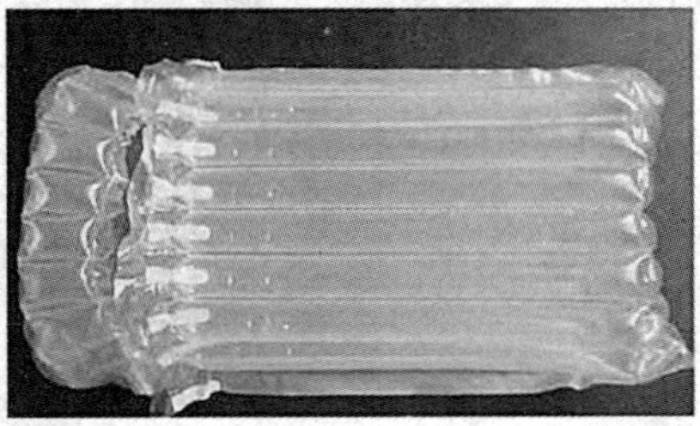
充气枕	
悬空紧固类填充物	 

日均6万件玻璃制品！快递进厂有个“沙河样本”

近年来，以顺丰、中通等为代表的沙河快递企业将目光投向沙河当地主导产业之一的玻璃制品产业。凭借个性化、专业化服务，快递企业与玻璃制品企业深度融合，与电商协同发展，打造快递服务制造业的“沙河样本”。

玻璃制品质地脆硬、韧性较低，如何降低破损率是商家和快递企业最头疼和关注的问题。沙河顺丰为不同规格的玻璃产品定制包装，采用5层瓦楞纸、内置木框、缓冲泡沫的包装方式，更好地保护穿衣镜不受损坏；此外，在运输过程中，顺丰采取线路直发，减少中转装卸环节，有效降低了产品破损率。目前沙河穿衣镜的平均运输破损率在10%~15%，而顺丰的破损率在2%~3%，完善的包装、运输方案大大降低了企业的成本。

中通在转运中心安排了专门的流水线交货口专供沙河穿衣镜快件使用，减少了流转环节。另外，在每个物流班车上开辟了专区装载穿衣镜，大大降低了破损率。

目前，沙河顺丰累计与30余家玻璃深加工企业达成合作，穿衣镜日均发货量从刚开始的一两千件上升至3万件。除穿衣镜外，沙河中通、韵达等快递企业还开通了玻璃电子秤的寄递渠道，月寄递量超过70万件。

（三）包装辅助物

包装辅助物是进行包装过程中起辅助作用的物件的总称。快递行业常见的包装辅助物有胶带、打包带（捆扎带）、打包器、标识贴等。常见包装辅助物图例如表2-5-3所示。

表2-5-3　　常见包装辅助物图例

包装辅助物名称	实物图片
普通胶带	

续　表

包装辅助物名称	实物图片
生物降解胶带	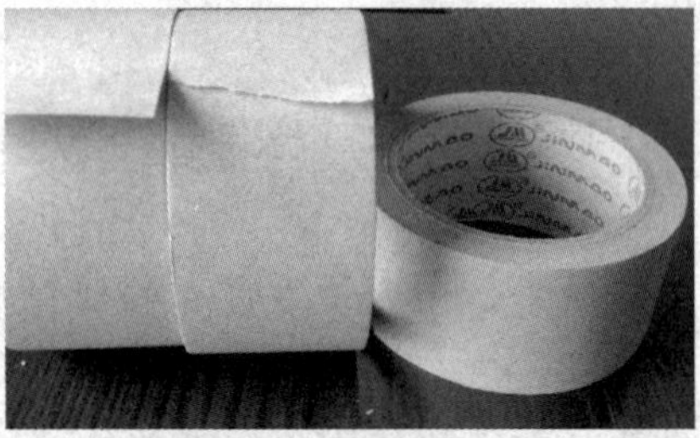
打包带	
手动打包器	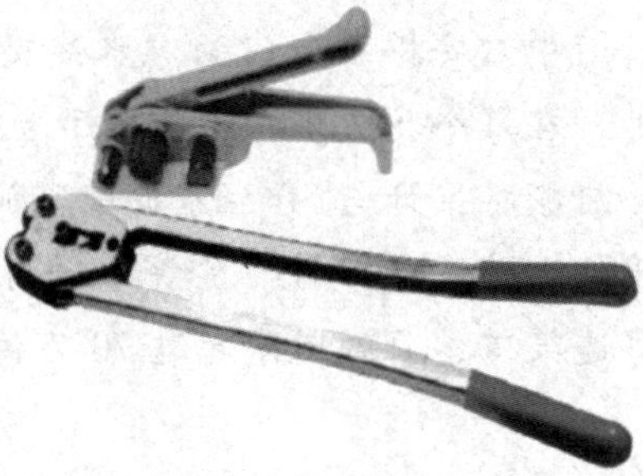
打包机	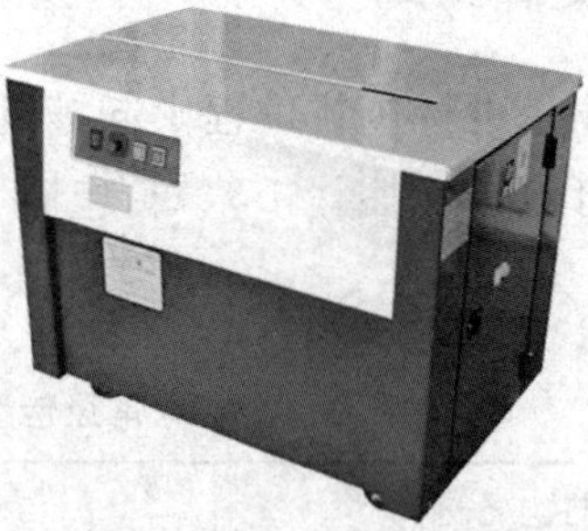
标识贴	

（四）包装物选用和操作要求

1. 常见物品包装操作（见表2-5-4）

表2-5-4　常见物品包装操作

包装物分类	适用物品	操作要求
信封、封套	文件、发票、磁卡	将文件、发票、磁卡等装入信封、封套内封口
包装袋	服装、鞋靴、家纺	将服装、鞋靴、家纺等装入包装袋内封装
	尿裤湿巾	
包装箱、充气枕	体育用品	将物品装入包装箱内，使用充气枕填充空隙，使物品在箱内不晃动
	休闲食品	
	数码配件	
包装箱、气泡垫	手机	使用气泡垫包裹物品，装入包装箱； 整箱酒运输时宜使用大气泡垫进行包裹； 饮料冲调跨区运输时宜使用大气泡垫包裹
	洗发水	
	酒类	
	粮油调味	
	饮料冲调	
	箱包	
	珠宝饰品	
	个护健康家电	
包装箱、聚乙烯软质泡沫	笔记本电脑、台式机	使用聚乙烯软质泡沫包裹物品，装入包装箱； 水果长途运输时宜在箱内增加隔板防护； 鲜花宜使用限位包装箱，根部使用营养液； 台式机宜使用聚乙烯软质泡沫进行上下部位防护，装入包装箱
	洗衣清洁	
	蔬菜、鲜花、水果	
	玩具	
	厨具、灯具	
包装箱、充气柱	奶粉辅食	使用预制的充气柱包裹物品，装入包装箱； 大型水果宜使用高强度充气柱，装入高强度包装箱
	红酒	
	玻璃杯	
	大型水果	
	大家电	
	灯具	

2. 国际快件木包装的特殊要求

国际快件的木包装不仅要满足运输要求，还要符合寄达国家或地区海关的要求。有些目的地国家为了保护本国资源，对进口物品实行强制检疫，对木制包装有特殊要求。例如，我国规定进境货物使用木质包装的，应当按照国际植物保护公约（以下简称“IPPC”）的要求进行除害处理，并加施 IPPC 专用标识，木质包装不得带有树皮和虫眼。木质包装是指用于承载、包装、铺垫、支撑、加固货物的木质材料，如木板箱、木条箱、木托盘、木框、木桶（盛装酒类的橡木桶除外）、木轴、木楔、垫木、枕木、衬木等。

根据相关规定，输往欧盟、英国、加拿大、美国、澳大利亚等国家和地区的带木质包装的货物，其木质包装要加盖 IPPC 的专用标识（胶合板、刨花板、纤维板等除外）。如果输往欧洲的货物为针叶木包装，则需提供熏蒸证明书；输往美国、加拿大的货物无论是何种木质包装，都要提供熏蒸证明书。熏蒸处理过的木质包装物应尽快出运，同时要注意单独存放，并与其他未处理的木制品、木料隔离。熏蒸证书的有效期为 21 天。

IPPC

IPPC 为《国际植物保护公约》的简称。IPPC 标识用以识别符合 IPPC 标准的木质包装，表示该木质包装已经经过 IPPC 检疫标准处理。IPPC 标识必须加施于木质包装的显著位置，至少应在相对的两面，标识应清晰易辨并具永久性和不可改变性，避免使用红色或橙色。IPPC 熏蒸标识如图 2-5-1 所示，CN 表示国际标准化组织（ISO）规定的中国国家编号；12813 表示出境货物木质包装标识加施企业代码；HT 表示除害处理方法。对木质包装的处理方式有：热处理（HT）、溴甲烷熏蒸处理（MB）、介电加热处理（DH）和硫酰氟熏蒸处理（SF）。

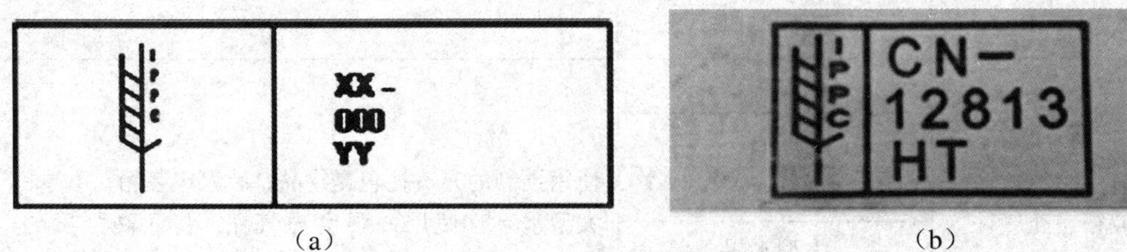

（a）　　（b）

图 2-5-1　IPPC 熏蒸标识

三、快件包装操作要求

封装时应使用符合国家标准和行业标准规定的快递封装用品。封装时应防止快件：变形、破裂、损坏或变质；伤害用户、快递员或其他人；污损或损毁其他快件。快递员封装快件，需要寄件人支付费用的，应在封装前告知用户所需费用。

（一）配装和填充

1. 配装

外包装的选用，宜满足以下要求。

（1）服饰、家纺等抗挤压不易破损物品选用包装袋。

（2）电子数码、玻璃制品等易损坏的寄递物品选用包装箱。

（3）文件、票据和磁卡等信件类寄递物品选用封套。

快递员应根据寄递物品的尺寸，选用合适的包装物种类和型号，空箱率不宜超过20%。在不影响快件寄递安全的前提下，选择低克重、高强度的包装材料。满足重复利用的包装回收物应优先重复使用。不应使用外观脏污、破损、潮湿、变形等无法正常使用或无法提供保护功能的回收包装物。

2. 填充

根据《快递业绿色包装指南（试行）》的要求，快递企业使用缓冲填充物，应遵循以下原则：优先使用可降解材质的缓冲填充物；在使用填充物作为缓冲包装时，尽量使用“即充即用”型的缓冲填充物；在寄递协议客户标准产品时，提出针对性的缓冲包装方案，以减少缓冲物用量。对快件进行包装时，应根据包装内空隙量适度使用填充物，确保寄递物品在包装内不产生明显晃动。填充物的选用宜满足以下要求。

（1）调味品、眼镜等小型易碎物品填充物选用气泡垫。

（2）灯具、罐装奶粉等中型易碎物品填充物选用充气柱。

（3）水果、蔬菜等生鲜寄递物品填充物选用聚乙烯软质泡沫。

（4）金属工业品、陶瓷器等重型寄递物品选用植物纤维类填充物。

（5）裸包手机、珠宝等高值物品选用悬空紧固类填充物。

（6）寄递物品装入纸箱后，选用充气枕进行内部空隙填充。

根据2021年实施的《邮件快件限制过度包装要求》，为避免过度包装，对原发包装的邮件快件，寄递企业不应再进行包装。保温箱应作为外包装直接发运，不应再套用包装箱、包装袋等包装物。快件包装层数可参考邮件快件包装层数推荐（见表2-5-5），内件原包装不计入包装层数。应根据内件物品种类选用匹配包装物，合理使用填充物。软质物品的包装空隙率不超过10%，硬质物品的包装空隙率不超过20%。

表 2-5-5　　　　邮件快件包装层数推荐

<table>
<tr><th colspan="2">内件分类</th><th>物品举例</th><th>最大包装层数</th></tr>
<tr><td colspan="2" rowspan="4">软质物品</td><td>纺织类物品：服装、家纺等</td><td rowspan="4">1 层</td></tr>
<tr><td>纸制品、文件文档等</td></tr>
<tr><td>生活用品：纸巾、化妆棉等</td></tr>
<tr><td>电线、天线等</td></tr>
<tr><td rowspan="21">硬质物品</td><td rowspan="9">非易损易碎类</td><td>休闲食品</td><td rowspan="9">1 层</td></tr>
<tr><td>粮食类</td></tr>
<tr><td>轻小型塑胶制品、皮革制品</td></tr>
<tr><td>家居用品（不含玻璃、陶瓷制品）</td></tr>
<tr><td>文具用品</td></tr>
<tr><td>轻小型五金</td></tr>
<tr><td>电子配件</td></tr>
<tr><td>消费类电子产品（非易碎）</td></tr>
<tr><td>小型零配件（家居、电器、机电设备、机动车等）</td></tr>
<tr><td rowspan="8">易损易碎类</td><td>容器为玻璃、陶瓷等的酒水、饮料、调味料</td><td rowspan="8">2 层</td></tr>
<tr><td>洗化用品（塑料瓶装液体类）</td></tr>
<tr><td>玻璃、陶瓷、玉石制品、工艺品</td></tr>
<tr><td>3C 小电子产品（易碎）</td></tr>
<tr><td>家电类（含液晶、玻璃等易碎部位）</td></tr>
<tr><td>液晶屏类</td></tr>
<tr><td>汽车配件</td></tr>
<tr><td>易损易碎食品类（脆片、干货等）</td></tr>
<tr><td rowspan="4">冷藏冷冻类</td><td>冷藏水果</td><td rowspan="4">3 层</td></tr>
<tr><td>冷藏肉类、水产、肉制品、加工食品</td></tr>
<tr><td>冰冻肉类、水产、肉制品、加工食品</td></tr>
<tr><td>温度敏感、易融化易变形食品</td></tr>
</table>

空箱率和包装空隙率

1. 空箱率

是指包装容器装载寄递物品后，剩余容积与包装容器容积的比率，计算公式为：

空箱率＝（1－寄递物品体积/包装容器容积）×100%

2. 包装空隙率

是指邮件快件包装内除去内件占有空间的容积与包装总容积的比率，计算公式为：

$$包装空隙率＝（V_n-V_o）/V_n\times100\%$$

式中：

V_o——内件的外切最小长方体体积，单位为立方毫米（mm^3）；

V_n——邮件快件内容积，指邮件快件外包装的内切最小长方体体积，单位为立方毫米（mm^3）。

（二）封扎

封箱时要求选用合适的封装胶带，基于环境保护的考虑，宜采用生物降解胶带进行封箱，在满足寄递安全的前提下，宜采用宽度较小的胶带，胶带宽度不宜超过45mm，减少快递包裹的平均包装耗材用量。胶带在封装缠绕过程中应首尾不相接，不重复、过度缠绕。宜选用免胶带结构的封装用品，但不应在已有黏合功能设计的封套、包装袋上使用胶带。

1. 胶带封箱

胶带封箱封装方式有“一”字形、“十”字形、“卄”字形或“工”字形三种，具体封装方式如表2-5-6所示。

表2-5-6　　胶带封箱封装方式

封装方法名称	适合箱型	封装图例
“一”字形封装方式	1号箱（最大综合内尺寸为450mm）； 2号箱（最大综合内尺寸为700mm）； 其他要求：使用的胶带长度不宜超过纸箱最大综合内尺寸的1.5倍	

续 表

封装方法名称	适合箱型	封装图例
“十”字形 封装方式	3 号箱（最大综合内尺寸为 1000mm）； 4 号箱（最大综合内尺寸为 1400mm）； 5 号箱（最大综合内尺寸为 1750mm）； 其他要求：使用的胶带长度不宜超过纸箱最大综合内尺寸的 2.5 倍	
“卄”字形或 “工”字形 封装方式	6 号箱（最大综合内尺寸为 2000mm）； 7 号箱（最大综合内尺寸为 2500mm）； 其他要求：使用的胶带长度不宜超过纸箱最大综合内尺寸的 4 倍	 

2. 捆扎带加固

快件内装物超过 30kg 或有特殊寄递要求的，应使用捆扎带进行封扎加固。捆扎带打包方法有“十”字形捆扎、“卄”字形捆扎、“井”字形捆扎三种，具体方法如表 2-5-7 所示。

表 2-5-7　　捆扎带加固方法

捆扎方法	适用箱型	捆扎图例
“十”字形捆扎	适用于快件体积相对较小，且长、宽、高三边长相差不大的快件，可以是正方体、长方体、底面直径与高的长度相近的圆筒形状或形状不规则的偏圆的快件	
“卄”字形捆扎	适用于体积相对较大，且长度较长的快件，可以是长方体、粗长条、长圆筒形状的快件； 如快件特别长且特别粗，可在长方向上多次捆扎	

续　表

捆扎方法	适用箱型	捆扎图例
“井”字形捆扎	适用于体积很大的矩形快件，为了便于搬运和装卸，对快件做井字形状的捆扎；如快件需要特别保护，可沿侧面再做井字形捆扎	

捆扎带加固注意事项如下。

（1）捆扎时注意对力的控制，拉紧时捆扎带贴着包装表面即可，捆扎带不可把包装勒得太紧，甚至勒坏外包装。

（2）根据快件的体积、重量和需要保护的程度选择合适的捆扎方法，避免过度包装，浪费人力和物力。

（三）贴单

应将运单粘贴在包装好的快件的平整、干净的表面，贴合应牢固，不脱落。对于易碎等有特殊要求的寄递物品，还应在包装物显著位置粘贴识别标识，如易碎贴纸、保价贴纸等。另外，随运单证也要与快件一同寄出。

1. 运单的粘贴

运单的粘贴方法有如下几种（见表 2-5-8）。

表 2-5-8　　运单的粘贴方法

运单应粘贴在快件外包装上面适当位置，运单与快件边缘留出 5cm 的距离为宜。应把表面的四个角落位置留出来，以便标识、随运单证的粘贴； 运单粘贴应尽量避开骑缝线，由于箱子挤压时，骑缝线容易爆开，导致运单破损或脱落	
粘贴圆柱形快件的运单时，如果圆柱直径足够大，将运单平铺粘贴在圆柱形物体的底面上（见右图上）； 如果圆柱物体直径较小，则将运单环绕圆柱面粘贴，注意运单条码和号码不得被遮盖（见右图下）	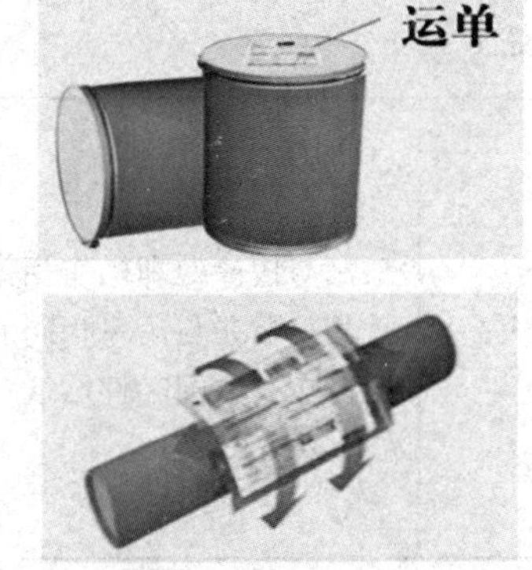

续　表

锥形物体的体积较大的，选择能完整粘贴运单的最大侧面，平整粘贴运单（见右图上）； 锥形物体的体积较小的，如果单个侧面无法平整粘贴运单，可将运单内容部分粘贴在两个不同的侧面，但运单条码必须在同一个侧面上，不能折叠（见右图下）	 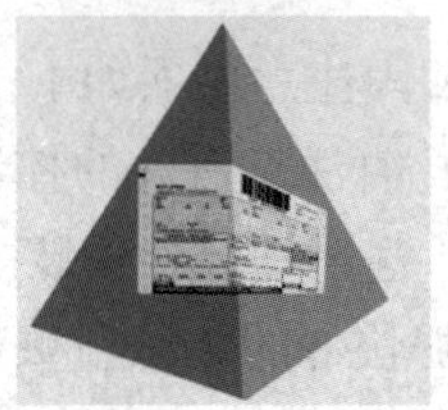
对于体积特别小，不足以粘贴运单的快件，为了保护快件的安全，避免遗漏，将其装在文件封或防水胶袋中寄递，运单粘贴在文件封或防水胶袋的指定位置	
对于特殊包装的快件，运单的条码不得被覆盖，运单条码不得被折叠，即运单条码须在同一表面展示，不得折叠或在两个（及以上）表面上，右图为错误粘贴方法	

2. 标识的粘贴

快递企业的标识各不相同，标识的粘贴方法如表 2-5-9 所示。

表 2-5-9　　　　标识的粘贴方法

正面粘贴	粘贴与快件处理操作相关的标识时，应将其粘贴在与运单相同的表面，以便分拣操作，如国际件贴纸、航空件贴纸	

续　表

侧面粘贴	快件放置方向标识、防辐射标识一般粘贴在快件侧面，每件快件可粘贴 2～3 张，每个侧面只能粘贴 1 张	
三角粘贴	需要多面见到的贴纸，可以贴在包装箱的角上，包住快件角落的三个方向，每件快件可粘贴 2 张，如易碎件贴纸，斜贴在快件粘贴运单的正面角落，另外两个角粘贴在其他两个侧面	
沿骑缝线粘贴	在封箱操作中使用，表示包装密封不允许打开，每件快件至少粘贴 2 张，要求每个可拆封的骑缝线都得粘贴，如保价贴纸，要求粘贴在每个表面的骑缝线上，起到封条的作用，提醒在运输过程中不允许拆开包装	

四、农产品、鲜活水产品的包装要求

农产品和鲜活水产品由于其特殊性，寄递内包装、外包装应满足以下要求。

（1）生鲜水果、蔬菜、食用菌、花木的内包装应具备缓冲效果，避免在运输过程中挤压碰撞。

（2）需要保鲜的，内包装应使用具有一定保鲜效果的材料：①生鲜水果、蔬菜、食用菌、花木等农产品，可使用气调包装进行保鲜，也可使用涂膜包装延长保鲜期；②畜禽肉等分割肉，可使用真空包装，并使用冰袋等冷媒进行保鲜；冷媒应完全冻结（即为固态冰晶），不应使用未冻结或冻结不完全的冷媒。

（3）农产品寄递外包装可使用包装袋、包装箱。在封装使用冰板、冰袋等冷媒的农产品时，外包装应具备防水性能或采取防水措施。

（4）封装鲜活水产品应满足对应的保温要求，宜选用冷链快递保温箱。

（5）封装用品应安全卫生、无破损、无污染；在重复使用前，应进行清洗和消毒处理；不宜使用泡沫填充物。

（6）快递企业应在农产品、鲜活水产品快件外包装箱体上粘贴专用标识，或使用专用外包装进行识别。

五、快件包装的检查

（一）快件包装的检查方法

快件包装完毕后，应对包装进行检查，确保在收取快件时快件包装牢固，并保证快件从 1.6m 高处自由落体落下时内件无破裂。检查包装是否牢固的方法可以概括为“看、听、感、搬”。

1. 看

各交接环节对于拿到手的快件，应检查外包装是否有明显问题，若有明显破损、撕裂、油渍、异味或有突出的钉、钩、刺等，不可以让其继续流向下一环节。如果经检查只是外包装损坏，必须进行重新包装。

2. 听

用手摇晃快件，听是否有声音。如果有异常已破损的声音等，则需打开包装检查，不可放任不管而可能致使尖锐物在包装内窜动，划伤快件。

3. 感

用手晃动快件，感觉寄递物品与包装物壁之间有无摩擦和碰撞。如有，则需要打开包装进行充实缓冲。

4. 搬

搬动一下快件，看是否有重心严重偏向一边或一角的现象，如有，则需要打开包装重新定位寄递物品在包装内的位置。

（二）快件包装注意事项

（1）禁止使用一切报刊类物品作为快件的外包装，如报纸、海报、书刊、杂志等；严禁使用各种有色垃圾袋和容易破损、较薄的类似垃圾袋的包装物。

（2）对于价值较高的快件采用包装箱进行包装，包装时应使用缓冲材料。快递员在收件时应与客户当面点清并封箱，必要时可以拍照留存作为证明。

（3）一票多件需要配合子母件运单发运。在多件快件中选定一件作为主件，按正常操作粘贴主运单即可；其余快件应根据主件运单内容填写标签（填写内容包括运单单号、出港公司、到达地），确保内容与主件一致；将填写完整的子件标签粘贴在外包装明显面，保证子运单的条码不被破坏；快递员在派送一票多件快件时，要根据主件运单上标明的总件数核对子件数量。

（4）不允许发运捆绑件。对于一票多件的快件，只允许以子母件形式发运，正常收取快递费用。

（5）对于重复利用的旧包装材料，必须清除原有运单及其他特殊的快件标记后方可使用，以避免因旧包装内容而影响快件的流转。

包装一搬运图示标识

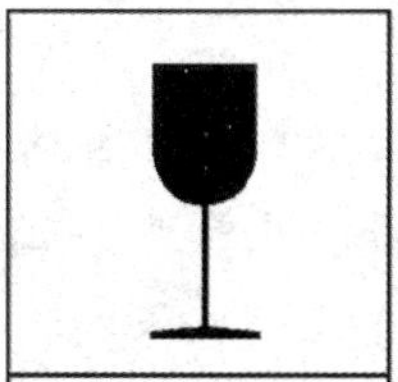

易碎物品	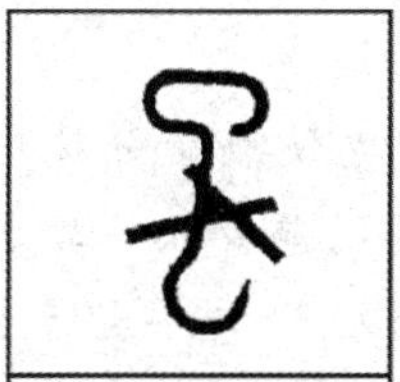 禁用手钩	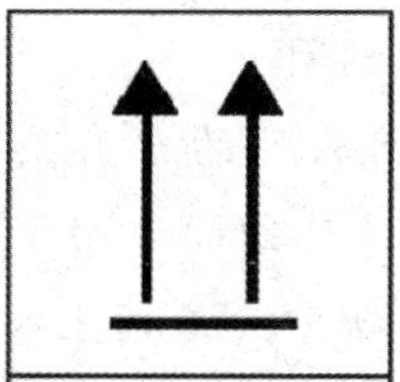 向上	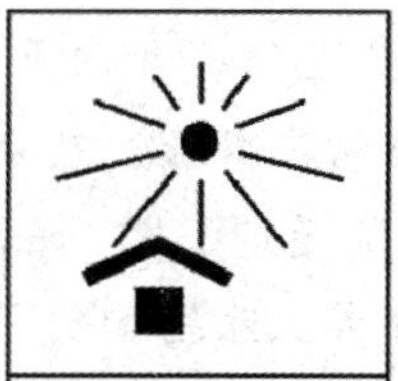 怕晒	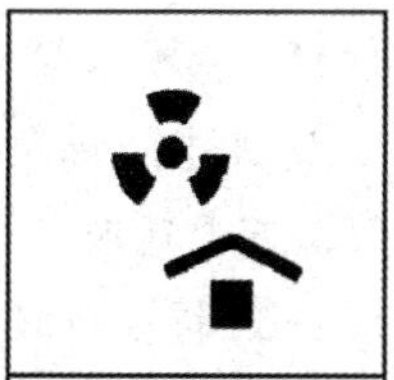 怕辐射
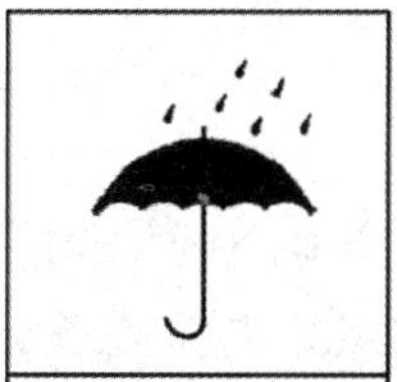 怕雨	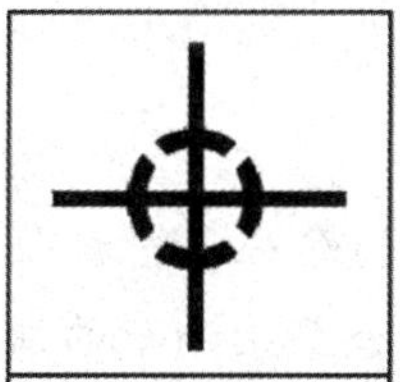 重心	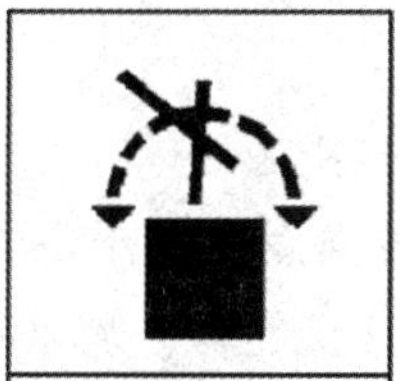 禁止翻滚	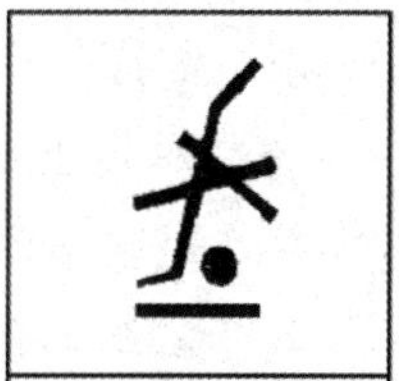 此面禁用手推车	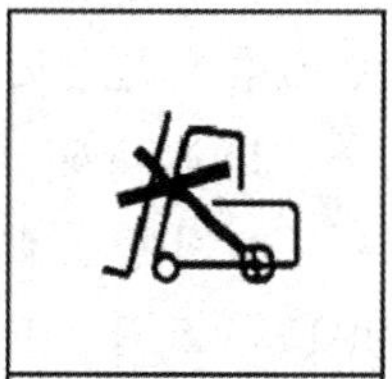 禁用叉车
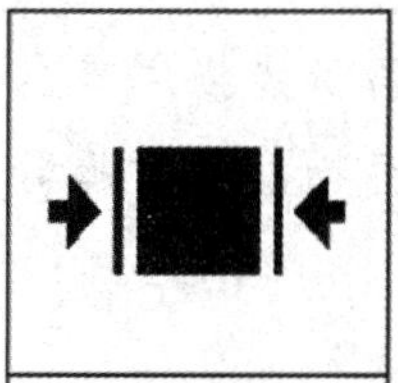 由此夹起	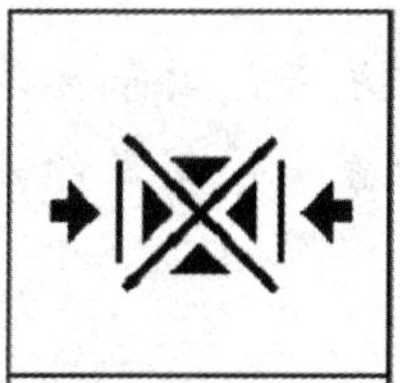 此处不能卡夹	堆码质量极限	堆码层数极限	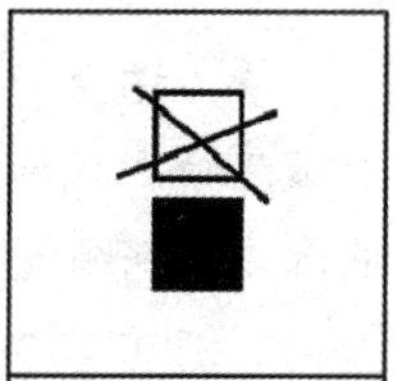 禁止堆码
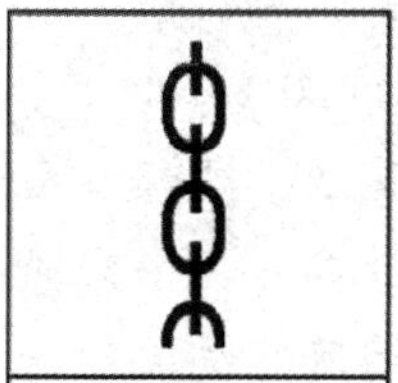 由此吊起	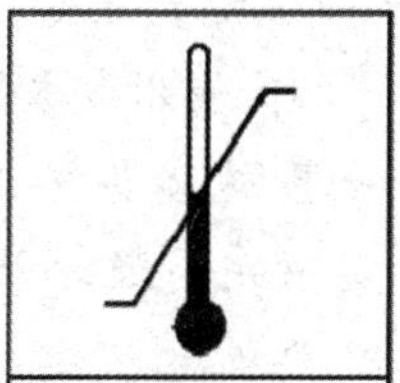 温度极限			

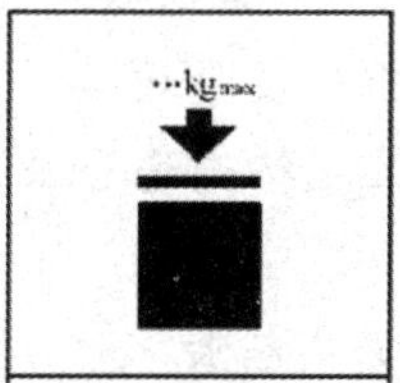

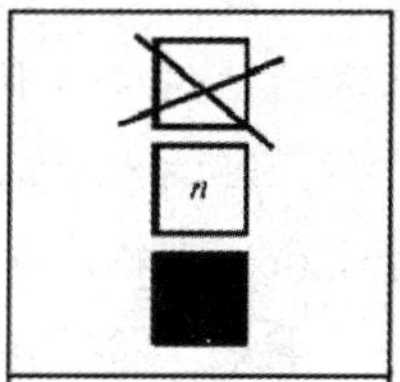

职业素养

快递业，从拼“速度”到比“绿色”

2023 年以来，我国快递业业务量实现月均“百亿级”增长。激增的物流运输量，带来上扬的碳排放总量，考验着行业绿色低碳转型的能力。从拼“速度”到比“绿色”，快递行业在仓储分拣、转运寄递、包装回收等环节走出绿色化、循环化、资源化的发展新路。

1. 仓储环节——光伏电站“赋能”转运中心

午夜12点，湖南浏阳占地15万平方米的韵达分拨中心灯火通明，满载包裹的货车正在34个卸货口紧张作业。面单扫描、交叉分拣、自动集包……自动化分拣车间内，4套3层高速交叉带分拣设备飞速运转，从各地运送而来的包裹在这里被贴上专属“身份证”，落入循环集包袋，奔向下一站网点。

快件分拣全自动化操作，能减少70%的人力，但也使整个分拨中心单日用电量达3.5万千瓦时。尤其是“618”促销活动期间，由于要提前开机、增加排班应对业务旺季，用电负荷较日常上涨约5%。分拨中心屋顶上整齐铺设着一大片太阳能光伏板。这些光伏板面积近5万平方米，源源不断产生的清洁电能，不仅能满足分拨中心的用电需求，还能余电上网，为社会节能。自2022年10月投运至2023年5月底，该光伏电站已累计发电近300万千瓦时。

2. 运输环节——物流车用上“新能源”

从圆通京北集转中心到朝阳国展网点，几十公里的路程，司机每天要跑5个来回。2023年6月，圆通投入了首批新能源物流车，原本每公里柴油车的油耗成本是7毛钱，新能源车只要3毛。研究显示，相比仓储、包装环节，快递业运输环节的碳排放在绝对体量和增速上更为突出，是行业碳减排的关键所在。

着力调整行业运能结构、加快推广甩挂运输。近年来，国家邮政局积极推广节能低碳运输方式和设备，协调出台政策支持寄递企业购置和使用新能源车辆，全行业新能源车辆保有量超过6.5万辆。

3. 网点环节——换新“智能环保集包袋”

在山东临沂的中通兰山澳龙网点，仓库一头，几百个蓝色集包袋码放整齐，每个集包袋上都印有一串数字编号。网点负责人介绍说，每个袋子都内置了芯片，相当于“身份证”。更重要的是，这种集包袋能重复使用4~6个月，单次使用成本节约50%以上。

快递行业以往使用传统编织袋，价格便宜但包裹一重就容易坏，脱丝、破损造成的包裹遗漏、丢失时有发生。如今的可循环中转袋结实耐用，还轻便防水，一个袋子平均能用一年多。长远看，新型集包袋单次使用成本只要1毛多钱，比用传统编织袋节省3毛左右，装载率还能提升30%。通过智能环保集包袋中的芯片，后台能实时收集中转、流向信息，实现包裹运输的全程追踪。

近年来，快递业扎实推进快递包装绿色治理，快递包装回收复用率大幅提升。目前，快递电子运单、循环中转袋基本实现全覆盖。

4. 回收环节——升级“旧物回收”

2023年“618”促销活动期间，菜鸟推出“万物回收节”活动。不仅不收快递费，用户还能领取一个环保袋，一举两得。

回收的物品，将在24小时内送往当地分拣中心，并在2天内进入最近的旧物分拣仓库。到达回收工厂后，衣物将经过清洁、选拣等流程分类使用，例如，鞋类回收后，鞋带被拆下来用于制作工艺品；鞋面和鞋底分离，鞋面布料用于制作隔音棉、保温材料等；鞋底则会打碎为PVC颗粒再加工，实现产品循环再造。

根据2023年5月包裹抽查测算，目前，我国电商快件不再二次包装的比例达90%，使用可循环包装的邮件快件达3.8亿件，回收复用质量完好的瓦楞纸箱达3.5亿个。

未来，快递企业将继续坚持以低碳环保为核心，以绿色发展为宗旨，减少各业务环节的碳排放，争做安全环保的绿色企业。

任务六　快件计费

1. 掌握运费计算的方式。
2. 掌握保价费计算的方式。
3. 掌握保险费计算的方式。
4. 掌握营业款的计算。

能力目标

学生能够为快件进行称重或测量，根据快件种类计算运费等相关费用，在运单指定位置填写该票快件的营业款，并收取快件费用。

任务导入

不足1kg包裹为什么按3kg收取运费？

青岛市的张女士收到一个到付快递，是她的朋友通过某快递企业从广州空运过来的。快件是4个礼品盒，装在30cm×30cm×20cm规格的纸箱里，张女士自己称重还不到1kg，快递员在收取到付运费的时候却是按照3kg计算运费，由于急用，张女士只好付了运费。随后，张女士向相关主管部门投诉。

小组讨论：你觉得快递公司的做法对吗？为什么？

一、度量衡工具

在快件收派中最常使用的度量衡工具是秤和尺。用秤量取快件的实际重量，用尺量取快件的最大长宽高。快递末端网点通常有便携式手提秤、电子计重秤和卷尺。

1. 便携式手提秤

快递员上门收取快件时，一般通过称重来计算资费，所以便携式手提秤是快递员随身携带的工具之一。便携式手提秤轻便灵巧，便于携带，读数准确，是快递企业广泛采用的计重工具（见图2-6-1）。使用便携式手提秤，需要注意以下事项。

（1）被测物应钩于手提秤吊钩的中央部位。

（2）手提秤禁止受到激烈撞击，不使用时要存放于通风干燥阴凉处。

（3）定期检查各部位螺丝及插栓有无松动或掉落，确认无误后再开机使用。

（4）在户外使用如遇雷电则关机暂停使用。

（5）加载勿超过安全负荷，避免长时间起吊，确保传感器使用寿命。

2. 电子计重秤

电子计重秤的称重范围比便携式手提秤的称重范围更大、准确度更高。但是电子计重秤体积较大，不便携带，一般将其放在快递末端网点使用，称量较大快件（见图2-6-2）。快递员上门收取快件时，如果快件重量超出便携式手提秤称重范围，快递员在征得客户同意后，可将快件带回网点，使用电子计重秤称重。称重计算资费后，应第一时间将重量和资费告知客户，征询客户是否寄出快件。如果客户同意寄出，则与客户确认付款方式，并将快件寄出；如果客户不同意寄出，则与客户约定时间将快件退回。

使用电子计重秤需要注意以下事项。

（1）电子秤应置于稳定平整的平面上。

（2）开机显示结束后进入计重模式，“零位”标志和“千克”指示标志出现，可按“模式”键循环选择计重、计数、百分比三种功能模式。

（3）电子秤不能长期在去皮状态下使用，否则零位自动跟踪功能消失，零位会产生漂移。

3. 卷尺

快递员上门收寄快件时，一般都会携带卷尺，以便对快件进行测量。卷尺根据材质不同可以分为：钢卷尺、纤维卷尺（皮卷尺、量衣卷尺）、塑料卷尺等。快递员一般使用的是钢卷尺（见图2-6-3）。

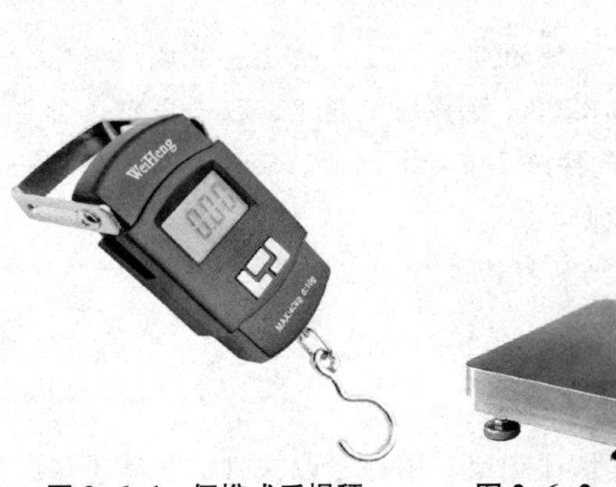

图2-6-1　便携式手提秤

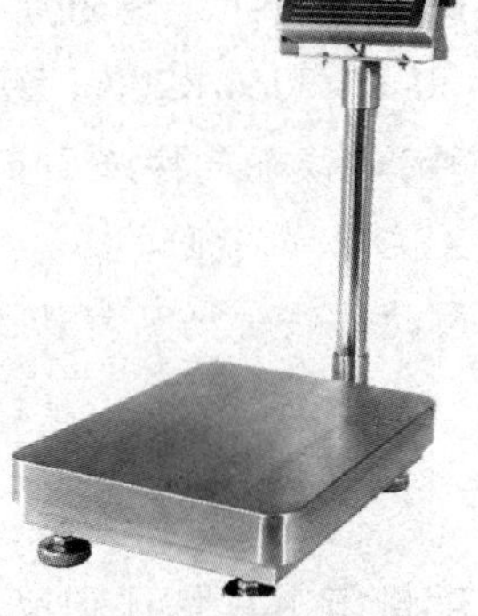

图2-6-2　电子计重秤

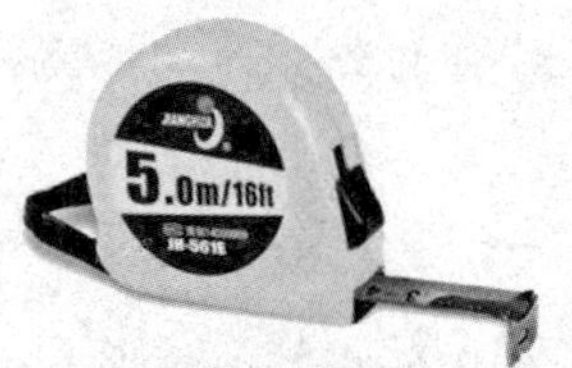

图2-6-3　钢卷尺

二、快件重量计算

在快递行业中，有些快件体积很小，但是很重；有些快件非常轻，体积却较大，在运输车辆中要占用很大的空间。这种体积大、重量小的货物，称为轻泡货。在货物体积小，重量大时，按实际重量计费；在货物体积大，重量小时，按体积计费，这样可以较为合理地核算快件运费。

（一）实际重量

实际重量指寄递快件包括包装在内的实际总重量，即计重秤上直接读取的重量，单位为千克（kg）。

快递企业按照实际重量计费时，一般采用向上进位制原则，即按照计重秤读取的实际重量进位取数。例如，如果最小的计重单位为 0.5kg，那么称重 8.1kg 按照 8.5kg 计费；8.7kg 按照 9.0kg 计费；如果最小的计重单位为 1kg，那么称重 8.1kg 按照 9.0kg 计费；8.7kg 按照 9.0kg 计费。

（二）体积重量

体积重量是运输行业内的一种计算轻泡货物重量的方法。体积重量是将货物的体积利用折算公式折合成重量，单位为千克（kg）。体积重量的计算分为航空运输和陆路运输两种，两者系数不同。

量取快件各边长度时，采用向上进位制原则，最小单位为 1cm。例如，7.1cm 按照 8.0cm 计算；7.8cm 按照 8.0cm 计算。计算体积重量时，也采用向上进位制原则。例如，如果最小的计重单位为 0.5kg，那么体积重量 2.2kg 按照 2.5kg 计费。如果最小的计重单位为 1kg，那么体积重量 2.2kg 按照 3.0kg 计费。

1. 航空运输的体积重量计算

国际航空运输协会规定了轻泡快件的体积重量计算公式。

规则物品公式为：

长（cm）×宽（cm）×高（cm）÷6000＝体积重量（kg）

不规则物品公式为：

最长（cm）×最宽（cm）×最高（cm）÷6000＝体积重量（kg）

2. 陆路运输的体积重量计算

在陆路运输中尚未有规范的体积重量计算方法，以航空运输体积重量计算为参考，为陆路运输快件的体积重量计算设计一个系数，但是不同的快递企业设计的系数不尽相同。

规则物品公式为：

长（cm）×宽（cm）×高（cm）÷系数＝体积重量（kg）

不规则物品公式为：

最长（cm）×最宽（cm）×最高（cm）÷系数=体积重量（kg）

（三）计费重量

快件运输过程中用于计算资费的重量，采用快件封装后的实际重量和体积重量相比较后“取大”的方法。即快件体积小，实重大时，按实际重量计算运费，计费重量等于实际重量；快件体积大，实重小时，按体积重量计算运费，计费重量等于体积重量。计费重量以千克为单位。

例题1：一票从上海寄往广州的快件（航空运输，系数为6000），使用纸箱包装，纸箱的长、宽、高分别为35cm、35cm、80cm，快件实重12kg，该企业最小计重单位为1kg，请计算它的计费重量。

解：体积重量=长（cm）×宽（cm）×高（cm）÷6000

=（35×35×80）÷6000

≈16.33kg

按照快递行业向上进位制原则，体积重量应为17kg，由于体积重量大于实际重量，所以该票快件的计费重量应为17kg。

例题2：一票从深圳寄往广州的快件（陆路运输，系数为12000），使用纸箱包装，纸箱的长、宽、高分别为60cm、40cm、30cm，快件实重8kg，请计算它的计费重量。

解：体积重量=长（cm）×宽（cm）×高（cm）÷12000

=（60×40×30）÷12000

=6kg

由于体积重量小于实际重量，所以该票快件的计费重量应为8kg。

EMS国内邮件计泡规则

计泡是指对包装后的邮件，取体积重量和实际重量中的较大者，作为计费重量，再按照资费标准计算应收费用，体积重量的计算方式如下。

1. 即日专递、特快专递

对交寄的物品长、宽、高三边中任一单边达到60cm的特快物品进行计泡，计泡系数为6000，计泡公式：体积重量（kg）=长（cm）×宽（cm）×高（cm）/计泡系数。

2. 标准快递、电商标快

对交寄长、宽、高三边之和大于100cm的标快、电商标快邮件进行计泡，计泡系数为5000/8000，计泡公式：体积重量（kg）=长（cm）×宽（cm）×高（cm）/计泡系数。

3. 快递包裹

对交寄的物品长、宽、高三边之和大于100cm的快递包裹进行计泡，计泡系数为

5000/8000，计泡公式：体积重量（kg）= 长（cm）×宽（cm）×高（cm）/计泡系数。

现在你知道“任务导入”中快递公司的做法对吗?

解析：该票快件由广州寄往青岛，采用航空运输，系数为6000。

体积重量=（30×30×20）÷6000=3kg

由于体积重量大于实际重量，计费重量应为3kg。

因此，快递公司按照3kg收取运费的做法是正确的。

三、快件资费计算

资费是营业款的核心组成部分，与快件的计费重量直接挂钩，是快递员在收件现场需要准确计算的款项。各快递企业在实际操作中，存在以下两种资费计算方式。

（一）首重续重计算原则

计算公式为：

资费=首重价格+续重×续重价格

续重=计费重量-首重

其中，首重是指快递企业根据运营习惯规定的资费计算时的起算重量，也可以称为起重。起算重量的价格为首重价格。一般快递企业都将国内件首重确定为1kg，将国际件首重确定为0. 5kg。

续重是指快件首重以外的重量。例如，一票重量为10kg的快件，如果首重为1kg，续重就是9kg。

例题3：一票从上海寄往广州的快件（航空运输，系数为6000），使用纸箱包装，纸箱的长、宽、高分别为60cm、40cm、30cm，快件实重5kg，计算其运费（运价见表2-6-1）。

表2-6-1　　运价

区间	首重1kg	1kg<重量≤20kg	20kg<重量≤50kg
上海—广州	13元	6元/kg	5元/kg
深圳—广州	10元	2元/kg	1元/kg

解：体积重量=（60×40×30）÷6000=12kg

体积重量大于实际重量，计费重量为12kg，则

资费=首重价格+续重×续重价格

=13+（12-1）×6

=79（元）

例题 4：一票从深圳寄往广州的快件（陆路运输，系数为 12000），使用纸箱包装，纸箱的长、宽、高分别为 60cm、40cm、30cm，快件实重 22.6kg，计算其运费（运价表见表 2-6-1）。

解：体积重量=（60×40×30）÷12000=6kg

体积重量小于实际重量，按照快递行业向上进位制原则，计费重量为 23kg，则

资费=首重价格+续重×续重价格

=10+（20-1）×2+（23-20）×1

=51（元）

（二）单价计算原则

计算公式为：

资费=单位价格×计费重量

单位计价是指按照平均每千克价格来计算资费。单位计价不区分首重和续重，明确平均每千克的价格，由价格乘与重量即可。这种计费方式与普通的运输计价方法类似。

例题 5：一票从深圳寄往广州的快件（陆路运输，系数为 12000），使用纸箱包装，纸箱的长、宽、高分别为 60cm、40cm、30cm，快件实重 9kg，计算其运费（运价见表 2-6-2）。

表 2-6-2　运价

区间	20kg 及以下	20kg<重量≤50kg
上海—广州	6 元/kg	4 元/kg
深圳—广州	3 元/kg	2 元/kg

解：体积重量=（60×40×30）÷12000=6kg

体积重量小于实际重量，计费重量为 9kg，则

资费=单位价格×计费重量

=3×9

=27（元）

例题 6：一票从上海寄往广州的快件（航空运输，系数为 6000），使用纸箱包装，纸箱的长、宽、高分别为 60cm、40cm、30cm，快件实重 22.6kg，计算其运费（运价见表 2-6-2）。

解：体积重量=（60×40×30）÷6000=12kg

体积重量小于实际重量，按照快递行业向上进位制原则，计费重量为 23kg，则

资费=单位价格×计费重量

=6×20+4×（23−20）

=132（元）

四、国际快件资费计算

在国际快递业务中，一般采用首重续重计算方法，资费计算公式为：

资费=首重价格+续重×续重价格

续重=计费重量−首重

需要注意的是，国际快件中快递企业一般要征收燃油附加费。燃油附加费是快递企业收取的反映燃料价格变化的附加费，一般随国际油价的浮动而变化。快递企业一般每周或每月更新燃油附加费费率。

例题7：某客户要发送一票从杭州到英国的快件，托寄物为7.8kg半成品手套，快递企业运价表显示到英国的快件首重为500g，价格为80元，续重为每500g增加30元，燃油附加费为280元。该企业最小计重单位为0.5kg，请计算这票快件的运费。

解：托寄物为7.8kg，按照快递行业向上进位制原则，计费重量为8kg，则

资费=首重价格+续重×续重价格

=80+（8×2−1）×30

=530（元）

总运费=530+280=810（元）

在国际快递业务中，如果寄件人选择运费到付，则在计算运费的过程中，可能会遇到本国货币与外币之间的兑换问题，在兑换过程中需要使用到汇率。如果某快件的运费在A国为X，A国对B国的汇率为Y，如果使用B国的货币支付运费，费用为X除以Y。

例题8：某客户要发送一票从北京到美国的快件，托寄物内容为6kg衣服，运费由美国客户支付，快递企业运价表显示到美国的快件首重为500g，价格为60元，续重为每500g增加25元，燃油附加费为50元，美元兑人民币汇率为7.19。该企业最小计重单位为0.5kg，请计算这票快件的运费。

解：托寄物为6kg，计费重量为6kg，则

资费=首重价格+续重×续重价格

=60+（6×2−1）×25

=335（元）

总运费=335+50=385（元）

换算成美元=385÷7.19≈53.5（美元）

例题9：某客户要发送一票从广州到日本的快件，快件重量为4kg，运费由日本客户支付，快递企业运价表显示到日本的快件首重为500g，价格为50元，续重为每500g增加30元，燃油附加费为40元，日元兑人民币汇率为0.048。该企业最小计重单位为0.5kg，请计算这票快件的运费。

解：托寄物为4kg，计费重量为4kg，则

资费＝首重价格+续重×续重价格

＝50+（4×2−1）×30

＝260（元）

总运费＝260+40＝300（元）

换算成日元＝300÷0.048≈6250（日元）

五、保价费和保险费计算

（一）保价费的计算

保价费＝快件的声明价值×保价费率

例题10：某快递企业的保价服务条款规定，国内快件声明价值500元及以下的，保价费为1元/票；声明价值501~1000元的，保价费2元/票；声明价值1000元以上的，按照声明价值的5‰费率收取保价费，四舍五入取整。现张某要寄一个快件，声明价值5000元，请计算保价费。

解：保价费＝快件的声明价值×保价费率

＝5000×5‰

＝25（元）

（二）保险费的计算

保险费＝保险金额×保险费率

例题11：某保险公司的快件保险费率为2%，有一客户为自己所寄的快件投保8万元，则此客户应缴纳的保险费用是多少？

解：保险费用＝物品的投保价值×保险费率

＝80000×2%

＝1600（元）

六、收取营业款

营业款是指客户在享受快递服务时所需要支付给快递公司的费用总和，包括资费和包装费、保价费等增值服务费。快递员在收寄快件时，需要计算该票快件的营业款，填写在运单指定位置，并根据计算结果向客户收取相应金额的费用。

（一）营业款组成

1. 资费

资费是快递企业在为寄件人提供快递承运服务时，以快件的重量为基础，向客户收取的承运费用。资费也称为狭义的快件服务费用，当不产生包装费、增值服务费、

保险或保价费等费用时，快件资费就是快件服务的总计费用。

2. 增值服务费

增值服务费是快递企业为客户提供基础快递服务以外的增值服务所加收的服务费。例如，保价、包装、代收货款、签单返还、定时派送、改寄/退回等增值服务，快递企业都收取增值服务费，收费金额不等，有的增值服务按费率计费，有的则按次计费。

（二）营业款结算方式

营业款的支付方可以是寄方、到方或第三方，快递员在收取快件时，须与客户共同确认营业款的支付方，并在运单上明确标注是寄付、到付，还是第三方付，作为收取营业款的依据。

款项收取又分为现结和记账两种，因此营业款的结算方式具体可包括寄付现结、到付现结、寄付记账、到付记账、第三方记账五种。下面从支付方式的角度来介绍各种结算方式。

1. 现结

现结是指在收取或派送快件时，客户在收派现场将营业款支付给快递员的一种支付方式。现结支付包括寄付现结和到付现结两种结算方式。客户可选择现金支付、电子支付、刷卡支付或支票支付。由于单票快件的营业款额通常不会太高，现结支付主要以现金支付和电子支付为主。

（1）寄付现结指的是寄件人在完成寄件后，在寄件现场把营业款支付给快递员的一种结算方式。

（2）到付现结指的是收件人验视快件外包装无误后，对于到付的快件，在派件现场把营业款交给快递员的一种结算方式。

2. 记账

记账是指快递企业与客户达成协议，在一个规定的付款周期内结算营业款的一种支付方式。快递企业给每一个记账客户一个记账账号，在账号中记录客户每一次快递服务所产生的费用（包括寄付、到付和第三方付所产生的费用）作为营业款结算的依据。付款周期可以是每周、每月、每季度、每年结算一次。记账包括寄付记账、到付记账、第三方记账三种结算方式。

（1）寄付记账是指由寄件人（个人或企业）与快递企业达成协议，快递企业赋予客户一个记账账号，客户在约定的付款周期内支付营业款。

（2）到付记账是指由收件人（个人或企业）与快递企业达成协议，快递企业赋予客户一个记账账号，客户在约定的付款周期内支付营业款。

（3）第三方记账，是指寄件人和收件人之外的第三人（个人或企业）与快递企业达成协议，快递企业赋予其一个记账账号，第三人在约定的付款周期内支付营业款。第三方支付营业款的情况比较复杂，须由寄件人或收件人与第三方客户达成协议，第三方客户同意代寄方或收方支付该费用。由于第三方支付营业款采取记账方式，快递员在收取此类快件时，需注意核对第三方客户的付款信息。

（三）验收营业款

快递员收取营业款时，如果客户支付现金，快递员须注意真假币的区分，避免收取假币，给个人或公司造成损失；如果客户使用支票支付，则须对支票的填写和支票的真假进行辨识。

1. 辨别假币的方法

（1）观察光彩光变面额数字。2019 年版第五套人民币 50 元、20 元、10 元纸币票面中部印有光彩光变面额数字，改变钞票观察角度，面额数字颜色出现变化，并可见一条亮光带上下滚动。以新版 50 元为例，随着观察角度的改变，面额数字“50”的颜色会在绿、蓝之间交替变化。

（2）看光变镂空开窗安全线。2019 年版 50 元纸币采用动感光变镂空开窗安全线，改变钞票观察角度，安全线颜色在红色和绿色之间变化，亮光带上下滚动；透光观察可见“￥50”。2019 年版 20 元、10 元纸币采用光变镂空开窗安全线，与 2015 年版 100 元纸币类似，改变钞票观察角度，安全线颜色在红色和绿色之间变化；透光观察，20 元纸币可见“￥20”，10 元纸币可见“￥10”。

（3）观察水印。2019 年版 50 元、20 元、10 元纸币明显提升了水印清晰度和层次效果。人像水印位于票面正面左侧的空白处，透光观察可见毛泽东头像。人像水印清晰度明显提升，层次更加丰富。白水印位于票面正面横号码下方，透光观察可见水印面额数字。值得一提的是，新版 1 元纸币增加了白水印。

（4）看横竖双号码。2019 年版第五套人民币调整了左侧横号码式样，增添了竖号码，可以有效防范变造纸币。左侧横号码的冠字和前两位数字为暗红色，后六位数字为黑色。右侧竖号码冠字和数字均为蓝色。

2. 支票基本常识

支票是出票人签发的，委托办理存款业务的银行或其他金融机构，在见票时无条件支付确定金额给收款人或者持票人的票据。支票无金额起点的限制，可支取现金或用于转账。支票有效期 10 天，可以挂失。

（1）收取支票注意事项。

①支票正面不能有涂改或折叠的痕迹，否则本支票作废。

②受票人如果发现支票填写不全，可以补记，但不能涂改。

③支票的有效期为 10 天，日期首尾算一天。节假日顺延。

④支票见票即付。

⑤出票单位现金支票背面有印章盖模糊了，可把模糊印章打叉，重新再盖一次。

⑥收款单位转账支票背面印章盖模糊了（不能以重新盖章方法来补救），收款单位可带转账支票及银行进账单到出票单位的开户银行去办理收款手续，俗称“倒打”，这样就用不着到出票单位重新开支票。

（2）支票的分类。

支票按支付票款的方式分为现金支票、转账支票和普通支票三种。

①现金支票只用于支取现金，它可以由存款人签发用于到银行为本单位提取现金，也可以签发给其他单位和个人用来办理结算或者委托银行代为支付现金给收款人。

②转账支票只用于转账，它适用于存款人给同一城市范围内的收款单位划转款项，以办理商品交易、劳务供应、清偿债务和其他往来款项结算。

③普通支票可以用于支取现金，也可以用于转账。但在普通支票左上角划两条平行线的，为划线支票，只能用于转账，不能支取现金。

（四）发票

发票是单位和个人在购销商品、提供或者接受服务以及从事其他经营活动中，开具、取得的收付款凭证。发票是财务收支的法定凭证，是会计核算的原始凭证，是税务稽查的重要依据。发票与收据的最大区别在于，发票须由经销商向税务机关购买，在销售后，要凭发票向国家缴纳税款，而收据仅是收费的证明，不是经销商纳税的依据。快递企业为客户提供快件寄递服务并收取资费，有义务为客户提供发票。发票的种类有以下几种。

1. 从税目上划分

（1）增值税专用发票。全国统一式样（发票票面冠以各省、自治区、直辖市的名称，如广东增值税专用发票、上海增值税专用发票等）。增值税发票能抵扣税款，增值税发票一般是面向公司和单位的。

（2）营业发票。冠以本辖区名称且在辖区内统一式样的发票（由税务机关统一印制和供应，用票户申请领购使用，如广东省广州市营业发票等）。

2. 从形式上划分

（1）手写发票。又称手工票，是指用手工书写形式填开的发票。这类发票按版面设计又可分为常规式发票及剪开式发票。

（2）机打发票。又称机外发票，是指利用计算机填开并使用其附设的打印机打印出票面内容的发票。这类发票包括有普通计算机用及防伪专用计算机用（如防伪税控机）的发票；按发票版面设计来分，这类发票又可分为折叠式发票和平推式发票。

（3）定额发票。是指发票票面印有固定的金额（定额）的发票。这类发票主要是防止开具发票时大头小尾以及方便一些特殊领域或有特殊需要的企业使用。在快递行业中多用于个人客户。

（4）电子发票。电子发票是信息时代的产物，同普通发票一样，采用税务局统一发放的形式给商家使用，发票号码采用全国统一编码，采用统一防伪技术。

张俊明：脱下军装的冲锋者

退伍军人，圆通黑龙江望奎分公司负责人，两个身份勾勒出张俊明的人生轨迹。两年的军旅生涯他吃苦耐劳、坚韧不拔，工作中他兢兢业业、无私奉献，更烙上了军人本色。离开部队走入社会，面对陌生的环境，创业举步维艰，他凭着军人不甘示弱的性格在邮政快递业闯出了一片属于自己的天地。

2010 年 5 月，退伍后的张俊明入职圆通速递，开启了另一段旅程。当时，快递在望奎这个小县城还属于新兴行业，真正踏入后才知道其中的辛酸与不易。但张俊明并没有退缩，他说："人民解放军的宗旨是为人民服务，做快递员也一样，我们的工作就是为人民服务。"

同样，为人民服务也成为张俊明做好快递事业的宗旨。以推进"快递进村"来说，2016 年他在望奎县辖区 15 个乡镇建立了 18 个乡镇妈妈驿站。2020 年以来，张俊明联合当地其他快递品牌，通过快快合作、邮快合作的方式推进"快递进村"。截至 2023 年 2 月，望奎县下属所有 109 个村都可以收到圆通的快递，其中有 80 多个村可以在 2 天内收到快递，距离远的十几个村最晚 3 天之内也能收到。

"有排头就站，有第一就争，有红旗就扛，有先进就学"，张俊明所服役的部队有着"三猛部队、头等主力"的称号，在部队时培养的争先意识也深深地烙在他的心里。多年打拼后，他交出了一张亮丽的成绩单——截至 2022 年年底，在他的带领下，望奎圆通已成为集速递服务、物流零担服务、仓储配送、电商孵化于一体的综合性速递公司，服务全县 7 镇 8 乡 109 个行政村 49 万居民，为 104 人提供就业岗位，其中快递从业人员 48 人，电商从业人员 56 人。望奎圆通先后荣获省级标准化营业厅、标准化营业厅样板、绥化市三星级窗口服务单位等荣誉。张俊明也被评为圆通速递"最美圆通人"，并当选望奎县第十八届人民代表大会建设委员会委员。

在发展快递事业的同时，张俊明视国家利益、人民利益为一切。2018 年 7 月，黑龙江持续多日大雨、暴雨天气，望奎县多地发生洪涝，张俊明换上迷彩服投身抗洪抢险一线。2019 年 6 月，他组建快递员民兵应急小队，被望奎县人武部任命为民兵应急连防汛抗洪排排长。2021 年疫情防控期间，在他的带领下，一支由 20 名圆通快递小哥组成的抗疫突击队完成了防疫物资转运、分发、搭建帐篷等任务。

"做人要懂得感恩。"说起所做的一切，张俊明觉得都是应该的，"感谢部队的培养，让我学会不畏困苦，勇于担当；感谢行业给予我奋斗创业、服务社会的平台；感谢客户对我服务的信任与支持，让我在快递工作中履行全心全意为人民服务的宗旨。"

任务七　收寄后续处理

知识目标

1. 掌握快件、运单交接的内容。
2. 掌握营业款交接的内容。
3. 掌握6S管理。

能力目标

学生能够理解快递员收寄快件后的交件、交单、交款操作，掌握其流程和关键点。学生能够对工作场所实施6S管理。

任务导入

讨论并分享：快递员收寄完快件回到网点还需要做哪些工作?

快递员完成快件收寄操作后返回网点，需要将已收寄的快件整理好并交给网点仓管员。一天的收寄工作完成后，快递员要将营业款交给快递企业指定的财务人员。

一、快件交接

（一）快件交接准备

1. 复核快件和运单

快件在运回快递末端网点的过程中，由于运输颠簸可能会使快件或运单受损，在交接快件和运单之前，要对快件和运单进行复核，确保快件和运单完好，且两者相符。

（1）检查快件外包装是否牢固。通过“看、听、感、搬”四个动作，对快件的包装进行检查。如果包装有异常，须在网点摄像头监控下（至少两人同时在场）拆开包装，对快件进行检查并重新加固包装。

（2）检查快件上的运单粘贴是否牢固。如果运单缺少或严重破损，需要重新打印一份运单替换原运单。如果运单粘贴不牢固，要用胶带重新加固粘贴。

（3）核对数量。核对运单数量与快件数量是否相符，一张运单对应一票快件。如果运单数量与快件数量不相符，则须及时找出数量不符的原因并跟进处理。

2. 登单（收寄清单）

登单是指快递员收取快件之后，需要扫描快递单上的条码或二维码，在系统中上传快件收寄信息，形成收寄清单。收寄清单记录的内容包括快件的运单号、重量、付款方式、目的地，日期时间，以及快递员的姓名或工号等。

由于电子运单的普及，目前快递企业以电脑系统打印收寄清单为主。有的快递企业为了绿色环保，实施无纸化办公，使用电子收寄清单，不需打印。

（二）快件交接处理

快递员须将当班次收寄的快件及时交给仓管员，仓管员需逐一扫描快递单上的条码或二维码，在系统中做入仓操作，表示快件已到达收寄网点。

1. 快件交接原则

（1）当面交接。快递员与仓管员交接快件和运单时，须当面交接。交接双方共同确认快件和运单信息无误。如果出现问题可现场解决或将快件和运单退回给快递员处理，便于明确双方责任。

（2）交接签字。交接双方在确认快件和运单信息无误之后，需要对交接信息进行双方签字确认。随着信息化的发展和员工素质的提升，部分快递公司已经简化了交接签字的环节，双方达成共识，交接的信息直接以系统信息为准。

2. 优先快件的交接处理

优先快件是指由于客户对时限要求较高等，需要优先处理的快件。在快件运输的过程中，客户因急需把某件物品快速送达目的地，提出对该票快件优先收寄的要求，快递企业在接到此类需求之后需要做出相应的反应，尽量满足客户的要求。

在处理优先快件时，应遵循以下原则。

（1）优先处理。在收到优先快件处理需求时，应优先处理。例如，客户选择“即日到”产品，此产品要求快递员在上午 12：00 之前将快件取回，快递员则优先处理此类快件。

（2）单独交接。在优先快件交接过程中，网点仓管员要对快件单独进行交接，以保证快件的处理速度。

（3）登记备案。在优先快件交接过程中，应登记备案，以保证对快件状态进行监控。

3. 保价快件的交接处理

在处理保价快件时，应遵循以下原则。

（1）单独存放。在处理保价快件的过程中，应与其他快件分开，单独存放。

（2）单独交接。在处理保价快件的过程中，要对快件单独进行交接，以保证快件的处理速度。

（3）登记备案。在处理保价快件的过程中，应登记备案，以保证对快件状态进行监控。

（4）分开操作。与其他快件分开操作，以免混淆，提高处理的准确性。

4. 到付快件与代收货款快件的交接处理

到付快件是指寄件人和收件人商定，由收件人在收到快件时支付快递费用的一种快件。代收货款快件是快递企业接受寄件人委托，在投递快件的同时，向收件人收取货款的快件。因为到付快件与代收货款快件均需向收件人收取费用，在处理快件时应遵循以下原则。

（1）检查是否贴有相应的贴纸，如“到付贴纸”或“代收货款贴纸”。

（2）检查相应的收款单据是否具备，如发票、收据等。

5. 国际快件单据的交接

国际快件因涉及正式报关等业务，要求将快件运单等详细单据资料提前汇总、整理后进行交接。

（1）整理单据。

单据要分类整理、单独存放。即文件按文件类逐票整理，包裹按包裹类逐票整理。

①文件类快件单据：将快件运单收集汇总即可。

②包裹类快件单据：将快件运单、报关单、报关委托书、合同、发票、装箱单、特殊单证等资料一并整理。

（2）交接单据。

国际快件的单据要单独交接给仓管员，不能与国内快件单据混交。

二、营业款交接

营业款交接主要指快递员与快递企业指定的财务人员之间的交接，即快递员把当天或当班次收取的营业款，移交给快递企业指定的财务人员。这里的营业款主要包括散单营业款、月结营业款等。

快递员与财务人员之间的营业款须当日结清。快递企业都规定了每日的交接时间，快递员须在规定的结算时间之前将当日的营业款移交给财务人员。营业款移交不得延误，不得留在快递员处过夜。例如，某公司规定结算时间为 18：30，则快递员须在每天的 18：30 之前将当天的营业款移交给财务人员。

交接营业款时需使用规定的票据和结算凭证，即快递员将营业款交给财务人员时，须出示相应的收款账单或结算凭证；款项移交后，财务人员开具相应的票据证明营业款已经移交。营业款移交的具体流程如下。

（1）交款准备：快递员根据收寄清单整理好当天须上交的营业款，包括现金和支票。

（2）出具交款清单：交款清单指的是财务人员凭以向快递员收取营业款的款项清单，清楚地记录该快递员每一票快件应收取的费用，是财务人员向快递员收取营业款的依据。

（3）核对交款清单：快递员核对财务人员出具的交款清单，可通过收寄清单核对交款清单内容。如核对有差异，应及时与财务人员确认。

（4）交款签字：交款清单无误，快递员按照交款清单的营业款总额移交现金或支票。如有支票，应在交款清单中登记支票号。款项移交后，交接双方在交款清单上签字。财务人员向快递员开具收款票据，证实已接收的金额。

三、预定收寄信息复核

收寄信息复核是指快递员在当班次工作结束后，将实际收寄信息与信息处理系统中的预定收寄信息相复核的过程。

（一）预定收寄信息复核的内容和方法

1. 核对当班次收寄信息的数量

快递员在当班次工作结束后，需检查呼叫中心下单通知，核对本人当班次的预定收寄信息是否已经全部完成收件操作。

2. 核对预定收寄信息与实际收寄信息是否匹配

（1）核对预定收寄信息快件是否已经全部收取。

（2）依照订单信逐一地核对订单信息中的内容是否与快件运单内容一致，核对内容主要包括寄件人姓名、寄件人联系方式、收件人姓名、收件人联系方式、寄递物品内容等信息。

（二）预定收寄信息复核异常的处理方法

1. 预定收寄信息未全部下载

当快递企业信息系统中显示快递员当班次应有 10 条预定收寄信息，而快递员在当班次仅收到 9 条收寄信息的情况时，一般由呼叫中心客服人员针对遗漏信息主动联系寄件人。如果联系到寄件人，首先予以致歉，如果客户仍需发件，则安排快递员尽快上门收取；如果客户取消发件，则再次致歉。

2. 预定收寄信息已下载但未处理

当快递员收到 5 条上门收件订单信息，但实际收件仅有 4 件，则首先要确定此件是否已收取。

（1）如果确定未收取，一般由呼叫中心客服人员针对遗漏信息主动联系寄件人。如果联系到寄件人，则另外预约取件时间；如果没有联系到寄件人，第二天再次联系。如果成功联系到寄件人，首先予以致歉。如果客户继续发件，则安排快递员尽快上门收取；如客户取消发件，则再次致歉。

（2）如不确定是否收取，则应仔细回想此件是否收取，并查找可能遗忘的角落，如交通工具上、背包里、客户处，如仍未确定是否收取，则需要与客户联系确认是否收取。

（三）预定收寄信息复核的意义

预定收寄信息复核是避免因工作中的差错造成客户流失的有效方法。可以有效地防止人为失误而导致的客户不满；也可以及时发现快件问题，及时补救，保障客户的利益，降低客户和企业的损失，减少资源浪费，提高客户的满意度。

四、快递末端网点“6S”管理

“6S”管理模式首先在日本的企业应用。由于整理（Seiri）、整顿（Seiton）、清洁（Seiketsu）、清扫（Seiso）、素养（Shitsuke）的日语罗马拼音均以“S”开头，故最早简称“5S”。我国企业在引进这一管理模式时，加上了英文的安全（Safety），因而称

“6S”管理法。快递企业快递末端网点“6S”管理一般有专人负责，快递员需要积极配合、共同完成。网点的全体工作人员要从以下几个方面完成“6S”操作。

1. 整理

整理是改善作业现场的第一步。将工作场所的任何物品区分为必要和非必要的，必要的留下来，非必要的都处理掉。整理的目的是改善作业环境，增加作业面积，保证作业路径通畅，减少错分、错发等差错事故。

2. 整顿

把留下来的必要物品按使用频率确定位置，定位、定量摆放，并加以标识。使工作场所工具、物料一目了然，缩短寻找物品的时间，消除过多的积压物品。

3. 清扫

维护整理、整顿之后的工作成果，将工作场所清扫干净，使工作现场保持最佳状态。可将作业区域划分若干个责任区，责任到人。

4. 清洁

将整理、整顿、清扫进行到底，并且制度化、规范化，保持工作环境处在美观、清洁的状态。清洁就是创造整洁环境，维持上面“3S”成果。

5. 素养

培养每位员工形成良好的习惯。通过宣传、培训、激励等方法，将外在的管理要求转化为员工内在的素养，使前面的4个“S”固化成每日的习惯，自觉坚持。

6. 安全

重视员工安全教育。贯彻“安全第一、预防为主”的原则，建立防伤病、防污、防火、防水、防盗、防损等措施，消除事故隐患，规范安全操作，确保正常运营。

“6S”管理重在细节，也难在细节，并不是简单地“大扫除”，它是通过规范现场、现物，使现场管理规范化、日常工作部署化、物料摆放标准化、区域管理整洁化、人员素养整齐化、安全管理常态化，是提高服务质量的一个重要环节。

某快递企业快递末端网点“6S”管理制度

某快递企业快递末端网点“6S”管理制度标准如表2-7-1所示。

表2-7-1　某快递企业快递末端网点“6S”管理制度标准

区域	标准
地面墙面	（1）地面区域划分清晰，统一标注区域线、通道线； （2）每季度更新划线，如有40%划线磨损即重新换新； （3）网点操作场地地面保持干净，无垃圾、无积水； （4）拖把、扫把、垃圾桶等清洁工具定位放置，摆放整齐；

续 表

区域	标准
地面墙面	(5) 墙面保持干净整洁，无破损、无蛛网； (6) 墙体张贴物整齐干净，无涂鸦； (7) 未经规划，墙面不得悬挂任何物品
快件	(1) 快件上盘，保证所有快件在托盘上，不能摆放在非指定区域内； (2) 托盘上快件摆放整齐，不能超出货区线； (3) 码放快件时遵循轻拿轻放、大不压小、木不压纸、重不压轻、标签朝外的原则，小件装框，易碎件单独码放； (4) 快件摆放限高 1.5m； (5) 滞留件入笼，无乱堆乱搭
工具物料	(1) 工具、物料定位摆放，摆放区设置“××放置处”标识牌； (2) 工具表面保证干净整洁，制定管理责任人，定期进行点检，如有损坏及时更新维护； (3) 托盘、塑料筐要正面朝上相扣，叠放整齐，累计高度不超过 1.5m； (4) 物料要分类上架，摆放整齐，无杂物堆积
办公区域	(1) 饮水机、垃圾筐定位摆放，摆放区划线； (2) 电脑桌面整洁无灰尘； (3) 地面无垃圾，每日清洗； (4) 人员离开后，椅子必须推入柜台内部； (5) 人员短暂离开，关闭显示器，离开两小时以上，关闭电脑电源
消防器材	(1) 灭火器放入灭火器箱内或悬挂（如悬挂，顶部距离地面 1.5m） (2) 灭火器保持在有效期内，专人负责，定期检查； (3) 消防设施周围 $1m^2$ 内无遮挡； (4) 警示线定位，留出消防通道； (5) 消防应急灯、安全指示牌干净整洁，外观完好，正常使用； (6) 消防器材区域张贴有灭火器操作指引； (7) 消防栓门上有消防栓及火警电话标识、责任人标识、消防设施点检卡； (8) 电线线路无破损、裸露，电线不凌乱，线路无私拉乱接； (9) 设置专用充电区域及线路，区域内电动车摆放整齐、无夜间充电
安全防盗	(1) 安装防盗窗、确保无损坏； (2) 监控设备、摄像头由专人负责，定期检查，确保可使用、显示正常、无故障、无死角

项目三　快件中转作业

任务一　快件中转处理

知识目标

1. 掌握快件中转处理流程。
2. 掌握中转中心作用、功能、作业区域规划。
3. 掌握分拨批次。
4. 掌握中转中心各类常用设备的安全使用。

能力目标

学生能够熟知快件中转处理的流程；能够根据岗位操作规范，进行总包接收、快件分拣、快件封发等环节的处理；能够识别异常快件，并按快递企业规定对异常件进行处理。

一、处理流程

（一）概念

快件中转处理流程，是快件处理员对进入中转中心的快件进行分拨的全过程，包括快件到站接收、分拣、总包封装、快件发运等环节。在快递行业中，所有快件均需要参加中转环节。根据中转中心在快递服务全程中所处的不同位置及所承担的功能，在快件处理方式上存在包进包出、散进包出、包进散出以及散进散出四种方式。

（1）包进包出，是指快件以总包的形式进入中转中心，经分拣封发后，再以总包的形式发往下一环节。包进包出的情况主要存在于图 3-1-1 中的 A 中转中心。此中转中心承担着中转枢纽的功能。

（2）散进包出，是指快件以散件的形式进入中转中心，经分拣封发后，以总包的形式发往下一环节。散进包出的情况主要存在于图 3-1-1 中的 B 中转中心。此中转中心前端连接收寄网点，后端连接另一中转中心。

（3）包进散出，是指快件以总包的形式进入中转中心，经分拣后，以散件的形式发往派送处理点，如图 3-1-1 中的 C 中转中心。

（4）散进散出，是指快件以散件的形式进入中转中心，经分拣后，再以散件的形式发出。此中转中心两端连接收寄网点和派送网点。如图 3-1-1 中的 D 中转中心。

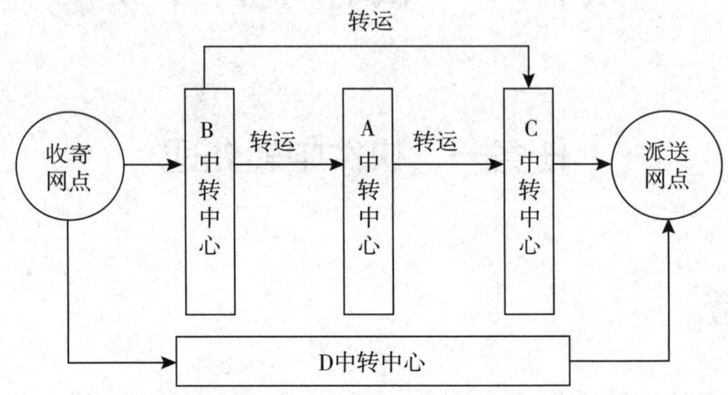

图 3-1-1　快件中转处理流程

（二）处理流程描述（见表 3-1-1）

表 3-1-1　快件中转处理流程具体活动描述

编号	流程	说明
1	引导到站车辆	引导快件运输车辆准确停靠，并核对车牌号码，查看押运人员身份
2	验收车辆封志	检查车辆封志是否完好，核对封志上的印志号码
3	拆解车辆封志	使用不同的工具，按照正确的方式将车辆封志拆解下来
4	卸载总包	把总包快件从运输车厢内卸出，注意安全，按序码放
5	验收总包	查点总包数目，验视总包规格，对异常总包交主管处理
6	扫描称重	对总包进行逐袋扫描比对，称重复核，上传信息并将扫描信息与交接单核对
7	办理签收	交接结束后，交接双方在快件交接单上签章，有争议事宜的在交接单上批注
8	拆解总包	解开总包，倒出包内快件，检查总包空袋内有无漏件
9	逐件扫描	逐件扫描快件条码，检查快件规格，将问题件剔出，交有关部门处理
10	快件分拣	按快件流向对快件进行分类、分拣
11	快件登单	逐件扫描快件的完整信息，扫描结束及时上传信息，打印封发清单（无纸化办公企业可使用电子封发清单）
12	总包封装	制作包牌，将快件装入总包袋并封口
13	总包堆码	将总包按一定要求堆位、码放

续　表

编号	流程	说明
14	办理交运	将建好的总包，按发运车次、路向填制交接单并比对
15	交发总包	交接双方共同核对总包快件数量，检查总包规格、路向
16	装载车辆	按照正确装载、码放要求将总包快件装上运输车辆
17	车辆施封	交接双方当面施加车辆封志，保证封志锁好并核对封志号码
18	车辆发出	交接完毕，在总包快件交接单上签章，引导车辆按时发出

二、中转中心概述

快件中转处理中心（简称“中转中心”）是快件传递网络的重要节点，起着对本区域业务组织管理及与其他区域业务联结的重要作用。在中转中心能实现多项快件作业，包括分拨、分拣、查验、集装等。

（一）中转中心作用

1. 集中作业

中转中心是对快件进行集中操作的场所，主要通过将下属区域的快件集中到中转中心，实现集中式的、规模化的整体作业以及实现机械化、自动化作业，以提高作业效率，降低成本。

2. 衔接作用

中转中心是实现区域与区域之间网络互相联通的节点，可实现不同运输和不同层次网络的衔接。不同运输工具的衔接，主要表现为小批量快件运输通过中转中心集中为大批量快件运输；不同运输方式的衔接，主要表现为陆路运输通过中转中心简单加工操作后转换为航空运输等。

3. 信息作用

中转中心的信息管理包括区域内外各类快件信息的汇总、分类、处理、传输、交换。中转中心统一管理信息平台使各快递网络节点联结成有机的整体。

4. 区域内的组织、管理、结算

中转中心负责对运输线路、运输工具、承运商等营运资源进行开发、管理、考核，实现对区域内营运资源的优化配置。中转中心的管理职能包括协调、管理下属区域，指挥、组织各项快件作业，并对快件作业情况进行监控。一些中转中心还是快递网络的基本结算单位，承担区域内部以及区域与总公司的结算工作。

（二）中转中心功能

1. 集散功能

集散功能即快件的基本运输功能，包括将快件从各分散的片区、快递末端网点运

输到中转中心，以及将分拨到该区域的快件及时运送到各片区、快递末端网点进行派送。

2. 分拣功能

分拣功能即对发运到本区域的快件按照片区、快递末端网点等进行分类。

3. 查验功能

查验功能即根据航空快件运输标准、快件通关规定以及目的国海关的快件监管规章等，对快件的品质、规格进行检查。邮政行业寄递安全三项制度中的“100%过机安检”也在中转中心完成，由专职的快件安检员使用X射线安检仪、邮件快件智能X射线安全检查设备、手持爆炸物/毒品探测仪等设备，对快件进行安全检查。每个快件从收寄到派送至少通过一次X光检查。

4. 操作功能

操作功能包括对快件的再包装，加贴标签、标识，集装处理等快件理货工作。

5. 分拨功能

分拨功能即将快件在中转中心集中后，根据发运目的地进行分类，并安排中转运输的过程。

（三）中转中心作业区域规划

1. 接收作业区

在接收作业区主要完成进站快件的卸货、交接暂存等操作，接收作业区一般分为卸货平台区、总包拆解分类操作区和暂存区等。

2. 快件查验区

在快件查验区主要完成快件的X光检查、品质检查、单证检查、包装检查以及对快件的再包装、加贴标识等操作。对快件查验区要求较高的是以航空运输前端检查或国际快件报关操作为主要操作任务的中转中心；而以转陆路运输或分拨派送为主的中转中心，一般不单独设立快件查验区。

3. 快件分拣区

快件分拣区是中转中心的重要区域，对场地的要求较高，主要设施有自动分拣线、带式传送机以及分拣格架等。

4. 封发作业区

在封发作业区主要完成出站快件的集装、加贴标签、出库、交接装运等操作，封发作业区一般分为装货平台区、集装操作区、待发快件暂存区等。

5. 异常处理区

异常处理区的主要功能是对异常快件的分类存放及集中处理。

6. 库房

一般来说，快件中转中心的库房不以快件仓储为目的，其主要功能是存放快件物料。

7. 办公区

在办公区主要完成信息处理、组织调度、行政管理及信息查询等工作，一般分为信息处理区、调度区、配载区、行政服务区、财务结算区以及计算机室等。

8. 贵重物品暂存区

贵重物品暂存区的主要功能是暂时存放贵重物品和敏感物品。

9. 总包堆码区

总包堆码区的主要功能是卸载中转的总包在该区进行堆码。

（四）分拨批次

为保障快件及时中转和派送，中转中心每天需完成多个不同时间要求、不同目的地的分拨作业任务。在实际作业中将每一个不同时间要求、不同目的地的分拨作业任务称为分拨批次，即中转批次。分拨批次的制定是为保证与运输资源有效、快速、精确的衔接，根据作业资源的情况进行统筹分析，确定每个分拨作业任务的具体时间。

分拨批次的编码由分拨所在地和分拨开始时间组成，分拨所在地按快递末端网点编码规则编写，分拨开始时间以 24 小时制表示。其编码格式如下。

分拨批次：中转中心（中转站）代码+进港（或出港）代码+时间

例如，北京分公司中转中心 4 点 30 分的进港分拨批次表示为：BBKJG0430（见图 3-1-2），意思是 4 点 30 分以前到达北京中转中心的快件开始进行分拨。

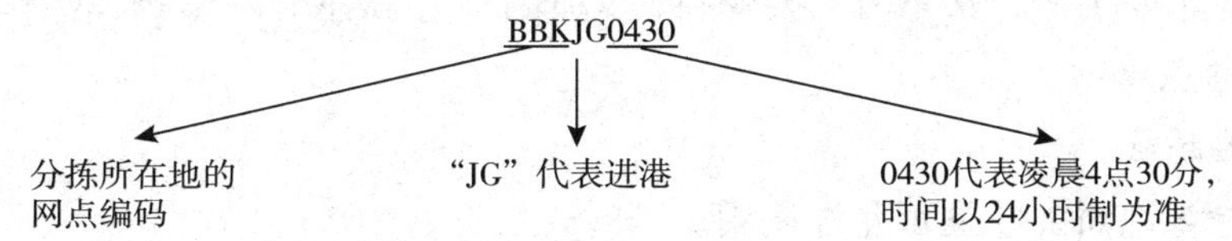

图 3-1-2　分拨批次编码示意

三、中转中心常见设备的安全使用

（一）手动液压托盘搬运车

手动液压托盘搬运车亦称地牛，是一种轻小型的利用人力提升货叉的装卸、搬运设备，用于搬运装载于托盘上的货物。工作时，货叉插入托盘，上下摇动手柄，使液压千斤顶提升货叉，托盘或容器随之离地，然后用手动或电力驱动使之行走，待货物运到目的地后，踩动踏板，货叉落下，放下托盘。地牛多用于仓库收发站台的装卸或车间内各工序间不需要堆垛的场合（见图 3-1-3）。

1. 手动液压托盘搬运车操作

（1）在车辆启动前，安全状态下，舵柄右旋呈 90°，小手柄保持在中间状态。

（2）两臂伸直，双手掌握舵柄，舵柄与地面呈 90°。推动搬运车，使货叉与托盘插槽保持在一条直线上。

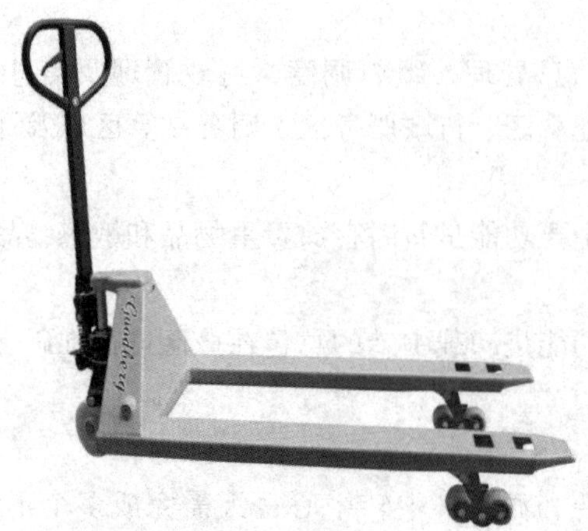

图 3-1-3　手动液压托盘搬运车（地牛）

（3）推进搬运车，搬运车与托盘进行接触，用劲要小，搬运车不能撞击托盘。

（4）下压小手柄之后，将舵柄上下压动，升起托盘。托盘与搬运车间距不能过大，托盘与地面无接触即可。

（5）将小手柄复位，双手拉动搬运车之前，查看后方是否有障碍物。因为若是推动搬运车，前方货物挡住视线，所以此时应采取拉动搬运车的操作。

（6）将托盘运至指定地点时，往上提小手柄，释放液压，货叉放到底部。

（7）搬运车处于静止状态时，要保持搬运车在安全状态，不影响其他作业。

2. 使用注意事项

（1）不要超载。

（2）要检查地面条件是否允许使用。

（3）正确装载货物。

（4）操作时穿戴好安全鞋和手套。

（5）每次使用前做一次彻底的操作检查。

（6）使用正确的举升技术装配机器。

（7）不要忽视在操作过程中可能存在的潜在危险。

（二）平板手推车

平板手推车是人力搬运车，轻巧、灵活、转向方便，但因靠人的体力装卸、保持平衡和移动，所以仅适合装载货物较轻、搬运距离较短的场合使用。平板手推车一般采用自重轻的铝合金作为车体，车轮阻力小而且耐磨（见图 3-1-4）。

由于输送货物的种类、性质、重量、形状、道路条件等的不同，平板手推车的构造形式也是多种多样的。平板手推车是有手推扶手的四轮车，根据手柄的不同，可分为单手柄式、双手柄式、带挡板手柄式、固定手柄式和折叠手柄式等；根据层数不同，可分为单层、双层和三层；根据车底部的不同，可分为平底式和骨架底式。铝合金平

图 3-1-4　平板手推车

板手推车的选择应根据货物的形状及性质决定。

1. 使用注意事项

（1）不要让编织袋、绳子等卷入车轮。

（2）不要超过其最大载重量。

（3）推动时尽量选择好的路况，避免颠簸，减少碰撞，避免用力过猛。

2. 日常保养防护

（1）定时维护，保持手推车表面清洁。

（2）将车放在场地内通风、干燥方便操作处，防止日晒雨淋。

（3）定时打润滑油，检查螺栓是否松动并及时更换磨损车轮。

（三）叉车

叉车可以托取和升降货物，实现对货物的堆垛、拆垛、装卸和短距离的搬运工作。叉车在装卸搬运机械中应用最为广泛。叉车的类型很多，且分类方法有所不同，按动力装置的不同可分为内燃式叉车和电动式叉车；按结构又可以分为平衡重式叉车、前移式叉车、侧面式叉车等。

1. 平衡重式叉车

平衡重式叉车是叉车中应用最广泛的一种，它的特点是货叉在车身的正前方伸出，货物重心落在车轮轮廓之外。为了平衡货物重量产生的倾覆力矩，保持叉车的纵向稳定性，在车体尾部配有平衡量，平衡重式叉车要依靠叉车前后移动才能叉卸货物。由于其结构上无支撑臂，而是以较长轮距和平衡重块来平衡载荷，所以平衡重式叉车的重量和尺寸较大，作业时需要较大的空间。平衡重式叉车的动力较大、底盘较高，具有较强的地面适应能力和爬坡能力，适宜室外作业（见图 3-1-5）。

2. 前移式叉车

前移式叉车具有两条前伸的支腿，支腿前端有两个轮子，货叉可沿叉车纵向前后移动。取货、卸货时货叉伸出，叉卸货物以后或带货移动时，货叉退回到接近车体的位置，因此叉车行驶过程中具有好的稳定性。前移式叉车一般采用蓄电池作动力，起重量在3吨以下。它的优点是车身小、重量轻、转弯半径小、机动性好，不需在货堆间留出空地，前轮可做得较大。缺点是行驶速度低，主要用于室内搬运作业，但也能在室外工作（见图3-1-6）。

图3-1-5　平衡重式叉车　　　　图3-1-6　前移式叉车

3. 侧面式叉车

侧面式叉车的门架、起升机构和货叉位于叉车的中部，可以沿着横向导轨移动。货叉位于叉车的侧面，侧面还有货物平台。当货叉沿着门架上升到大于货物平台高度时，门架沿着导轨缩回，降下货叉，货物便放在叉车的货物平台上（见图3-1-7）。

图3-1-7　侧面式叉车

侧面式叉车作业的主要特点如下。

（1）侧面式叉车门架和货叉在车体一侧，因此在出入库作业的过程中，车体进入通道，货叉面向货架或货垛，这样，在进行装卸作业时不必再先转弯然后作业，这个特点使侧面式叉车适合于窄通道作业。

（2）有利于装卸搬运条形长尺寸货物，因为长尺寸货物与车体平行，不受通道宽度的限制。

（四）托盘

为了使物品能有效地装卸、运输、保管，一般将其按一定数量组合放置于一定形状的台面上，这种台面有供叉车从下部插入并将台板托起的插入口，以这种结构为基本结构的平板台板和在这种基本结构基础上所形成的各种形式的集装器具，都可统称为托盘。

托盘从结构上分类，主要有平托盘、带有上部结构的托盘（立柱式托盘、箱式托盘、笼式托盘等）以及滑板托盘等；从材质上分类，主要有塑料托盘、木托盘、金属托盘、纸质托盘和复合材料托盘等。不同结构及材质的托盘产品，其工艺和生产方法的要求不同，产品标准也不同。下面介绍塑料托盘和木托盘。

1. 塑料托盘

塑料托盘强度高，承受力大，使用寿命长，是现代企业运输、包装、仓储必备的重要容器，是仓储搬运的好助手，可以配合叉车使用（见图 3-1-8）。

（1）特点。

①方便叉车、液压装卸车等搬运工具作业。

②配合防滑橡胶，保证物料在搬运和运输过程中不会滑落。

③自重小，方便物料的集装化、单元化运输，使用寿命长，并且可循环使用。

（2）管理。

①对托盘应加强管理，不可使用破损状态的托盘。如果破损托盘不经修理而照常使用，不仅会缩短托盘的寿命，而且还有可能导致快件破损和人身事故。

②托盘的破损大多有以下原因：叉车司机驾驶操作不规范，货叉损伤盘面；人工装卸空托盘时，托盘跌落，造成损伤。这些情况在操作过程中应加以避免。

（3）维护保养。

①定时维护，保持塑料托盘表面清洁。

②将其放在场地内通风、干燥及方便操作处，防止日晒雨淋。

2. 木托盘

木托盘，是以天然木材为原料制造的托盘，是现在使用最广的托盘（见图 3-1-9）。

图 3-1-8　塑料托盘

图 3-1-9　木托盘

使用木托盘应注意以下事项。

（1）存放木托盘的厂房要保持干净卫生，而且要随时注意通风，使木托盘存放在干燥的环境下，防止腐烂。

（2）易燃品、易爆品或违禁品严禁带入仓库，在仓库的外侧要有明确的标志，而且还要有专门的人员进行检查。这点尤其需要注意，因为木托盘是木材原料，而且干燥，极易点燃导致火灾发生，造成大量的财产损失和人员伤亡。

（3）木托盘如果破损，要及时进行相应的维护修理。

（五）笼车

笼车底部有可以转向的轮子，且四周是用铁栏或铁网固定的。作为物品的承载和搬运工具，笼车便于机械化搬运和短距离人力移动，确保物品在搬运过程中不受损坏，同时确保工作人员安全。笼车可以与周转箱、编织袋或物流容器配合使用，实现单元化管理，还可以附标志牌，明确作业流程。笼车带有安全皮带固定杆，装卸速度快，可连同货车做全程运送（见图 3-1-10）。

图 3-1-10　笼车

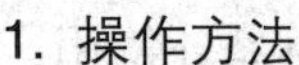

1. 操作方法

（1）将笼车移动至需要装件的位置，并用操作片固定。

（2）将快件放入笼车内。

（3）快件装满后上锁或用封车条封住车门。

（4）打开操作片，移动至指定位置。

2. 注意事项

（1）不宜装体积过大或过重的快件。

（2）上锁或封笼应在上面的活动门处操作，并确定下面的活动门已被固定。

3. 维护保养

（1）每次使用时要检查笼身是否完好，轮子是否正常。

（2）每周彻底检修、清洗一次。

（六）航空集装器

航空集装器是航空货运专用的容器，是根据每种机型的机身尺寸设计而成，既可充分利用空间，又使装卸方便快捷。航空集装器主要分为两种类型，即航空集装箱和航空集装板，如图 3-1-11 所示。航空集装箱类似海运集装箱，但由于使用的飞机型号不同，所以形状和尺寸不同。根据不同的装载用途，航空集装箱也有冷藏、侧开、密闭或通风等功能。航空集装板的金属平面主要由铝制成，在飞行过程中使用网套将货物固定在板上。装载的货物按照飞机货舱的形状放置，能够充分利用储存空间。

（a）航空集装箱

（b）航空集装板

图 3-1-11　航空集装器

1. 特点

（1）减少快件装运的时间，提高工作效率。航空集装器是指将快件单件集合成组，装入箱内，使运输单位加大，便于机械操作，从而大大提高装卸效率，并减少装卸人员的劳动强度。

（2）减少快件周转次数，提高完好率。进行转运时，不必拆箱，对航空集装器进行装卸搬运操作，而不必直接对快件进行操作，这样可以减少快件损坏，提高完好率。

（3）减少差错事故，提高运输质量。采用集装设备，快件处理员可以提前按快件的到达站和种类进行集装，成组上机或下机，减少差错事故的发生率。

（4）航空集装器箱体较为坚固，对快件有保护作用。航空集装器结构坚固，强度很大，对快件有很好的保护作用，即使经过长途运输和多次换装，也不易损坏箱内快件，也不怕中途偷窃，基本保证了快件运输质量。

2. 使用前的检查

（1）检查航空集装器各个角是否接缝紧密，各面不能有破损。

（2）门必须能关牢。

（3）检查固定装置是否牢固。

3. 注意事项

（1）在装箱时尽可能使重量均匀分布于集装器底板上。在装卸航空集装器时，若偏心荷重，可能有倾斜或翻倒的危险。

（2）利用航空集装器集装快件时，要注意快件的性质或重量是否会对其他快件产生有害影响。

（3）在抬升、移动、装载航空集装器时，一定要确保各种固定设施都已经使用。

（4）不能直接在地面上拖拉航空集装器，应利用专门的装置进行移动。

（七）输送机

1. 输送机分类

输送机是在一定的线路上连续输送物品的输送设备，又称连续输送机。输送机种类繁多，主要有带式输送机（见图 3-1-12）、链板输送机（见图 3-1-13）、滚筒输送机（见图 3-1-14）、悬挂输送机（见图 3-1-15）等。

图 3-1-12　带式输送机

图 3-1-13　链板输送机

图 3-1-14　滚筒输送机

图 3-1-15　悬挂输送机

带式输送机在快件处理场地被大量使用。一方面，合理的场地规划与带式输送机的合理布局，保证了分拣工作高效、有序地进行；另一方面，带式输送机的使用大大减少了快件搬运工作，降低了劳动强度。带式输送机是根据皮带与其他物体之间在相对运动时存在摩擦力的原理而制成的。根据不同的需要可做成固定式、移动式、伸缩式，带面可对水平角度和有一定的倾斜角度的物体进行传输。

2. 注意事项

（1）开机前要注意带式输送机上有无工作人员，防止发生安全事故。

（2）机器运转时要有专人控制开关按钮，遇到危急情况立即关机。

（3）作业时严禁工作人员踩踏皮带，防止发生安全事故。

（4）严禁在带式输送机运转时从机器下面捡掉落的快件，防止发生卷手事故。

（八）交叉带式分拣机

交叉带式分拣系统，由主驱动带式输送机和载有小型带式输送机的台车（简称

“小车”）连接在一起，当小车移动到所规定的分拣位置时，转动皮带，完成把商品分拣送出的任务。主驱动带式输送机与小车上的带式输送机呈交叉状（见图 3-1-16）。

交叉带式分拣机由自动上包系统、主机运行系统、动力电源系统、条码自动识别系统和计算机控制系统等组成。适宜分拣各类小件快件，如文件封类、电商小包裹、纸箱包装快件等。分拣出口多，可左右两侧分拣。

图 3-1-16　交叉带式分拣机

1. 结构

（1）自动上包系统由上包平台、理包台、上包机和控制系统组成。

（2）主机运行系统由机架轨道、交叉带式小车及格口滑槽组成。

（3）动力电源系统主机通过变频器控制直线电动机，通电后，直线电动机产生磁力推动小车极板使小车前进。

（4）条码自动识别系统在快件经过扫描通道时对快件进行扫描，并将扫描信息送计算机控制系统处理，根据分拣要求，快件落入相对应的格口。

（5）计算机控制系统负责交叉带式分拣机硬件控制以及相关信息的处理。

2. 工作步骤

（1）在分拣作业开始前，首先要处理拣货信息，快递分拣作业应当依据订单处理系统输出的分拣单形成拣货资料，然后进行分拣作业。

（2）通过自动分类机的信息输入装置，将有关货物及分类信息输入自动控制系统。

（3）自动分拣系统利用计算机控制中心技术，将货物及分类信息进行自动化处理，并形成数据指令，传输至分拣作业机械（常见的分拣作业机械有交叉带分拣、滑块式分拣机、摆轮分拣机、摆臂分拣机等）。

（4）利用分拣机条码技术、射频识别技术等自动识别装置，对货物进行自动化分类拣取，当货物通过移栽装置移至输送机上时由输送系统移至分类系统，再由分类道口排出装置按预先设置的分类要求将快递货件推出分类及，完成分拣作业。

3. 注意事项

（1）开机前要注意设备上有无工作人员，防止发生安全事故。

（2）机器运转时要有专人控制开关按钮，遇有危急情况立即关机。

（3）掌握设备运行规律，发现故障和异常现象，立即停止运行，及时通知维修人员。

（4）不允许将不具备分拣条件的快件（如超大快件、包装有问题的快件）放到分拣机上。

顺丰小哥张裕获“中国青年五四奖章”

36岁的张裕是一名退役军人和党员，2019年3月，他入职湖北顺丰武汉唐家墩营业点，当起了“快递小哥”。

2021年12月10日，张裕在揽件途中遇到一户居民楼突发火灾，两个大人和一个孩子站在三楼阳台上等待救援。有人提议，把孩子丢下来，但张裕等不及了，于是他沿着一楼的窗户开始往上爬，他爬到了二楼，站在窗沿上，向三楼阳台伸出手。张裕一把揪住孩子的衣服，牢牢搂住孩子的身体，将其安全地送进了二楼屋内。然后又将两名大人依次救下。随后，消防员迅速赶到现场处置。

在一阵欢呼声和竖起的大拇指中，张裕骑上电动车打算默默离开。几名居民拦下他想给他拍照，张裕说：“没有多大个事，叫我顺丰小哥就行。”从下午开始，陆续有媒体给张裕打电话要采访他。直到晚上10点回家后，张裕才发现左脚崴了，拇趾已经红肿，他简单涂上药。

“武汉市优秀消防志愿者”、武汉市“最美快递员”、江汉区“见义勇为先进个人”、武汉市“五一劳动奖章”、“荆楚楷模·最美退役军人”。他的荣誉接踵而至。无数青年在实现中华民族伟大复兴的征程上完成了从“生力军”到“主力军”的转变，一代又一代青年的成长历程，诠释了中国青年的理想与追求、责任与担当。

任务二　总包接收

1. 掌握总包交接验收内容、注意事项。
2. 掌握车辆封志的种类和拆解。
3. 掌握总包交接验收、信息比对及不符情况的处理方法。
4. 掌握场站提货的要求。
5. 掌握航空总包异常处理方法。

能力目标

学生能够完成总包交接验收，辨识和拆解车辆封志，进行总包验视，并能对有问题的总包和封志进行处理。

一、总包交接验收

（一）总包的概念

总包是指将寄往同一寄达地（或同一中转中心）的多个快件，集中装入的容器或包（袋）。总包经封扎袋口或封裹牢固形成一体，便于运输和交接。

（二）交接验收的内容

中转中心快件处理员在办理汽车到站快件接收时，需要进行以下工作。

（1）引导快件运输车辆安全停靠到指定的交接场地。

（2）核对快件运输车辆牌号，查看押运送件人员身份。

（3）检查快件运输车辆送件人员提交的交接单内容填写是否有误。

（4）核对到站快件运输车辆的发出站、到达站/终到站、到达时间，并在交接单上批明实际到达时间。

（5）检查车辆的封志是否完好、卫星定位系统记录是否正常。

（6）核对总包数量与交接单载明信息是否一致。

（7）检查总包是否有破损等异常现象。

（8）交接结束后，在快件交接单上签名盖章。

（三）交接验收注意事项

（1）要引导车辆停靠在指定的交接场地，同时注意车辆和人身安全，特别要注意工作人员在引导车辆时不能站在车的正后方。

（2）要核对交方车辆和押运人员的身份是否符合业务要求。

（3）检查交接单的内容填写是否完整、有无漏项以及章戳签名是否规范正确。

（4）明确车辆的到达时间。

（5）检查车辆封志是否正常，有无拆动痕迹，卫星定位信息有无非正常停车或非正常开启车门的记录。

（6）必须在交接单上注明接收时间。

（7）如果总包数量与交接单信息不符，需双方当面查清核实或在交接单上批注实收数量。

二、拆解车辆封志

（一）车辆封志概念

车辆封志是固封在快件运输车辆车门上的一次性封验工具，其作用是防止车辆在运输途中被打开，保证已封车辆完整地由甲地运到乙地。封志是快件运输途中保证安全、明确责任的重要手段。车辆封志的使用应遵循以下要求。

（1）装好车后，必须将封志号码填入路单相应栏目，装车人员负责检查核对。

（2）封车时如果车辆封志损坏，装车人员必须拿坏的封志和路单到封志管理人员处更换，否则不能领取；换封志时，必须同时更改路单上的封志号码，确保路单号和车门封志号码相对应。

（3）场地装发完毕后，装发人员与押运人员共同对车厢进行施封；押运人员或司机应对封志号码进行检查核对，并在路单上签字确认。

（4）车辆到达总包接收部门后，接收部门操作人员应先检查封志是否完好，并核对封志号码与路单记录的封志号码是否一致，之后签字确认。

（二）车辆封志种类

车辆封志大体上可分为两大类：一类是实物封志，是有形的封志；一类是信息封志，是无形的封志。

1. 实物封志

实物封志是传统的封志，也是目前绝大多数快递企业普遍使用的封志。实物封志成本较低，但是操作相对烦琐，且大多不能重复使用。

实物封志从材质上主要可分为以下三类：一是纸质类，如封条、封签等；二是金属类，如铅封、施封锁等；三是塑料类，一般称塑料封志（见图 3-2-1）。快递企业经常使用的是金属类和塑料类的封志。

图 3-2-1　塑料封志

2. 信息封志

信息封志是全球定位系统（GPS）与地理信息系统（GIS）结合的信息记录。它通过对车辆的运行和车门的开关进行即时记录来明确责任，事实上起到一种震慑作用。信息封志操作简单，但是技术要求高、投资大。

（三）拆解车辆封志

不同材质的车辆封志，拆解方法略有不同。对于施封锁，交接人员应该使用施封锁专用钥匙开启，并妥善保管钥匙以备查询及循环使用；对于金属封志、塑料封志等，交接人员应该使用剪刀或专用钳来拆解封志，剪开封绳。

拆解车辆封志，首先，要认真检查封志是否已被打开，封志上的印志号码或封志标签是否清晰可辨，如果封志印志模糊、反扣松动能被拉开，则需要在交接单上进行批注；其次，扫描封志上的条形码并与上一环节所发信息比对；最后，在拆解时，需要注意不得损伤封志条码或标签。

车辆封志典型案例

近年来，随着我国快递业的迅猛发展，快递从业人员窃取快件的侵财犯罪时有发生。司法实践中，对该类行为的定性争议较大，特别是对快件处理中分拣、装卸环节窃取快件的行为，应认定为盗窃罪还是职务侵占罪认识不一，以致出现同案不同判现象。盗窃罪与职务侵占罪最本质的区别是前者必须转移占有，而后者无须转移占有。因此，职务侵占罪的客观行为表现为侵吞基于职务已经占有的本单位财物，不包括窃取、骗取等转移占有的方式。在对快递员窃取型侵财犯罪定性时，先要考察行为人是否基于职务已经占有了本单位的财物，在此基础上再结合快递服务的运作流程特点做出准确认定。

在快件处理环节中，装卸货、拆包、分拣、封装等快件处理作业主要是流水线操作方式，且全程监控，这无疑体现了快递企业对快件具有现实的支配控制，虽然分拣员、搬运工短暂接触、过手快件，在物理上的确占有了快件，但从规范认同度上，其物理性事实占有仅是辅助快递企业实现对快件的控制，且快递企业亦未赋予其代为保管的工作职责。因此短暂接触、过手快件并不能认定其已基于职务占有了快件，在分拣、搬运过程中窃取快件的，应认定为盗窃罪。

根据快递业务流程，快件处理的最后环节，寄往同一寄达地（或同一中转中心）的多个快件，要集中放置在袋箱或容器中并予以封扎，这称为总包的封装。总包装载到指定的运输工具上后，发运人与运输人员进行交接，由发运场地负责人将车辆封志加封在车门指定位置，运输人员监督车辆施封过程，双方在交接单上签字确认。可见，经封志的车辆已经具有了封缄物的性质。根据封缄物的占有归属区别说，即包装物归受托人占有，内容物归委托人占有，封缄物的外包装，即车辆，由运输人员占有，车辆内的快件由快递企业占有。运输人员拆除车辆封志取走快件，即打破了快递企业对快件的占有，构成盗窃罪。如果在同城运输的场合，车辆未经封志，也无押运人员，表明快递企业已委托运输人员代为保管运输中的快件，运输人员基于职务占有了快件，其侵吞车辆内快件的，应构成职务侵占罪。

三、总包接收处理

（一）总包接收验视

接收进站总包是处理环节的总进口，中转中心必须严格把关，进行一丝不苟的检查，守住“大门”。接收验视总包时，应将总包实物信息与信息系统内信息进行比对，对异常情况要当场及时处理，明确责任。

总包接收验视的内容主要包括：总包发运路向是否正确；总包规格、重量是否符合要求，是否与交接单上的重量一致；袋牌或标签是否有脱落或字迹不清、无法辨别的现象；总包是否有破损或拆动痕迹；总包是否有水湿、油污、出现异味等现象。

（二）总包与系统内信息比对

（1）用条码扫描器逐一扫描总包袋牌或标签上的条码，防止漏扫和误扫，条码污染、受损无法扫描时，应手工键入条码信息。

（2）扫描过程中挑出有破损、拆动痕迹或水湿、油污的总包。

（3）扫描结束后，通过系统内比对功能与上一环节装车时的总包信息进行比对，检查总包有无漏发、误发。

（三）总包与系统内信息不符情况处理

通过与信息系统内的信息进行比对，比较总包实际情况与系统内信息是否相符，如果不相符，需要根据具体情况分别处理。不符的情况主要包括路向不符、数量不符和重量不符等。

1. 路向不符

扫描所有总包后，与系统内数据进行比对，出现总包发运路向与系统内信息不一致的情况一般是由上一环节误装车造成的。

2. 数量不符

扫描所有总包后，与系统内数据进行比对，实际总包数量多于或少于信息系统中的总包数量的情况一般是由上一环节多装或少装造成的。

3. 重量不符

对总包进行称重，总包的重量与信息系统内重量不符。这种情况一般是由总包内快件误封或短少造成的。

总包与系统内信息不符意味着快件封发、运输过程中发生了差错，必然会影响快件的时效，进而影响企业的信誉，在处理过程中应尽力避免这种情况。

（四）总包卸载

总包卸载是将进站总包从快件运输车辆上卸载到处理场地的作业过程。卸载总包时要按规定搬运，不得有猛拉、拖拽、抛扔等任何有可能损坏快件的行为。

1. 装卸搬运的合理化原则

（1）减少装卸搬运次数。

（2）缩短移动距离。

（3）作业衔接流畅。

（4）实现机械化作业。

2. 搬运方法

搬运方法一般包括人力负重搬运、人力设备搬运、叉车搬运、输送带传送等。

四、场站提货

提货人须提供运单号码、单位介绍信（收货人为单位）、收货人及提货人本人有效证件原件办理提货手续。有效证件丢失，也可根据派出所开具的身份证明，加盖派出所公章作为提货有效证件。若代他人提货，则需准备运单上提货人有效证件和代提人有效证件。

五、航空总包异常处理

（一）取包少件

取包少件是指提取总包时发现实际到达的快件总包数量少于航空提货单上的总包数量。

1. 原因分析

（1）由于交发总包时未点清数量，航空提货单上数量错误。

（2）由于安检扣件或部分落货导致到达快件总包数量少于实际封发总包数量。

2. 处理方法

（1）接发员确认快件外包装航空标签上件数情况，请机场提货处查看是否有快件遗漏在机场仓库，同时与航空提货处协商提货事宜。

（2）如果机场同意提取总包，接发员应及时提取，并在航空提货单上注明实提数量及少提数量；如果机场不同意提取总包，则由发货方航空部门通过出港航空公司发送传真至到港提货处确认实际发件件数，对少件原因进行查询，并确认提货事宜。发货方航空部门将情况反馈至提货方航空部门，接发员及时提取快件并在航空提货单上注明实提件数及少提件数。

（3）提货完毕后，通过与信息系统内数据对比，查找出少提快件的详细资料。

（4）提货方航空部门在提货现场完成操作之后，尽快在信息系统中填写提货信息，对于提货中出现的单货不符情况进行异常登记，选择异常类型，详细说明异常原因、异常内容等信息。

（5）接发员对少提快件进行跟踪寻找。

（6）快件遗失 1 个月后仍无法查找到具体下落时，由接发员至航空提货处，凭航空提货单开具航空公司的遗失证明。

（二）取包多件

取包多件是指提取总包时发现实际到达的快件总包数量多于航空提货单上的数量。

1. 原因分析

（1）由于交发总包时未点清数量，航空提货单上件数错误。

（2）到达件数多于实际发件数，导致实际到达的件数多于航空提货单上标明件数。

2. 处理方法

（1）接发员确认快件外包装航空标签上件数情况。

（2）接发员确认发货方航空部门发件情况。

（3）若航空提货单标明的件数错误，则由发货方航空部门通过出港航空公司确认，接发员提取多出的快件；如果提货时间紧张，无法及时提取多出的快件，为不影响整体作业计划，应留待下个提货批次提取快件。

（4）若到达件数多于实际发件数，接发员须确认多出总包内快件是否为本企业快件，如非本企业快件，应归还航空公司，不得私自拆封多出快件，更不得将快件占为己有；如非本企业快件，但已提回企业，仍须及时归还航空公司。

（三）取包破损

取包破损是指提取总包时发现总包包袋或总包单件外包装破损。

1. 原因分析

（1）由于快件包装不当导致外包装破损。包装不当包括包装材料强度不够、过度包装等。

（2）由于野蛮装卸、搬运导致外包装破损。

2. 处理方法

（1）总包单件出现外包装破损，应由接发员确认快件破损程度，若破损处可能导致内件外漏，须当场拍照，并要求航空公司开具破损证明，然后将异常信息上报航空部门。

（2）总包出现外包装破损，导致内装快件外漏的，应立即拍照，当场拆解总包，清点快件或利用条码扫描器逐件扫描进行件数统计，如果内装快件件数少于袋牌标明的件数，经确认后要求航空提货处开具破损、少件的证明，并将异常信息上报航空部门。

（3）破损异常操作处理完后，应尽快在信息系统中填写提货信息，同时新增提货破损异常登记，选择异常类型，详细说明异常原因、异常内容等信息。

（四）有件无提单

有件无提单是指提取总包时发现快件配载航班已到达，快件总包也同时到达，但航空提货单未到。

1. 原因分析

(1) 航空提货单错发目的地。

(2) 航空提货单未装机，或因人为原因途中遗失。

2. 处理方法

(1) 接发员及时通知航空部门信息处理人员，信息处理人员在接收到异常信息后及时联系发货方航空部门。

(2) 发货方航空部门收到异常信息反馈后，将航空提货单传真至提货方航空部门。

(3) 接发员凭航空提货单传真件至提货处办理提货手续提取快件。

(4) 提货完成后，信息处理人员在系统中填写提货信息，增加“有货无单”异常登记。

(五) 有提单无件

有提单无件是指提取总包时发现快件配载航班已到达，也有航空提货单，但快件未到达。

1. 原因分析

航班快件落货。

2. 处理方法

(1) 接发员向航空提货处确认此航班快件是否已核对完毕，前往查询柜台询问具体情况并提供航空提货单号码以确认快件配载情况。

(2) 接发员无法得到快件实际配载情况下，应联系发货方航空部门通过出港航空公司查询异常原因及正确航班号，并将确认信息反馈至提货方航空部门安排提货。

(3) 在信息系统中填写提货信息，增加“有单无货”异常情况记录。

(六) 总包单件无详情单

总包单件无详情单是指总包单件在运输途中丢失详情单。

1. 原因分析

(1) 快递员收件环节详情单粘贴不牢固，导致详情单丢失。

(2) 在运输过程中操作不规范，造成详情单脱落。

2. 处理方法

(1) 接发员应尽快将总包单件提取回企业，通过信息系统对比，确认单号，补齐系统内记录；如果无法确认单号，须将此件航班号、快件详情、重量、尺寸、外包装照片等信息上报业务主管并发布在内部网上，待相关业务区确认单号后及时参加中转。

(2) 信息处理人员尽快在信息系统中填写总包单件无详情单的异常记录。

(七) 部分落货

部分落货是指提取总包时发现部分总包或总包单件未跟随航班到达。

1. 原因分析

因为飞机舱位限制，导致部分总包或总包单件未配载原计划的航班，而改配其他航班。

2. 处理方法

（1）发货方航空部门及时对航班发出及快件配载情况进行查询。

（2）如发现异常情况，立即通知出港航空公司进行处理，便于快件到达后能第一时间提出，同时确认所落总包或总包单件改配的航班号，及时将异常信息反馈至提货方航空部门。

（3）若接发员未收到任何异常反馈，提货时才确认部分落货，则应与机场协商提取事宜。

（4）若机场同意提取，接发员应及时提取总包或总包单件，并在航空提货单上注明实提件数及少提件数。

（5）若机场不同意提取，则应由发货方航空部门通过出港航空公司发送传真至到港航空公司确认实际发件件数，并确认提货事宜，发货方航空部门将传真情况及所落快件改配航班号反馈至提货方航空部门，通知接发员凭传真至货运处办理提货手续，接发员及时提取快件并在航空提货单上注明实提数及少提数。

（八）航班延误或取消

航班延误或取消导致快件不能按时到达。

1. 原因分析

由于不可抗力原因，比如天气状况恶劣、能见度低、雷雨、大雾天气或出现航空管制，都可能会造成航班延误甚至取消。

2. 处理方法

（1）接发员等待通知，由航空部门负责此航班跟踪情况并及时反馈结果。

（2）若航班取消应及时与发货方航空部门联系反馈，同时跟踪改配航班情况。

（3）提货完毕后，须及时上报航班延误原因并在信息系统中注明。

任务三　快件分拣

1. 掌握总包拆解、异常处理、特殊快件处理方法。
2. 掌握快件分拣方法及主要事项。
3. 掌握快件中转关系。
4. 掌握快件差异报告的缮制及回复。

能力目标

学生能够完成总包拆解、异常处理、特殊快件处理方法；能够按照直封和中转的要求进行快件分拣，能够正确处理滞留快件，处理快件差异。

一、总包拆解

总包拆解，就是开拆已经接收的进站快件总包，将快件由总包转换为散件。总包拆解实质上是对总包内快件的接收，其特点是交接双方不是面对面的当场交接，而是一种“信誉交接”。因此，为了能够分清交接双方的责任，要求对上一环节封装的快件总包开拆后，还能恢复其“原始状态”。所以，开拆总包时，对封扎总包袋口的扎绳必须严格按规定操作；对总包空袋的袋身必须严格检查，并妥善保管，不得随意乱扔。这样，一旦出现问题件，有利于辨明拆封双方的责任。总包拆解主要分机械拆解和人工拆解两种方式。

（一）机械拆解

机械方式拆解总包，是指利用机械设备把总包悬挂提升，实现人机结合拆解总包的一种方式。利用机械拆解可以大幅减轻拆解人员的劳动强度，提高劳动效率。目前，快递企业采用的总包拆解机械设备主要有简易提升机（电动葫芦）、推式悬挂机等机械设备。

1. 安全要求

（1）作业前，根据使用的设备，操作人员应按要求着装，留有长发的女工要把头发盘起，戴好工作帽，头发不能外露，以免卷入机器。

（2）设备开启后，检查本工作台设备运行是否正常。

（3）如果快件总包体积和重量超过规定限度，不得使用机械拆解，要注意剔出，改手工方式处理。

（4）应根据拆解出的快件的体积和重量按设备的使用要求分类，进行摆放。

（5）严禁将其他与设备无关的物品放在设备上，不得使用任何物品刻划、摔打设备。

（6）严禁无故使用急停开关或中断设备电源。

（7）如果总包拆解设备非正常运转或停止运转，拆解人员均不得自行处理，应通知专业人员进行维修。

（8）设备运转时，严禁身体任何部位接触设备。

（9）作业结束，清理设备场地，关闭开启按钮。

2. 机械方式拆解总包操作步骤

（1）验视快件总包路向，将误发的总包剔除出来。

（2）使快件总包袋依次进入开拆轨道，处理完一袋总包后再开拆下一袋总包。

（3）拆塑料封志时，拴有包牌的一面剪口剪在扣齿处、保持包牌不能脱落。

（4）扫描包牌条码信息。扫描不成功或无条码的，手工键入总包信息。

（5）核对拆出的封发清单登记内容。

（6）逐件扫描快件条码，与接收的信息进行比对。

（7）每个总包开拆完毕，将快件贴有运单的面向上，整齐放到传输机上进行传输分拣。

（8）拆解易碎物品总包时，调整升降高度，将总包袋口接近工作台，轻拿轻放，取出快件后，检查快件有无水湿、渗漏、破损等情况。

（9）如果快件总包内有保价快件、优先快件，验视快件包装，将运单填写的内装物品名称与清单相核对，单独封发处理。

（10）将不能机械化分拣的快件，转交其他工作人员进行手工处理。

（11）快件总包拆解完毕后，检查总包空袋内有无遗留快件、清单后，将总包空袋移出作业台。

（12）拆解时遇到问题件及时通知主管处理。

（13）拆解结束，注意将拆解实际件数（拆解系统统计）与系统信息进行比对。

（14）工作结束，关闭设备电源，退出拆解系统。

（15）检查作业场地周围有无遗漏快件，清扫作业场地，上缴扫描工具、专用钳等用品用具集中保管。

（二）人工拆解

人工拆解总包是比较普遍的方式，绝大多数快递企业都采取人工拆解总包的方式。随着技术的发展，也有一部分资金雄厚、业务量大的快递企业开始逐步采用机械设备拆解总包。无论采用何种拆解方式，其作业流程和操作步骤基本相同。人工拆解总包的操作步骤及要求主要如下。

（1）验视总包路向，并检查快件总包封装规格，不能拆解误发的总包，应剔除出来交作业主管。

（2）扫描包牌条码信息。扫描不成功或无条码的，手工键入总包信息。

（3）拆解塑料封志时，剪口应在拴有包牌一面的扣齿处，以保证包牌不脱落。

（4）倒出快件后，应利用三角倒袋法或翻袋法等方式检查总包空袋内有无遗留快件。

（5）检查由容器内拆出的封发清单所填写内容是否正确，并将快件封发清单整齐存放。

（6）如有易碎快件，必须轻拿轻放，小心地从容器中取出。

（7）逐件扫描快件条码，同时验视快件规格。

（8）拆出的破损、水湿、油污、内件散落等快件以及不符规格的快件，应及时交作业主管处理。

（9）区分手工分拣快件和机械化分拣快件，将需要机械分拣的快件运单向上，按顺序摆放。

（10）超大、超重不宜机械分拣的快件和破损、易碎物品快件要单独处理。

（11）拆解结束时，检查作业场地有无遗留快件和未拆解的总包。

（三）总包拆解异常情况处理

在总包拆解中会遇到一些异常情况，包括：总包内快件与封发清单不一致；未附封发清单；拆出的快件有水湿、油污等；拆出的快件外包装破损、断裂、有拆动痕迹；拆出的快件封发错误；封发清单更改划销处未签章；详情单条码污损不能识读；快件详情单地址残缺；有内件受损并有渗漏、发臭、腐烂变质现象发生的快件。总包拆解过程中，可能会存在严重异常情况，如快件多件破损或内件混杂，必须及时解决。

1. 多件破损

（1）原因分析。

①由于封发环节对快件包装没有进行仔细检查，快件包装不够坚固，导致多件破损。

②由于快件在车厢内没有按照“大不压小、重不压轻”的原则进行摆放，碰撞挤压导致多件破损。

③有尖锐棱角的特殊形状快件穿透包装，刺破其他快件包装，导致多件破损。

④卸载后由于拖车翻倒，多个总包碰撞挤压导致多件破损。

（2）处理原则。

①及时性原则：是多件破损异常情况处理的第一原则，只有及时处理，才能避免破损扩大，使造成的损失和影响降到最小。

②责任清晰原则：是指根据问题产生的原因分清责任，分别追究。

（3）处理方法。

在总包拆解过程中，发现总包中多个快件出现破损，应根据不同情况加以处理。多个快件破损如果均为较小破损，不影响运输，可以直接进入分拣环节；如影响运输，应进行加固包装，再进入分拣环节。对于有尖锐棱角的快件，处理时首先应注意安全，并将其棱角进行防护性包装，避免其在运输过程中继续损坏其他快件。

2. 内件混杂

（1）原因分析。

①由于快件包装不够坚固，导致严重破损，内件散落出来，混在一起。

②快件在车厢内碰撞挤压导致多件破损严重，内件散落出来，混在一起。

（2）处理原则。

①及时性原则：发现内件混杂必须及时处理，根据运单将散落的内件归拢，重新进行封装，避免混杂情况的加重。

②准确性原则：根据运单上填写的内件物品名称和重量将相关物品单独隔离、准确遴选，确定快件内的正确物品，在监控下双人会同封装。同时应及时、详细地进行记录，并进行拍照及录像，以便留存。

③客户至上原则：出现内件混杂是比较严重的情况，应保护客户利益，对快件进行妥善处理，尽量减少客户损失，对于内件混杂导致的快件损失应该加以赔偿。

（3）处理方法。

①对于内件混杂总包，首先进行拍照，会同作业主管在监控下根据总包清单清点所有破损快件运单，然后对照运单查找每个快件内物品，并进行称重复核。

②如果重量基本一致，由包装人员对快件重新包装，进入下一环节；如果重量与运单上重量相差较多，说明内件可能遗失，应与上一环节联系，查找丢失的物品，并追究相关人员责任。

③将情况上报客服部门，对出现问题的所有快件单号、收寄方地址及内件进行记录。

④如果发现散落出的内件中有禁限寄物品，应及时报告作业主管，根据规定加以处理。

⑤如果混杂的内件发生渗漏，应立即进行隔离，以防污染其他快件，然后通知相关人员与发件人沟通联系。

（四）特殊快件处理

1. 优先快件处理方法

所谓优先快件，是指因时限要求或客户有特殊要求等，需要优先处理的快件的统称。为了保证服务质量，在整个处理流程中对于优先快件要优先处理、及时处理，确保时效性要求。

（1）优先快件主要类型。

①时限要求高的快件。如果同时有即日达、次日达快件需要发送，应优先发送即日达快件。

②客户明确要求在规定时间内送达的快件。

（2）处理方法。

①接收优先快件总包应验视发运路向是否正确，根据赶发班次顺序开拆处理，优先快件不得与其他快件混合开拆分拣。

②验看优先快件总包内是否全部是优先快件。

③优先快件是否正确粘贴“优先快件”“即日达”或“航空件”贴纸。

④检查快件包装是否完好，有无污损等情况。

⑤优先进入分拣环节，提醒分拣人员注意优先快件。

2. 保价快件处理方法

由于保价快件是价值较高或客户非常重视的物品，同时快递企业承担更多的赔偿责任，因此应单独放置接收的保价快件总包，加强管理。保价快件总包处理方法如下。

（1）接收保价快件总包应认真执行交接验收制度，接收验视应比普通总包更加严格。在指定区域或指定窗口交接，尤其应注意总包是否破损或有拆动痕迹。

（2）保价快件不得与其他快件混合开拆分拣。

（3）保价快件总包应两人会同开拆处理，对照封发清单，逐件进行核对，防止快件丢失损毁，并注意快件外包装是否破损或有拆动痕迹。如果快件外包装有破损或有拆动痕迹，应上报作业主管，由指定部门在监控范围内开箱验视，并在交接单上签字盖章。

（4）对保价快件必须逐件称重，及时发现保价快件重量变化。如果快件重量减轻或内件短少，应上报作业主管，由指定部门在监控范围内开箱验视，并在交接单上签字盖章，由发现短少的上一环节承担责任。

（5）保价快件必须层层交接，每个环节必须交接签字。

（6）保价快件应尽可能减少中转环节，降低风险。

二、快件分拣

（一）人工分拣

人工分拣是分拣最初的形态，以人工为主，仅需较少的设备投入。但随着电商的发展，订单分拣量迅速增大，配送路由增多，且人工成本、配送处理速度、管理效率和用户体验等需求都发生了变化，纯人工分拣无法满足大规模配货的要求。为响应市场需求，各种分拣设备随之产生并投放使用，其中，电商物流走在最前列，已经大规模普及自动化设备。但在大件、超重、异形等无法使用分拣机处理的超规格包裹的分拣中，人工分拣仍发挥着重要作用。

（二）机械分拣

机械分拣以机械（如输送机）作为主要的输送工具，通过在各分拣位置配备作业人员进行分拣。这种分拣方式投资不多，可以在一定程度上减轻劳动强度，提高分拣的效率，适用于订单波动较小，订单量较稳定、各分拣区域工作量相似的情况。但是这种分拣方式仅在局部提高某一作业的效率，灵活性相对较低，需在满足设计条件的前提下达到整体分拣效率的最优。如果遇到分拣量激增，超出分拣线负荷的情况，就要进行人员调配以协助分拣。

在利用传输设备分拣包裹类快件时，应注意以下操作要求。

（1）快件在指定位置上机传输，运单面向上，平稳放置，宽度不得超过传输带的实际宽度。

（2）快件传输至分拣工位，分拣人员及时取下快件；未来得及取下的快件由专人接取，再次上机分拣或手工分拣。

（3）看清运单分拣编码，准确拣取快件。

（4）取件时，较轻快件双手（托）抓住快件两侧，较重快件双手托住底部或抓牢两侧抓握位，贴近身体顺快件运动方向拣取。

分拣操作的人身安全和快件安全

1. 操作中的人身安全

（1）不得跨越、踩踏运行中的分拣传输设备。

（2）不得随意触摸带电设备和电源装置。

（3）身体任何部位都不得接触运行中的设备。

（4）拣取较大快件，注意不要刮碰周围人员或物体；拣取较重快件，注意腰部、脚等的保护。

（5）不使用挂式工牌，女工留短发或戴工作帽，分拣时不许戴手套。

2. 操作中的快件安全

（1）快件分拣脱手时，离摆放快件的接触面距离不应超过 30cm，易碎品不应超过 10cm。

（2）在分拣过程中不能抛、扔、摔、踩、踢、压、砸、坐快件。

（3）对分拣中发现的路向错误、信息不详、破损、水湿、油污等异常快件要及时进行处置。

（4）对分拣中发现的禁寄物品要按照有关规定做好处置工作。

（三）自动化、智能化分拣

这种方式是指快件从进入分拣设备到指定的位置为止，所有的作业均是分拣设备按照指令自动完成的，因此，这种分拣方式的分拣设备处理能力强，分拣的快件种类广、数量大，是当下快递中转中心最受青睐的分拣方式（见图 3-3-1）。

（四）分拣注意事项

（1）分拣人员遵守安全和着装规范，对上岗人员进行安全教育。

（2）文件类快件单独分拣，防止丢失和污染。

（3）所有快件需按名址、区号、邮编进行有序分拣，严防快件错分，导致快件延误。

（4）发现破损、污染的快件，应通知操作现场负责人前来处理，处理好可以中转继续进行分拣；不能在当个班次中转，则做留仓扫描，待处理后安排下一个班次中转。

图 3-3-1　智能化自动分拣设备

（5）发现禁运物品，应不予中转，按国家规定处理。

（6）发现有毒有害物品，及时告知现场负责人员，情况严重应立即报告当地政府相关部门。

三、直封和中转

快件分拣分为快件直封和中转两种基本方式。快件的直封和中转，是各快递企业依据快件流量、流向的变化以及交通运输和网络结构等因素在一定时间内所确定的。

快件的直封，就是快件中转中心按快件的寄达地点把快件封发给到达城市中转中心的一种分拣方式。这种分拣方式中途不需要再次分拣封发，可直接进行快件的配送处理。

快件的中转，就是快件中转中心按快件的寄达地点把快件封发给相关的中途中转中心，经过再次分拣处理，然后封发给寄达城市中转中心的一种分拣方式。采取快件中转，可使快件处理量相对集中，便于合理组织、处理快件和采用机械设备分拣。中转范围可以是一个县、一个市、一个省甚至是几个省。

四、中转中心滞留快件处理

（一）滞留原因

（1）快件包装出现破损或因某种原因被其他快件污染，有可能影响快件内件。

（2）快件详情单脱落、无法进行分拣。

（3）快件分拣时发现一票多件的快件缺件。

（4）快件未能赶上当班次网络车。

（5）中转中心快件处理员工作失误，导致快件在分拣、建包或装车发运时漏发。

（6）转运快件属航空违禁品，不能上飞机，只能转陆运，导致快件滞留。

（二）滞留快件的处理

（1）对于快件包装出现破损或污染、无详情单的快件，以及一票多件缺件，分拣主管缮制快件差异报告，将问题通知上一环节，保管滞留快件，待上一环节回复核查意见后，再进行处理。

（2）在分拣、建包或装车发运时漏发的快件，再次包装后的快件，未能赶上当班次网络车的快件，在进行二次分拣时作为优先件处理，确保赶上最近一次的网络车。

（三）滞留快件的保管

（1）所有已上报的滞留快件必须存放在专用房间，如因条件限制未能配置专用房间，须存放在指定的笼车内。专用房间或笼车必须加锁，钥匙由分拣主管负责。

（2）存放在专用房间内的快件每周必须盘点一次，将盘点结果汇总并以邮件或传真形式发送给客服部核对。

（四）滞留快件的核销

（1）客服部将滞留快件处理意见反馈至分拣主管。

（2）根据客服反馈的处理意见，对滞留快件进行相应处理。

（3）对已处理的滞留快件信息进行核销。

五、快件差异报告

（一）缮发差异报告的相关规定

（1）一般应由各中转中心办理，并经主管人员签发。

（2）快件差异报告应当按顺序编号，每年换编一次。每份快件差异报告均需留底存查，保存期不少于 1 年。

（3）缮发快件差异报告，一般一式两份，其中一份由档案部门登记存档。如发生差错事项，且性质严重，涉及赔偿等事项时，快件差异报告应增加相应份数抄送相关部门并抄送上级主管部门。

（4）缮发快件差异报告后，交主管人员审阅签发并填写日期和加盖经办人员名章。

（5）快件差异报告寄发后，如需对方答复的，应及时催复。

（6）为便于相关部门查找和处理，缮写快件差异报告应做到文字工整，事由清楚，内容具体。

（二）差异报告的回复

差异报告的回复，又称复验。当收到需要答复的快件差异报告后，应及时将处理结果缮发，复验答复。快件差异报告的回复一般一式两份，一份附答复寄回发验，另一份附答复存档。

（三）差异报告缮写示例

示例情况：未收到总包。

快件差异报告

验单号码第 2024082601 号

由沈阳中转中心（网点）发至北京中转中心（网点）

验明各种差错和不合事项如下：

我公司于 2024 年 8 月 26 日在接收北京至沈阳干线班车过程中，应接收 260 件，实接收 259 件，缺少 No. 10008 总包，经查车辆封志完好无损，无拆动痕迹，请你公司速查 No. 10008 总包下落，速答复。

附件：车辆封志

经手人员：张××

主管人员：王××

发验部门章

2024 年 8 月 26 日

快件差异回复

验单号码第 2024082701 号

答复沈阳中转中心（网点）验单号码第 2024082601 号

对于上列验单查明答复如下：

经核查，系我部门工作人员李××工作失误，误将 No. 10008 总包发往杭州中转中心。该总包将于今日由杭州中转中心发往你处，确认后通知我部门。对发生的错误致以歉意。

附件：

主管人员：高××

复验部门章

2024 年 8 月 27 日

任务四　快件封发

1. 掌握总包封装操作规范。
2. 掌握总包的堆码、注意事项。
3. 掌握快件总包的发运路由规划。
4. 掌握总包装车发运原则和建立车辆封志。

学生能够规范地完成快件总包的封装，按照企业要求正确堆码总包，掌握总包装车的基本原则，能够独立完成车辆施封操作，及时、准确地安排车辆按正确路由发运。

一、总包封装

总包封装是将快件装入总包空袋（容器）中，使用专用工具封扎、封闭袋口或容器开口，并拴挂包牌或标签的过程。在装袋和封扎、封闭袋口或容器开口时，可使用一些辅助工具以便快速地完成快件封装作业。

（一）总包袋的操作

（1）选用大小适宜的包袋。总包空袋应根据快件的数量和体积合理选用，切忌用大号总包空袋封装少量快件。

（2）包牌（标签）的粘贴位置根据袋内快件的多少而定，以在总包封扎后的中上部为宜。

（3）规范的总包空袋置于撑袋车或撑袋架上。

（4）快件按“重不压轻、大不压小、结实打底、方下圆上、规则形放下、不规则形放上”的原则装袋。

（5）内件为易碎物品和液体的快件要单独封袋。

（6）文件型快件、保价快件、代收货款快件、到付快件、限时快件应单独封装总包袋。文件型快件如果与其他快件混合封装时，要捆扎成捆。

（7）快件装袋时，运单向上摆放。

（8）快件装袋完成后，需随袋走的封发清单要放入特制的封套入袋；总包袋盛装不能过满，装袋体积不宜超过整袋的三分之二，重量不宜超过 30kg。

（9）使用专用或特制的绳或塑料封带，在贴近快件处将总包袋扎紧封口。

（二）总包袋的检查

对封装完成的总包袋要进行检查，检查的基本要求如下。

（1）总包袋外无快件遗漏。

（2）封装后的总包袋整洁、无渗漏现象、无尖锐凸起。

（3）包牌、标签粘贴或悬挂牢固，字迹、条码清晰。

（4）包口封扎牢固。

相关知识与拓展

总包单件

有些快递企业为减少重复劳动，在保证快件安全质量的情况下，对较大快件不再装入总包空袋内，而是单独发运，但是在操作上视同总包，也必须登列交接单（路单），所以称为总包单件。在一些不规范操作的情况下，小件没有被建包，就会给后续的装卸工作增加作业量。所以，一些处理中心会对快件建包率进行管控。

在实际操作中，所谓的总包往往涵盖了总包单件的概念。也就是说，狭义的总包仅仅指多个快件集中封装而成的总包；而广义的总包除此之外，还包括按照总包操作的总包单件。

二、总包堆码

完成封装的快件总包、总包单件和卸载中转的总包，按某些共同特性和码放原则，整齐排列码放到一个指定的位置，这个过程既是总包集中码放的过程，又是堆位的形成过程。根据中转中心场地情况，总包堆码一般分为两种方式：一种是库房面积较大，在库房内设置总包堆位，用伸缩胶带机装车发运；另一种是库房的面积较小，需将总包堆位设置在拖车上。

（一）堆位堆码

堆位堆码具体要求如下。

（1）总包堆码要遵循“三不”原则：不阻塞通道、不阻塞消防栓和灭火器、不超高。

（2）代收货款、到付快件和优先快件应单独码放。对码放有特殊要求的总包单件，如易碎快件，应按要求码放。

（3）快件总包应立式放置，整齐划一，排列成行，高度以一层为宜。

（4）根据不同航班、车次及赶发时限的先后顺序建立堆位。车次或航班的代码和文字等相近、相似的堆位要相互远离，以免混淆。

（5）搭载同一个航班或同一个车次的总包，即使寄达不同目的地，也应集中堆放。对同一个车次，不同卸交站点的快件总包，应按方便装车的顺序码放。

（6）堆放总包时，不得有扔、摔、拖、拽等损伤快件的行为，应保护包牌和标签不被损坏或污染。

（7）对于较轻的总包，应用手握住袋口向上提起，放到指定堆位；对于较重的总包，双手抓住袋身或专用提带向上提起，放到指定堆位。

（8）各堆位之间应有明显的隔离或标志，可设置隔离带，堆位之间要留有通道，通道宽度一般为20cm~30cm。

（9）堆放在托盘上的总包，应按照托盘的载重标准和安全要求码放。

（二）拖车堆码

拖车的应用比较广泛，特别是快件总包以航空方式发运时，要先将总包堆码在拖车上，方便拖运、过地磅称重等。

1. 装拖车前的安全检查

检查轮胎气压是否充足；检查牵引杆的转向是否灵活；检查牵引杆放下后制动装置是否有效。

2. 装载拖车的要求

（1）大包、重包堆在下部，袋身底部向外，包口朝内，底部不超过拖车两边各10cm。

（2）较小的总包放在中间，压住大包包口，填放在低凹和空隙间。

（3）逐层码放，易碎包放在上层，自下至上逐层稍窄，最上层要压住下层包口，码放高度不宜超过护栏。

（4）拖车牵引距离较远时，应罩上网罩，再用绳索扎牢固。

（5）将所装拖车上总包车次、路向，堆名及数字标注清晰。

（6）一辆拖车需要拼装两个或两个以上堆位总包的，堆位之间必须使用绳网分隔，分隔方法有调端分隔（即两个堆位总包从两端护栏杆向中移装，中间必须有绳网将两堆分开）和逐层分隔（即先将后装车的总包在拖车上码好后，用绳网隔断，再装另一堆总包，堆码好后分别写明各堆的名称和包数）。

（7）码放在托盘或移动工具上的总包快件，应按照工具的载重标准和安全要求码放，但码放高度不宜超过工具的护栏或扶手。

三、总包的路由规划

快件总包接发处理要按堆位进行堆码，堆位设置的依据是干线快件运输班车的路由。其中，路由是指快件总包根据起止点不同，依据快件时限要求选择符合实际需要的运输途径。

（一）以北京为起点跨区干线班车的路由规划

规划北京至各地干线班车，快件总包按先远后近的顺序装车。

1. 北京—沈阳

北京—廊坊—天津—唐山—秦皇岛—葫芦岛—锦州—盘锦—沈阳。

2. 北京—上海

北京—廊坊—天津—沧州—德州—济南—枣庄—徐州—宿州—蚌埠—滁州—南京—常州—无锡—苏州—上海。

3. 北京—深圳

北京—保定—石家庄—邯郸—安阳—新乡—郑州—许昌—漯河—信阳—孝感—武汉—咸宁—岳阳—长沙—株洲—衡阳—郴州—韶关—广州—东莞—深圳。

4. 北京—成都

北京—保定—石家庄—阳泉—太原—临汾—西安—汉中—广元—绵阳—德阳—成都。

（二）以上海为起点跨区干线班车的路由规划

规划上海至各地干线班车，快件总包按先远后近的顺序装车。

1. 上海—沈阳

上海—苏州—无锡—常州—南京—淮安—临沂—莱芜—淄博—滨州—沧州—天津—唐山—秦皇岛—葫芦岛—锦州—盘锦—沈阳。

2. 上海—东莞

上海—杭州—金华—衢州—上饶—鹰潭—南昌—赣州—河源—惠州—东莞。

3. 上海—武汉

上海—湖州—宣城—芜湖—铜陵—安庆—黄石—武汉。

4. 上海—成都

上海—湖州—宣城—芜湖—铜陵—黄石—武汉—荆州—宜昌—恩施—广安—重庆—遂宁—成都。

5. 上海—西安

上海—苏州—无锡—常州—南京—蚌埠—阜阳—周口—漯河—平顶山—洛阳—三门峡—西安。

6. 上海—深圳

上海—宁波—台州—温州—福州—泉州—漳州—汕头—汕尾—深圳。

（三）广州至昆明干线路由规划

规划广州至昆明干线班车，快件总包按先远后近的顺序装车。广州至昆明干线路由为：广州—肇庆—玉林—南宁—百色—文山—玉溪—昆明。

四、总包装车发运

（一）总包装车

厢式汽车是快件总包运输的主要运载工具，装车时遵循“大不压小、重不压轻、先出后进、易碎件单独摆放”的原则。为了安全、顺利转运快件，总包装车应该遵守以下规则。

（1）装载陆运车辆应由两人或两人以上协同作业。

（2）装码总包要求：逐层码放，大袋、重袋堆在下部，规则形总包堆在下部，不规则形总包放在上部，不耐压、易碎总包放在上层。

（3）满载时（要按载重标志）：要从里面逐层码高后向外堆码，结实打底，较小的总包放在中间压住大袋袋口，填放在低凹和空隙处。

（4）数量不到满载的，车厢里层最高，层次逐渐外移降低，这样可防止车辆启动、制动时堆位倒塌，造成混堆，从而导致卸错或漏卸。

（5）数量半载的，里层高度可稍低，比照上条所述堆码，不可以只装半厢，造成前端或后端偏重。

（6）严禁将快件均码在车厢左侧或右侧，侧重不利于行车安全。

（7）装卸具有两个以上卸货点的汽车，要按照“先出后进、先远后近”的原则装载总包，一般采用逐层分隔，就是将“后出”（班车线路后到的）快件总包在汽车上码好后用绳网隔断，然后再装“先出”的快件总包。

（二）建立车辆封志

在车辆的施封中，无论是实物封志还是信息封志，都是为保证运输车辆安全快速地把快件运达目的地而建立的一种控制手段。以使用塑料条码封志施封操作为例，说明如下。

1. 建立车辆封志的操作步骤

（1）总包装载结束后，由车辆的押运人员或驾驶员将车门关闭。

（2）场地负责人将车辆封志加封在车门指定位置，车辆押运人员或驾驶员监督车辆施封过程。

（3）将塑料条码封志尾部插入车辆锁孔中，再穿入条码封志顶部的扣眼中，用力收紧，并检查施封是否完好。

（4）将施封的条码号登记在出站快件的交接单上。

（5）车辆押运人员或驾驶员与场地负责人在交接单上签字确认。

2. 建立车辆封志的注意事项

（1）施封前要检查车辆封志是否符合要求，GPS 是否正常。

（2）施封时，场地人员与司押人员必须同时在场。

（3）施封后的封志要牢固，不能被抽出或捋下，如果封志反扣松动，能被拉开，则需重新施封。

（4）施封过程中要保证条码清晰完整，具有一次性使用特性，即损坏不能复原。

（5）核对封志的条码号与出站快件交接单登记的号码是否一致。

五、农产品、鲜活水产品的分拣封发、运输要求

1. 农产品、鲜活水产品的分拣封发要求

（1）优先对有温度、湿度要求农产品快件进行分拣封发。

（2）对于有温度、湿度要求的农产品、鲜活水产品快件，应在满足温度、湿度要求的区域内进行分拣、存放。

（3）活体农产品（鲜活水产品除外）应单独装车封发；不宜对农产品、鲜活水产品快件建立总包封发。

（4）分拣封发时，不应扔、抛、坐、压。

（5）落实场所和各类用品用具通风、消毒等疫情防控措施。

2. 农产品、鲜活水产品的运输要求

（1）按照规划频次和路线运输，避免滞留。

（2）运输前应检查车辆卫生情况，车厢内无异物、无异味及无虫害，需符合安全卫生要求。

（3）农产品、鲜活水产品快件装车时，宜码放在车厢尾部，不宜与其他存在交叉污染的快件混装在同一台车。

（4）优先安排卸车、中转、装车。

（5）应及时录入并上传运输信息至对应信息管理系统。

项目四　快件派送作业

任务一　派送准备及规划

1. 掌握快件交接操作。
2. 掌握派送路线规划。
3. 掌握派件装车的原则。

学生能够完成快件交接操作，根据快件类别和派送地址等要素规划派送路线，并在此基础上完成装车操作。

案例分析

苏阿姨一直有网购的习惯，她在家时就自己直接收取快递，自己无法直接签收时一般都是要求将快递放在居住小区的某某佳超市里，等有时间再去取。某某佳超市按小的快递1元、大的快递2元收取费用。5月11日，苏阿姨在网上买的1箱（共6罐）价值1800元的奶粉到了，快递员电话通知她收件，但刚好苏阿姨不在家，应苏阿姨的要求，快递员将快递放在某某佳超市，由于当时某某佳超市里货物比较多，该店要求快递员将快递放到店门口。

但在5月14日苏阿姨去取快递时，被告知快递丢了，于是苏阿姨要求某某佳超市赔偿快递损失，但某某佳超市负责人认为他没有责任，因为没有签收快递，不能证明他收了快递员送的快递，他不应承担赔偿责任，要求苏阿姨向快递员索赔。幸亏通过超市监控，快递员证实确实是将快递放在了超市外，而避免了被索赔的风险。

讨论：快递员应如何做才能避免此类事件再次发生呢？

任务分析：从这个案例可以看出，快递员按苏阿姨的要求，将快递送到指定的地点，已经完成了他的职责，但因为没有与被委托人某某佳超市履行签收手续，差点被追责。有的快递员因怕麻烦，没有履行签收手续，甚至自己代为签收，一旦出现类似情况，给自己带来不必要的麻烦及追责的风险，建议每一个快递员都应有防范职业风险意识，积极查找职业风险点，并做出相应防范措施，将职业风险降到最低或零。在送快递时最好能直接送达并要求物主签收，如果无法直接送达的，应物主要求其他人代收的，一定要代收人签收，这样既能保障快递件的安全，也能降低因快递丢失而承担被索赔的风险。

快件派送是快递服务的最后一个环节，也是快递企业收集快递服务反馈信息，同客户建立与维护良好关系的另一个重要机会和渠道。

一、快件交接

快件由上一环节到达快递末端网点后，由网点仓库管理人员（仓管员）负责对快件进行分拣。分拣完毕后，仓管员根据收件人名址、重量、快件类型等将快件交接给相应的快递员。

（一）交接原则

1. 当面交接原则

快递员应当面与仓管员交接快件，双方共同确认快件状态。

2. 交接验收原则

仓管员接收快件时，应仔细核对快件数量、重量、外包装、运单、名址等内容，验收无误后再进行交接。

3. 签字确认原则

双方在确认快件无误后，需要在派件清单上对交接信息进行双方签字确认。随着信息技术在快递行业的普及，大部分快递企业已简化了交接签字的环节，交接的信息以系统信息为准。

（二）检查交接快件

1. 核对总件数

快递员清点接收实物总数是否与交接清单数量相符。如不相符，需要立即向仓管员反馈，双方再次确认交接件数。

2. 核对一票多件快件

一票多件快的件需检查运单注明的件数是否齐全。如不齐全，需要立即向仓管员反馈，与其确认是否件未到齐或者遗失。如果件未到齐，仓管员根据客服人员的通知或客户的要求确定是否安排派送。

3. 核对保价快件

保价快件通常具有高附加值、易碎、对客户重要性高的特点，在交接时需要特别注意。为了更好地实现对客户的承诺，很多快递企业针对保价快件有单独的收派及处理流程，而且快件流转的每个环节的交接都需交接双方签字确认。

快递员在快件交接环节必须仔细检查保价快件的外包装和保价封签。保价封签应粘贴在快件包装箱骑缝线上。如果封签损毁，则属保价封签异常。发现保价快件外包装破损或封签异常，应先向网点仓管员报告，拍照留存后，由指定人员跟进处理。

4. 核对代收货款快件

代收货款快件涉及向收件人收取相应的款项，通常金额较大，存在一定的风险，在交接时通常要求将代收货款快件的数量单独清点，并在派件清单中注明。

5. 核对代缴关税快件

对有征税标识的快件，需检查是否附有相对应的税单及发票。在核对税款金额时，应以税单为准。

6. 检查快件外包装

（1）检查快件外包装是否完好，封口胶纸是否正常，有无撕毁重新粘贴痕迹。如快件轻微破损且重量无异常，网点仓管员对快件进行登记，快递员对快件加固包装并试派送。若快件破损严重，且重量与运单填写重量不符，须将快件滞留在网点，由网点仓管员按照相关规定处理。

（2）检查快件是否有液体渗漏情况。如果有轻微渗漏，则重新加固包装，安排试派送。若果渗漏情况严重，则交由仓管员处理，且需单独存放，防止对人体造成伤害或污染其他快件。

7. 检查快件运单

（1）检查快件运单，查看是否有脱落、湿损、破损现象，检查运单信息是否清晰明了。如运单脱落，且寻找不见，则交由仓管员处理；如运单粘贴不牢固，则用胶纸加固；如运单模糊不清，将快件交由仓管员，待其确认并在运单上标示清楚后，再重新接收并安排派送；如运单破损严重导致无法识别快件运单单号，仓管员可通过系统查找此快件的单号及相应的信息，打印并粘贴运单后再交给快递员派送。

（2）检查快件收件人名址是否超出自己负责的派送区域。不属本人派件区域的错分快件要交回给仓管员，以免影响其时效。

二、派送路线规划

在快递行业中，每一个快递员负责的派送区域称为派送段，快递企业根据每个快递末端网点的业务量及快递员人数，将网点的服务范围划分成多个派送服务段，每一个服务段简称派送段。一个派送段可以是一栋楼、几层楼、几条路段或一定地理范围。

派送路线是指将快递员在派送快件时所经过的地点或路段，按照先后顺序连接起来所形成的路线。合理设计派送路线可以节约派送时间，提高派送效率，派送路线设计主要是整合影响派送运输的各种因素，根据现有的运输工具及道路状况，对派送路线做出选择，及时、安全、方便、经济地将快件准确送达客户手中。

（一）派送路线设计原则

快递员在规划派送路线时，遵循以下原则，但并非只采用某个单一的原则，有时需要结合多个因素考虑。形成最优的派送路线。

1. 保证派送时限

快件派送时限是指从完成快件交接，到成功派送快件的最大时间限度。影响派送时间的因素有：当班次派送件量过大；因客户不在造成的二次派送；天气、交通堵塞、交通管制等不可控因素；派送路线选择不当等。

2. 优先派送优先快件

优先快件是指因时限要求以及客户特殊要求，需要安排优先派送的快件。优先派件类型如下。

（1）限时快件。如“即日达”快件优先于“次日达”快件，为了避免不可控制因素影响快件的派送时限，应优先派送。

（2）等通知派件。即快件到达目的地后暂不派送，待寄件客户通知后才安排派送，此类快件应在客户要求的时间完成派送。

（3）二次派送的快件。如果与客户约定了二次派送的时间，也应安排优先派送。

3. 优先派送保价快件

保价快件一般具有价值高、重要性强等特点，保价快件一旦丢失，会给快递企业和客户造成非常严重的损失。快递员携带保价快件在路上时间越长，快件丢失或损毁的概率越大。为了降低风险，在不影响其他快件派送时限的情况下，优先派送保价快件。

4. 先重后轻、先大后小

重量和体积较大快件的装卸搬运劳动强度大，占用车辆空间较多，优先派送该类快件既可减轻全程派件的作业难度，也可减少车辆磨损和能耗。

5. 减少空白里程

空白里程是指完成当班次所有快件的派送所行走的路线的实际距离减去能够完成所有派送快件的有效距离。空白里程的产生既增加运输成本，还影响派送时限。产生空白里程的原因有：不熟悉派送路段情况，没有按最短距离规划路线；未将一票多件排在一起，导致一个客户多次派送；派送路线设计出现交叉或重叠，产生折返；信息滞后，没有及时掌握交通管制、路况等信息。

6. 考虑道路情况

快递员要熟悉派送段内每条路段、街道所包含的门牌号。如果有易产生交通拥堵的路段，应掌握易拥堵的时间段。如果派送段内包括商场、学校、超市、医院等场所，需要掌握这些地点人员聚集的高峰期。在设计派送路线时，在不影响快件时效的情况下，尽量避开车流或人流较大的时间段或路段，避免出现派件延误。

（二）派送路线结构

派送路线的主要结构形式有辐射形和环形两种。也可以将两种结构相结合，应用于派送段较大的区域或派送量较大的时期。

1. 辐射形路线

辐射形路线是从快递末端网点出发，走直线或曲折线的线路，依次派件，至距离网点最远的收件人处派件后空车返回（见图 4-1-1）。

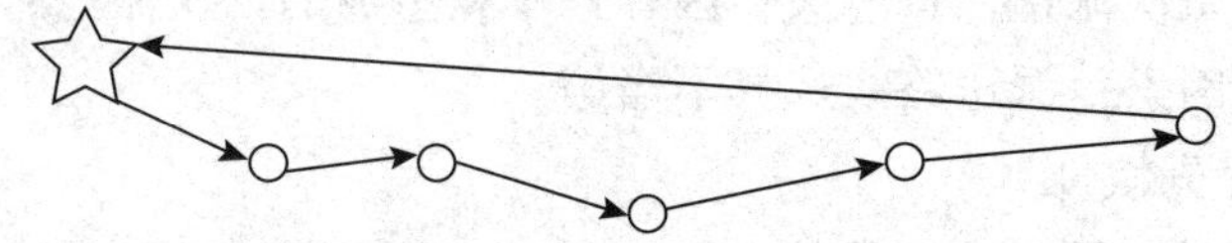

☆表示营业网点，○表示不同的派送地点

图 4-1-1　辐射形路线结构

2. 环形路线

环形路线是指快递员从快递末端网点出发单向行驶，绕行一周，途中经过各收件人所处的地点，回到出发的网点（见图 4-1-2）。

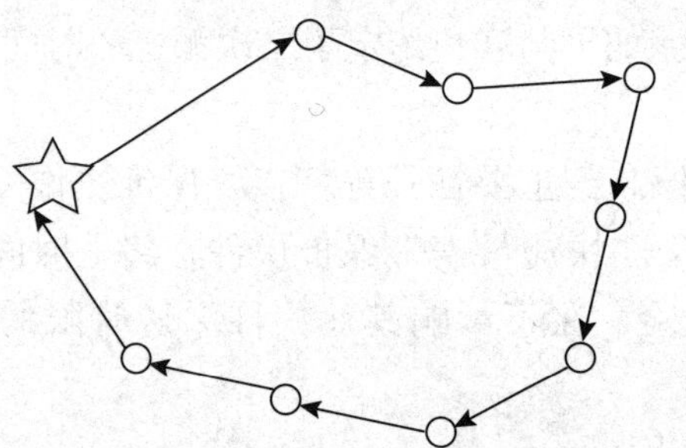

☆表示营业网点，○表示不同的派送地点

图 4-1-2　环形路线结构

（三）派送路线设计方法

传统经验组织法通过对派送路段道路、收件地址地理分布、交通状况及经验设计派送路线。针对派送段的不同特点，可以选择单侧行走法和“之”字形行走法。也可两种方法混合使用。

1. 单侧行走

单侧行走是指派送快件时靠路的一侧行走。例如，我国的交通习惯是右侧通行，则派送路线一直沿右侧行进会较顺畅。单侧行走适用于街道较宽，客户集中，派件数量多，行人、车辆稠密的街道。

2. “之”字形行走

“之”字形行走是指派送快件时沿路的两侧穿梭行走，适用于街道较窄，派件数量较少，行人、车辆稀少的街道。

派送路线设计应用

如图 4-1-3 所示，A 点为快递末端网点所在地，B 点需要派送一票一小时内到达的快件，C 点需要派送一票保价快件，D 点需要派送一票普通文件类快件，E 点要派送一票重量为 1kg 的普通包裹，F 点要派送一票重量为 12kg 的普通包裹，G 点需要派送代收货款为 4000 元、重量为 1kg 的快件。到达各点之间所需的时间（分钟）已在图上进行标注。请根据快件的情况，合理设计派送路线，并说明选择第一个派送点的理由。

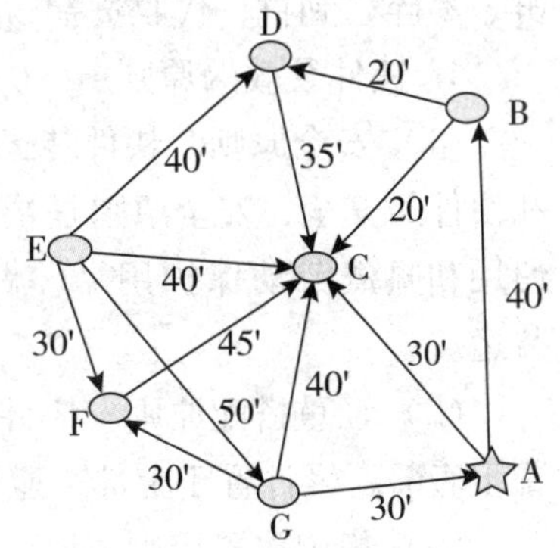

图 4-1-3　派送路线设计

解：B 点派送的快件属于限时快件，虽然经 C 点再到 B 点 1 小时能够到达，但考虑派送途中可能因交通堵塞等原因延误，因此优先派送 B 点快件，派送路线 A—B。

因 C 点是一票保价快件，而 B—C—D 全程 55 分钟，B—D—C 全程也是 55 分钟，因此优先派送保价快件，派送路线 B—C—D。

剩余的派送点不走重复路线，尽量选择环形路线，派送路线为 D—E—F—G—A。

三、快件排序及装运

（一）快件排序

快件排序是指快递员为安全、高效、准确地完成快件派送，结合快件派送路线及快件时效要求，将本次需要派送的快件按照准确、及时的原则进行整理、排列。快件排序的方法有以下几种。

1. 根据优先快件或按特殊业务排序

对有特殊要求的快件优先进行排序，如等通知派件、保价快件等。

2. 根据快件时效排序

将派送时效要求相同或相近的快件放到一起，先排列时效要求高的快件，再排列时效要求低的快件。

3. 根据由近而远的地址排序

按照派送段由近及远的顺序将快件排列、整理。此条原则主要基于派送的总时间考虑，选择由近及远的方式派送，不仅可以节省劳动强度，也可节省派送总时长。

4. 根据快件大小排序

先派送大件，可以减轻快递员派送的劳动强度。

（二）快件装运

派送快件的装运是指按照派送顺序将快件进行装车。为了防止快件在派送途中散落、遗失，快递员应将快件装于运输工具的车厢内，并锁好车厢门。一般情况下，规划派送路线后，只要按照“先派后装”的原则将快件装车即可。但有时为了保障快件的安全，有效利用派送车辆空间或装载能力，还应根据快件的性质（时效、保价、生鲜、易碎、到付、代收货款、代收关税等）、形状、体积、重量等做出适当调整。

1. 快件装载的原则

（1）安全原则。快件装运的安全原则包括两方面的内容：确保快递员的人身安全和快件的安全，安全原则是快件装运的基本原则。快件装运时，快递员必须按照要求使用和佩戴劳动保护用品，做好自我保护工作；在操作过程中轻拿轻放，严禁野蛮装运。

（2）轻重搭配原则。快件装运时，注意轻重搭配，保持车辆重心稳定，并将重件置于底部，轻件置于上部，避免重件压坏轻件，同时保证快件码放稳定。

（3）集中放置原则。遇到收件客户在同一居民区、同一单元楼、同一单位时，尽量将快件集中放置。一票多件快件应集中码放，必要时捆扎在一起。避免因快件漏派导致迂回行驶，从而延误快件的派送时间。

（4）小件集结原则。必须将零散小件集装在企业统一规定使用的快件袋中再装车。集装时快件的运单及标识一律朝上。不能倒置的快件应按正确方向放置，易碎快件放在快件袋的上层。

（5）合理码放原则。可根据快件的尺寸、特性合理确定码放方法。快件不能装满车厢时，按阶梯形进行码放，避免派送运输途中因车辆颠簸引起倒堆，造成快件挤压损毁。

（6）严禁超载原则。装运快件时不允许超长、超宽、超高、超重。超载存在交通安全隐患，且违反交通法规，有可能引起交通运输部门的查扣和罚款，影响快件的派送时间，或提高派送成本。

（7）易滚动快件垂直摆放原则。装运易滚动的卷状、筒状快件时，要垂直摆放，以防止快件途中倒堆，造成快件自损或压损、砸损其他快件。

（8）适当衬垫原则。装运易碎快件或纤维类易被沾污的快件时，要进行适当衬垫，防止快件之间相互碰撞、沾污。

（9）重量分布均匀原则。装运快件时，重量应分布均匀，重心不能偏移，以确保快件安全和交通安全。

（10）适当稳固原则。装载完毕，应进行牢固捆扎或采取其他适当的稳固措施，以免快件遗失或倾倒。

2. 快件装车的方法

（1）对于文件封或牛皮纸袋包装的快件，派送时采用集装的方式，将快件排序整理后装进编织袋，放入电动三轮车车厢中。

（2）对于体积较小的快件，按照派送顺序整理，将派送到同一地址或相近地址的快件叠放在一起，并按照“先派后装”的原则装入电动三轮车车厢中。

（3）体积较大或重量较重的快件，件数较少时，可将快件放置在电动三轮车车厢顶部，并用捆扎绳捆绑牢固，防止派送途中遗失快件。

3. 快件捆绑注意事项

（1）捆绑前，检查快件的重心是否偏移，如重心偏移，须重新摆放快件再进行捆绑。

（2）注意捆绑力度，捆绑须确保快件捆绑牢固，同时力度也不要太大，避免勒坏快件包装。

（3）在雨、雪、雾天气中捆绑快件时，注意在快件上加盖防雨用具，如雨布、塑料薄膜等。

（4）如为不规则快件，注意捆绑方式，如快件较长，注意与车辆长度平行捆绑，不能横着捆绑，阻碍路人或车辆行走。

（5）对于特别大、特别重，超出快递员运载能力的快件，应由专门的派送车辆和人员负责。

（6）表面有突出钉、钩、刺的快件，要单独携带，不得与其他快件捆绑。

任务二　派件及后续处理

1. 掌握派件的规范流程。
2. 掌握特殊件派送和派后处理。

能力目标

学生能够熟知派件的流程和相关操作规范，学生熟知特殊件派件规范，能够对异常快件进行处理，熟知派件后的后续操作。

一、派件流程

派件又称投递，是快递服务主体将快件投交到约定的收件地址、收件人、收件人指定的代收人，或者按照与用户约定的其他方式投交快件的过程。快件派送分为上门投递和网点自取、箱递（智能快件箱投递）和站递（快递驿站投递）。

（一）上门投递流程

上门投递是指快递员从接收需要派送的快件开始，在规定的时间内到达客户处，将完好快件交给客户并获得签收后回到网点，完成运单、款项交接的全过程（见图 4-2-1）。

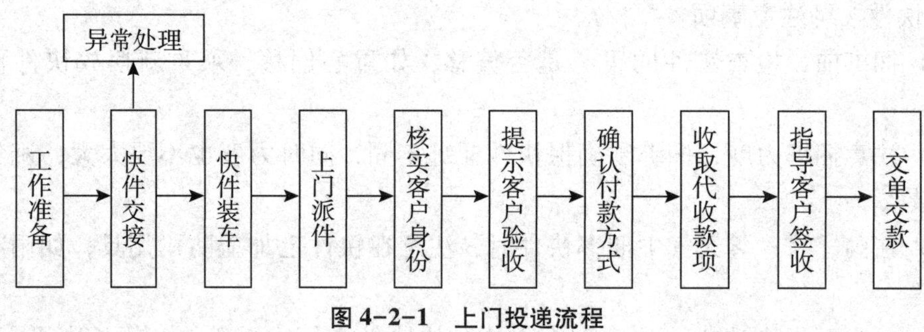

图 4-2-1 上门投递流程

1. 工作准备

快递员派件前要着公司制服，戴好工牌，整理好仪容、仪表。准备好派件需要使用的操作设备、用品用具、证件、发票等。

2. 快件交接

快递员领取派送片区的快件，并与仓管员当面确认件数。同时要检查快件外包装、封签及运单，如有异常，将异常快件交回仓管员处理。

3. 快件装车

整理快件，根据快件的时效要求、快件特性和派送段的交通状况等因素规划派送路线，并在此基础上进行装车操作。

4. 上门派件

快递员携带快件到达收件地址处，按照相关规定停放车辆，电话联系收件人通知派件。离开投递车辆前，应锁牢装载快件的车厢，避免其他快件丢失。

5. 核实客户身份

查看客户或客户委托代为签收人的有效身份证件。

6. 提示客户验收

将快件交给客户，提示客户检查。因外包装破损或其他原因客户拒绝接收，应礼貌地做好解释工作并收回快件。

某电商平台快件验货与签收标准

一、快递普通配送的订单

（1）快递员会配合您打开包装验货（必须用小刀在粘贴胶带处整齐划开，不允许撕坏包装箱）。

（2）验货须知：快递配送时，若商品包装上有“封签码”，需先签收后再开箱验货。

（3）验货内容：包括商品及配件、商品数量、发货清单、发票（如有）、三包凭证（如有）等。

（4）验货异常：验货后，若发现商品错发、商品少发、商品有表面质量问题等影响签收的情况，可当场向送货员说明情况并拒签。

二、特殊品类验货签收注意事项

1. 美妆个护类、母婴用品

送到时，如发现商品过期或离过期不到 3 个月，可当面向送货员说明情况，并当场整单不签收。

2. 食品保健类商品

送达时，如发现商品过期或离过期不到 45 天，可当面向送货员说明情况，并当场整单不签收。

3. 大家电类商品

（1）不能自行开箱验货，请您务必在收到时检查外包装是否完整、是否被拆封，如外包装破损、被拆封，请您当场整单不签收。

（2）联系厂家售后服务中心安排上门开箱安装，货物签收后安装工人未上门前，请勿拆箱。

（3）如自行开箱，商品发生问题，平台有权不接受以此为由的退换货。如安装时发现有质量问题，厂家售后人员将现场出具质量检测报告，若不能出具质量检测报告，请顾客直接联系厂家售后部门，厂家售后部门会安排人员上门检测，顾客凭质量检测报告与平台客服中心联系办理退换货事宜。

（4）大家电商品安装完毕后请您妥善保管商品包装 30 天，否则商品在 30 天内因质量问题退、换货时需要承担相应的包装材料费用。

4. 手机数码类商品验货签收标准

（1）平台自营手机产品，均会在发货时随机一同寄送“手机质保章”，请在收到手机时查收外包装内的质保章专用贴纸。

（2）如核对商品发现商品外包装存在包装破损、原厂塑封破损、原厂封贴破损，商品发错，商品少发等问题，请您先签收商品，并当场联系平台客服说明情况，提供商品实物照片办理退换货，商品不支持当面退货。

（3）如商品本身包装完好，您将商品本身包装或商品封口贴打开验货后，商品无法当场退货，如有任何问题请联系平台客服处理。

5. 服装鞋帽、运动户外服饰类商品

（1）快递配送时，顾客可以当场试穿，如不满意可当场整单不签收。

（2）内衣类商品（如内衣裤、袜子、文胸类等）不提供试穿服务，签收后若发现有质量问题，可以网上自助申请退换货。

6. 奢侈品箱包皮具/黄金珠宝/瑞士手表

商品务必本人签收，如商品存在包装破损、商品发错、商品少发、商品有表面质量问题等影响使用的情况，请您先签收商品，并当场联系平台客服说明情况，提供商品实物照片办理退换货，商品不支持当面退货。

7. 确认付款方式

确认到付快件的具体付款方式。到付的快件，客户选择现付则按照运单上的费用收取；客户选择记账则在运单账号栏注明客户的记账账号。

8. 收取代收款项

有代收货款、代收关税业务的快件，向客户收取款项。

9. 指导客户签收

由于电子运单的普及，现在很多快递企业已经实施快递电子签收，客户只需在快递员的手持终端设备上签名即可。需要注意的是，未经用户同意，禁止代为确认签收快件。

客户签收的快件，快递员应立即扫描做派送成功处理，并上传到系统中。

10. 交单交款

快递员完成派件后，检查、核对已派送和无法派送快件的数量，确保与领取时快件总数一致。清点已派送成功的快件运单，和收取的款项一起交给快递末端网点仓管员。将无法派送的快件带回网点，当面交给网点仓管员。

（二）网点自取派件流程

网点自取是指客户自行到快件所在的快递末端网点取件，快递员将快件交由客户签收后，在规定的时间内完成运单、款项交接的全过程（见图 4-2-2）。

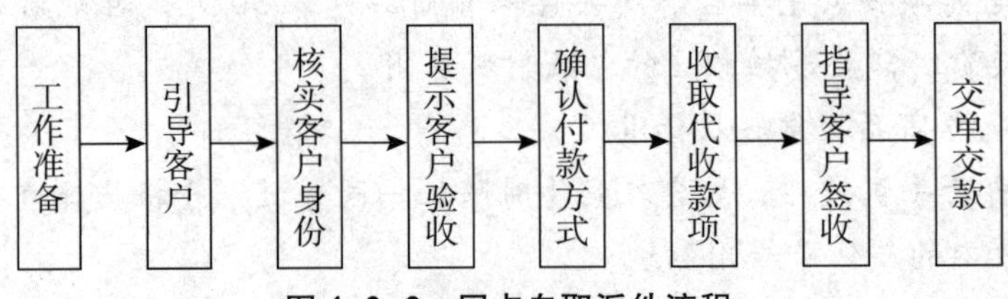

图 4-2-2 网点自取派件流程

网点自取需引导客户到达网点的取件柜台前取件。具备条件的可在视频监控下完成客户自取件操作过程。网点自取各个流程具体操作同上门投递业务流程操作相同，此处不再赘述。

（三）智能快件箱投递

箱递，即智能快件箱投递，是指按照与用户的约定，快递服务主体将快件投递到智能信包箱、智能快件箱的快递服务。采用箱递的快件，其尺寸应符合智能快件箱规格要求。箱递应首先征得收件人同意，收件人不同意使用智能快件箱投递快件的，快递员应当按照运单上的名址提供上门投递服务。

快件出现外包装明显破损、重量与寄递详情单记载明显不符等情况的，快递员不得使用智能快件箱投递。寄递详情单注明快件内件物品为生鲜产品、易碎品、贵重物品的，快递员也不得使用智能快件箱投递，与寄件人另有约定的除外。

快递员到达智能快件箱进行投递操作。进入智能快件箱屏幕主界面，首先登录以确认身份信息，然后开始录入快件信息进行投递。投递流程为：将快件条码对准红智能快件箱外线扫描口进行扫描，在屏幕弹出界面输入收件人手机号码，并在屏幕上选择合适的空闲箱格，此时选定箱格门自动弹开，快递员将快件放入，关闭箱格门即完成一个快件的投递操作。快件投入箱格后，系统自动向收件人手机发送提示信息，告知快件箱地址和提取码。快递员可按照上述流程操作，继续投递，直至所有快件投递完毕。投递完成后，返回主界面，退出登录后方可离开。

使用智能快件箱投递快件时，登录快递员界面会显示超期件数量，如果有超期件，快递员应取出并联系收件人，征求收件人同意后再次放入智能快件箱。快递企业对智能快件箱投递的快件设有保管期限，保管期限内不向收件人收费，超过保管期限，收件人需要缴纳超期费方能取件。

丰巢智能柜取件操作流程（见图 4-2-3）

第 1 步：根据收到的短信提示找到丰巢智能柜。

第 2 步：点击丰巢智能柜屏幕，唤醒菜单后，点击“取件”。

第 3 步：在丰巢智能柜屏幕上根据提示输入取件码，输完后点击取件，柜门自动

1.关注“丰巢智能柜”微信公众号/支付宝服务窗，绑定手机号

2.收到微信/支付宝取件通知

3.微信/支付宝扫描柜机取件二维码

4.收件人取件

图 4-2-3　丰巢智能柜取件操作流程

弹开，取出快件后关闭柜门，当场验货，快件无误方可离开。此外，也可以用微信或支付宝扫描丰巢智能柜屏幕上的取件二维码取件，更加方便快捷。如果快件存放超过24小时，系统会提示，需要关注丰巢才可以取件。

（四）站递

站递，即快递驿站投递，是指按照与用户的约定，快递服务主体将快件投递到快递服务站、无人服务站的快递服务。站递也应先征得收件人同意，收件人不同意使用快递驿站投递快件的，快递员应当按照运单上的名址提供上门投递服务。

菜鸟驿站夜间取件服务升级，试推“24小时自助取”

2023年，为满足用户在电商大促期间对收取快递的迫切需求，菜鸟驿站在“双十一”期间试行“24小时自助取”服务。该服务是在已开通夜间取件功能的站点，通过配备智能化门禁系统，配合用户使用菜鸟App扫码，即可完成从扫码开门、自助取件到自动关门的取快递过程，实现24小时取快递不打烊。目前这一服务已覆盖杭州、成都、济南、长沙、深圳、上海、广州、西安等2600多家菜鸟驿站。

（五）派件注意事项

（1）派件前充分准备，避免派件过程中因物料或工具短缺而无法正常工作。例如，代收货款快件一般需向客户出具收款收据或发票，如果没有携带相关票据，将影响派送工作的正常进行。

（2）派件前应检查是否有快件处理的相关要求和操作变更通知，避免因不了解情况而影响快件派送。

（3）快件装车后，快递员要检查作业现场有无遗漏快件。检查工作台上、分拣箱内、工作台下，确认没有遗漏的快件后，将分拣箱归位后，方能出发派件。

（4）派件途中应确保快件安全，应做到零散快件集装、大件绑带加固。快件离开视线的情况下，须将快件妥善放置。

（5）派送途中注意交通安全，遵守交通规则。

二、特殊件派送

（一）增值快件的派送

1. 签单返还快件的派送

（1）签单返还派件规范。

派件前，快递员应检查快件运单，若快件运单上增值业务栏勾选“签回单”业务，或快件运单上贴有“签回单”贴纸，则快递员需检查确认回单运单及回单的完整性。

快递员派件时，应按照寄件人的要求，将回单交由指定人员签收或按指定的方式签收、盖章。

（2）回单回寄。

将客户签好的回单寄回给原寄件人，回单寄递流程与正常快件收寄流程一致。回寄回单操作中，不得夹带其他任何托寄物。

2. 保价快件的派送

为了确保保价快件的安全，派送保价快件时，快递员需提醒客户当场检查快件外包装及保价封签是否完好无损，客户验视无异议后，签收快件。

非常贵重的保价快件可与客户协商由客户到网点自取。

3. 限时快件的派送

限时快件要派送到户，如果收件人单位不允许进入，快递员应联系收件人，通知收件人到单位门口或前台接收。

限时快件派送还需注意以下事项。

（1）对周日及节假日派送的限时快件，快递员在出发前应先与收件人联系，确保快件及时准确派送。

（2）限时快件的送达时限保证只在第一次派送时有效，如果第一次派送时无人签收或客户拒收，第二次派送时间则不受承诺时限保证的限制。

（3）限时快件的派送信息应严格按规定及时、准确地进行录入。应在收件人签收后当场上传签收信息，尤其对拒收、拒付件，询问拒收、拒付原因，客户签字确认后，当场通过手持终端上传快件异常派送的信息。

4. 代缴关税快件的派送

为了方便客户和保证派送时限，对国际快件报关时需要缴纳的关税、检疫费等，一般都由快递企业为客户垫付，因此，快递员需要向客户收取垫付的关税、检疫费等，该过程被称为归垫。

（1）关税的收取方式。

①关税记账。快递企业与客户签有关税定期结算协议，进口国际快件产生关税时，先予以派送，垫付的关税定期与客户结算。

②关税现结。快递企业与客户没有签订关税记账协议，快件派送时，客户现场支付快递企业垫付的税费。

③关税记账转第三方。收件人本人不支付关税，经收件人与第三方（付款方）共同确认后，由第三方支付快件关税。

（2）代缴关税快件的派送。

①对于关税现结客户，应提前通知客户征收关税事宜，以便客户提前准备税款，同时也节省派件时间。如果征收税款时客户有异议，通知客服部门进行解决。对于关税现结客户，做到“银货两讫”，足额收取关税后，将快件交付客户签收。

②对于关税记账客户，派送时与客户说明情况，客户确认无误后，将快件交付客户签收，并将记账账号清楚地填写在运单相应位置。

③对于关税记账转第三方付款的快件，快递员需在确定第三方已付款或第三方已给出付款承诺的情况下，才可以将快件交付收件客户。不能先将快件交付客户，再收取关税。

④收取关税时，如果有正本税单，在收费时不需要另外开具发票；如果没有正本税单，向客户开具收款发票。

⑤如果客户因故未支付税款，快递员应在运单上批注拒绝支付的原因及拒绝支付税款的金额，请客户签名确认，将快件带回快递末端网点移交仓管员。仓管员按问题件处理并报客服部备案。

（二）问题件的派送

1. 延误快件的派送

对延误的快件，快递员派送时应主动向客户致歉，并解释延误的原因，以及将要采取的补救措施。

由于中转延误、天气原因、交通堵塞等导致快件错过当班次派送时间，应及时与客户进行协商沟通，客户要求立即安排派送的，应第一时间采取补救措施安排派送。

延误快件的赔偿应免除本次服务费用（不含保价等附加费用）。由于延误导致内件直接价值丧失，应按照快件丢失或损毁进行赔偿。

2. 外包装破损快件

客户签收、验收时发现快件外包装轻微破损，但没有影响快件的实际使用价值并同意签收的，按正常流程进行派送。

客户发现外包装破损拒收快件或拒付到付款时，首先向客户道歉，并将客户拒收、拒付的原因标注在运单上，请客户签字确认，通过手持终端上传快件异常派送的信息。

3. 错发快件

快递员遇到错发快件，应电话联系收件人，询问收件人的详细地址。如果收件人地址属于本人派送范围，在运单上注明正确地址，按正常流程进行派送；如果收件人地址不在本人派送范围内，在系统中填写（勾选）无法派送的原因，注明正确的地址及收件人姓名，将快件带回快递末端网点，交予仓管员跟进处理。

如果无法与收件人取得联系，应电话联系寄件人，说明快件无法派送的原因，并询问快件的处置方法，并在运单上注明。

不能在没有核实正确地址或收件人身份的情况下将快件派出。

（三）客户有特殊要求的快件

1. 改寄件

改寄件是指快递企业受用户委托，变更原派送地址，寄往新地址的快件。

（1）改寄件的处理。

改寄申请应由寄件人本人提出，寄件人告知客服部门改寄后的收件人地址、姓名、电话等信息；快递企业应告知寄件人改寄费用及改寄费用标准。

接到客服部门的改寄通知后，快递末端网点仓管员在快件运单上粘贴“改寄件”标识，并注明改寄后的收件人详细名址。

改寄件需要收取改寄服务费。改寄服务费的金额和结算方式应在运单上注明。

（2）改寄件的派送。

快递员接收到带有“改寄件”标识的快件时，应先确认收件人名址，再确认快件资费的收取方式及金额，派件时加收改寄服务费。

2. 撤回件

（1）撤回件的处理。

对尚未首次派送的国内快件，如果寄件人提出申请，快递企业可提供撤回服务。在快件寄递的任何一个环节，接到客服部门的撤回通知后，都需要及时对快件进行撤回处理（粘贴快件，撤回贴纸并标注撤回费用），不能使快件进入下一个寄递环节。提供撤回服务时，快递企业应告知寄件人需要承担的费用及收费标准。

快递员如果在快件首次派送途中接到撤回通知，应立即停止该票快件的派送，在快件运单上注明“快件撤回”字样，待返回快递末端网点后，交予仓管员跟进处理。

（2）撤回件的派送。

快递员派送带有“撤回”标志的撤回快件时，先确认快件资费的收取方式及金额。需要加收撤回服务费的到付快件，除收取撤回服务费外，还需收取到付服务费用；寄付快件，直接收取撤回服务费。

（四）农产品、鲜活水产品的派送要求

（1）应提前联系收件人，约定具体投递方式和时间。

（2）如收件人要求他人代收的，应告知代收风险。

（3）应优先投递有温度、湿度要求的农产品邮件快件。

（4）对于有温度、湿度要求的农产品邮件快件，宜按地址投递至收件人处，或经收件人同意投递至有相应储存条件的代收点、驿站、智能快件箱等。

（5）在验收过程中，若发现快件短缺、破损、变质等异常情况，应在快递电子运单上注明情况，并由收件人（代收人）和快递员共同签字；收件人（代收人）拒绝签字的，快递员应予以注明。

三、派送异常处理

（一）客户外出

1. 个人快件

快递员到达客户处，发现客户因外出不能本人签收时，首先电话联系收件人，确

认由他人代收还是再次派送。

如果客户指定他人代收，派件时需认真核实代收人员的有效证件。确认代收人员身份后，告知代收人的代收责任，由代收人员签收快件，将代收人员的证件类型及号码批注在运单备注栏内。

如果客户要求再次派送，快递员应与客户约定再次派送的时间。约定时间在本班次内的，按约定时间派送；约定时间超出本班次工作时间范围的，在运单备注栏批注“约定再派”，并将快件带回快递末端网点，交予仓管员跟进处理。

2. 单位快件

对于收件人为单位或单位内某一部门的快件，当派送时遇到放假情况时，如果单位收发室有收发人员值班，可由收发员代签收；如果没有设置收发室或收发室无人值班，则下一班次免费派送快件。

（二）客户拒收、拒付

派送电商快件时，如果寄件人与快递企业签订协议，允许收件人“先验货，再签收”，快递员按协议要求提示客户验视快件。如果客户验视后，拒绝签收快件、拒付运费或拒付代收货款，快递员应协商收回快件，将快件带回快递末端网点，用手持终端对快件进行问题件扫描，批注未派送原因，并交予仓管员跟进处理。

（三）快件丢失

快递员发现快件丢失应立即上报快递末端网点负责人及客服部门。在不影响其他快件安全和派送时效的情况下，应第一时间寻找丢失快件。当班次如果无法找回丢失的快件，先按时派送其他快件。

（四）突遇交通事故

快递员派送途中如遇交通事故，且事故造成交通堵塞时，如果预计短时间内能疏通，则按原计划路线正常派送；如果预计长时间不能通行，则改走其他路线，并向快递末端网点主管人员汇报。

如因交通事故不能继续完成派送任务，第一时间报案并向网点负责人及客服部门报告，保护好现场及快件；如有人员伤亡，拨打120急救电话求援；耐心等待交警及网点增援人员。

（五）误派快件

发现误派快件及时将情况向快递末端网点负责人汇报。快递员应尽快到错派客户处向客户致歉并说明错派的原因，尽力取回快件，送达正确的收件人。

（1）取回快件：尽快将快件派送给正确的客户。如果错派快件已被客户开拆的，需由快递员会同客户重新封装快件，批注误拆原因，并共同在重封处签字（章）证明。

（2）无法取回快件：首先通知客服部门，然后联系快递末端网点主管人员，反馈处理情况。

粗心快递员派错件，民警紧急寻回获锦旗

2020 年 4 月 15 日上午 10 时许，湖北省团风县韵达快递网点负责人童某将一面“雷霆出击、破案神迅、警民携手、共筑和谐”的锦旗送到派出所，以表示对民警帮忙找回千元错派快递件的衷心感谢。

4 月 9 日 11 时许，湖北省团风县韵达快递网点负责人童某到派出所报警求助称：有人冒领了一件价值上千元的快递包裹，自己联系不上对方，请求派出所帮助追回。

接到童某求助后，民警立即调取了快递点的监控视频，发现是当天上午 9 时许，粗心的工作人员没有准确核对收件人信息便将快递包裹交给了一名男子，男子取走快递包裹后驾车离开。民警随后根据沿途监控视频追查到了该车辆的车牌号，并通过车牌查到了车主林某（杜皮人）。4 月 10 日，在杜皮派出所的大力协助下，民警找到了林某，林某承认了自己错领快递的事实，并表示快递在家中完好无损，愿意归还。

民警对林某错领快递没有及时归还的行为进行了批评教育，又将快递包裹送至快递员童某手中，并提醒快递工作人员认真吸取教训，对取件人员要仔细核对信息，谨防类似的事情再次发生。童某对派出所民警帮忙迅速寻回错派的快递包裹不胜感激。

（六）错收、漏收取应收款

派送后发现错收、漏收取应收款，应立即与客户联系，真诚地向客户致歉并说明情况，争取客户的谅解与支持，约定款项结算时间，上门收取。

四、派送后续处理

（一）无法派送的快件

无法派送的快件，一般是指快件到达快递末端网点后，遇特殊情况不能正常派送，需要退回寄件人或按照寄件人的要求进行相应处理的快件。属于进出境快件的，经营快递业务的企业应当依法办理海关和检验检疫手续。

1. 无法派送快件的处理

（1）首次无法派送时，应主动联系收件人，约定再次派送的时间。快递员须将无法派送的快件进行正确批注后带回快递末端网点，交予仓管员处理。

（2）第二次派送仍不成功，可通知收件人自取，并告知收件人自取的地点和工作时间。收件人仍需要上门派送的，事先告知收件人收费标准和服务费用，收件人同意后，按正常流程派送，并收取加收的服务费用。

（3）若联系不到收件人，或收件人拒收快件，快递企业应在彻底延误时限到达之前联系寄件人，协商处理办法和费用，主要包括：寄件人放弃快件的，应在快递企业的放弃快件声明上签字，快递企业凭放弃快件声明处理快件；寄件人需要将快件退回的，应支付退回的费用。

2. 无法派送快件处理的注意事项

（1）快件的退回一般是因客户拒付到付运费、客户迁移等原因而无法派送，电子商务快件多是由于客户对商品不满意而进行的退、换货。退回批注时，要区分引起退回的原因，明确责任。

（2）在确定为无法派送的快件前，必须联系收件人。如果无法联系到收件人，应在运单上批注原因。

（3）收件人不接电话、关机，应保留电话拨打记录，以便明确责任。

（4）因快件派送要求与快递企业运营规则冲突所造成的快件无法派送，应主动向客户解释，并与客户协商到网点自取。

3. 无法派送快件的移交与保管

（1）无法派送快件的移交。

快递员在规定的时间内，将当班次无法派送的快件带回快递末端网点，移交给仓管员，并在交接记录表上签字。

仓管员对交回的快件进行检查，并对快件进行复重，核对快件重量与运单重量是否相符。若有明显差异，需要快递员确认签字。

仓管员对交回的无法派送快件进行入仓扫描，将扫描数据上传信息系统，还须将快件信息上报至客服部门，并跟进处理。

（2）无法派送快件的保管。

无法派送的快件必须存放在快递末端网点指定的库房或笼车内。存放快件的库房或笼车必须加锁，钥匙由专人保管。农产品、鲜活水产品等无法投递快件在滞留环节，应放置在保温的环境妥善保管。

存放在网点的无法派送的快件要定期进行盘点，仓管员将盘点结果汇总并与客服部门进行核对。

无着快件

无法投递又无法退回的快件，称为无着快件。

国家邮政局要求快递企业应当安排专门场地保管无着快件，保管期限自无着快件登记之日起不少于1年。快递企业应及时登记农产品、鲜活水产品无着快件；此类无着快件在滞留环节，应放置在保温的环境中妥善保管；对于易腐坏变质的农产品、鲜活水产品无着快件，滞留期限不宜超过2个自然日，超时应做无公害处理，并如实记录。快递企业对无着快件的保管期限未满，且依照快递服务合同约定应当提供查询服务的，用户出具相关交寄证明进行查询并核实时，快递企业应当予以投递或退回，资费应当按照双方签订的快递服务合同执行。

对于超过保管期限的无着快件，快递企业可以依据管理制度进行开拆处理。快递企业应当建立无着快件的认领信息平台，将按规定开拆快件所登记的相关信息进行公示，公示时间不少于30日。快递企业在无着快件的保管和处理过程中，不得违法提供用户信息。快递企业对无着快件实施开拆处理时，应当由两名以上工作人员共同进行，并采用技术手段对开拆全过程实行监控，监控资料保存不少于90天。

（二）上交运单

快递员返回快递末端网点后，对当班次快件的电子运单进行整理，审核无误后，提交给网点仓管员进行归档。

（1）整理运单。按照派送成功、未派送等对电子运单进行分类整理。

（2）核对数量。核对运单与无法派送快件的数量，是否与派送前交接的快件数量平衡一致。如果数量不一致，须及时找出数量不符的原因并跟进处理。

（3）核对签收信息。逐票核对电子运单是否有收件人（代收人）完成签收操作。

（4）运单交接。快递员将当班次的电子运单提交给网点仓管员，办理交接手续。

（三）款项交接

快递员完成当日或当班次派件后须将收取的到付资费、代收货款、代缴关税等应收款与财务人员进行结算，必须当日结清，以保证企业资金正常流转。款项交接流程如下。

（1）整理收款资料。快递员整理当班次派送快件的收款资料。

（2）清点资金。清点当班次收取的资金，包括现金、支票、电子支付、POS机收款票据等。

（3）资金核对。将收取的资金与收款资料进行核对，检查有无漏收款的快件。

（4）领取交款清单。向财务人员领取本人当班次收取的到付款、代收货款、代缴关税等快件交款清单。

（5）核对交款清单。将交款清单应收款项逐一与快件收款资料进行核对，如有差异，及时查清差异原因，进一步跟进处理。

（6）交款签字。按交款清单移交资金。移交支票时，需在交款清单中登记支票号码。款项移交完毕，核验无差错，交接双方在交款清单上签字。

职业素养

数字化智能化助力快递业发展

随着新一代互联网技术的创新应用，一些旨在解决物流配送“最后一公里”的智能“配送员”轮番上阵。顺丰、京东、通达系在内的多家快递公司，都已在不同城市的网点开展了无人配送业务。随着无人车的大规模投入使用，越来越多的快递小哥也真切地感受到派送效率的大提速。

目前快递无人车主要承担网点到驿站的短驳中转运输工作，单日单台配送快递可超5000件。使用无人车和快递员的人机接驳模式后，快递员单日效率从100单提高到150单，并且通过区域设定，无人配送车可实现两点之间的自动驾驶配送，有效降低快递末端配送风险，提高配送效率。顺丰收派员介绍，原来每天约有150单快递，在网点和驿站之间来回奔波4趟，现在无人车可以帮助快递员每天节省1.5小时，派送效率提升2~3倍。

除了末端配送，数字化、智能化已渗透到快递行业的每一个环节。物流仓库内，智能搬运机器人往来穿梭；分拣中心里，人工智能视频监控确保每个包裹高速流转，经由智能设备扫描，精准传送至不同格口，等等。在京东物流亚洲一号智能物流园，全流程智能化让包裹分拣效率提升5倍以上，此外，操作不规范导致的快递破损率大幅降低。

在智能安检系统方面，2021年，具有自主知识产权的高速智能安检机已通过相关检测认证，并达到国际先进水平。检测范围涵盖19大类、70小类超万个品种，平均检出率高达95%，且检测速度达3m/s，一台智能安检机安检能力相当于4~8台传统安检机。目前，邮政快递业已配备智能安检机超两万台，覆盖主要快递企业，并已通过“双十一”等业务高峰的考验。

在智能视频监控领域，针对快递企业视频监控系统大批量建设、视频数量暴增，无法靠人力全面实时监控的情况，通过综合运用5G、人工智能等新技术，智能视频监控系统落地应用。该系统对重点违规行为和安全隐患的正确识别率已达90%以上，不仅实现了安全事件的主动发现、安全隐患的及时报警，还极大解放了人力、降低了成本。

在我国，以数字化、智能化为引领，通过建枢纽、强通道、优网络、提能级，快递业已成为现代物流领域覆盖面广、综合运输方式应用好、信息化智能化水平高、生产效率提升快的代表性行业。未来新一代信息技术将加速与寄递企业深度融合，推动行业向更加集约高效、安全低碳的方向升级。

参考文献

［1］国家邮政局．快递封装用品　第 1 部分：封套：GB/T 16606. 1—2018［S］. 北京：中国标准出版社，2018.

［2］国家邮政局．快递封装用品　第 2 部分：包装箱：GB/T 16606. 2—2018［S］. 北京：中国标准出版社，2018.

［3］国家邮政局．快递封装用品　第 3 部分：包装袋：GB/T 16606. 3—2018［S］. 北京：中国标准出版社，2018.

［4］国家邮政局．快递末端投递服务规范：YZ/T 0145—2015［S/OL］.［2020-03-17］http：//www. spb. gov. cn/zcfg/ghjbz/201508/W020150914620961811173. pdf.

［5］国家邮政局．快递安全生产操作规范：YZ 0149—2015［S/OL］.［2020-03-17］http：//www. spb. gov. cn/zcfg/ghjbz/201508/W020160127359605709021. pdf.

［6］国家邮政局．快递专用电动三轮车技术要求：YZ/T 0136—2014［S/OL］.［2020 - 03 - 17］ http：//www. spb. gov. cn/zcfg/ghjbz/201508/W02015080639616617766 7. pdf.

［7］国家邮政局．智能快件箱：YZ/T 0133—2013［S/OL］.［2020-03-17］ht-tp：//www. spb. gov. cn/zcfg/ghjbz/201508/W020150806396168758952. pdf.

［8］国家邮政局．快递电子运单：YZ/T 0148—2015［S/OL］.［2020-03-17］ht-tp：//www. spb. gov. cn/zcfg/ghjbz/201508/W020160127359605748182. pdf.

［9］中华人民共和国国务院．快递暂行条例［M］. 北京：法律出版社，2018.

［10］中华人民共和国交通运输部．快递市场管理办法（中华人民共和国交通运输部令 2023 年第 22 号）［R/OL］.（2024 - 01 - 04）［2024 - 04 - 20］. https：//xxgk. mot. gov. cn/2020/jigou/fgs/202401/t20240104_ 3980683. html.

［11］国家邮政局．快递服务　第 1 部分：基本术语：GB/T 27917. 1—2023［S］. 北京：中国标准出版社，2023.

［12］国家邮政局．快递服务　第 2 部分：组织要求：GB/T 27917. 2—2023［S］. 北京：中国标准出版社，2023.

［13］国家邮政局．快递服务　第 3 部分：服务环节：GB/T 27917. 3—2023［S］. 北京：中国标准出版社，2023.

［14］国家邮政局．寄递服务用户个人信息保护要求：YZ/T 0189—2023［S］. 北

京：人民交通出版社股份有限公司，2023.

［15］国家邮政局．邮政业安全生产设备配置规范：YZ 0139—2015［S/OL］．［2015－03－31］http：//ah. spb. gov. cn/ahsyzglj/c100065/c100066/201910/cea06f3149c2438eb71e0b4989641552/files/W020190820555708585635. pdf. pdf.

［16］国家邮政局．邮件快件实名收寄验视操作规范：YZ/T 0185—2022［S］．北京：人民交通出版社股份有限公司，2022.

［17］国家邮政局．邮件快件限制过度包装要求：YZ/T 0178—2021［S］．北京：人民交通出版社股份有限公司，2021.

［18］国家邮政局．冷链快递服务：YZ/T 0162—2017［S］．北京：人民交通出版社股份有限公司，2018.

［19］国家邮政局．农产品寄递服务及环保包装要求：YZ/T 0179—2021［S］．北京：人民交通出版社股份有限公司，2022.

［20］国家邮政局．鲜活水产品快递服务要求：YZ/T 0175—2020［S］．北京：人民交通出版社股份有限公司，2021.

［21］国邮创展（北京）人力资源服务有限公司．快递运营职业技能等级认定培训教材（初级）［M］．南京：江苏凤凰教育出版社，2021.

附　录

附录一：EMS 国内邮件电子详情单服务协议

EMS 国内邮件电子详情单服务协议

（最新更新时间：2023 年 11 月 06 日）

1. 本服务协议经寄件人勾选后，即成为寄件人与承运人之间订立的协议。本协议仅在寄递国内特快专递邮件、即日专递邮件、标准快递邮件和国内快递包裹邮件（以下统称“邮件”）时使用。请您认真阅读本协议，一经勾选则表明您已充分阅读、理解并接受本协议的全部内容。

2. 寄件人交寄邮件，应如实提供以下事项：寄件人姓名、地址、联系电话、身份信息等；收件人姓名（名称）、地址、联系电话等；寄递物品的名称、性质、数量等。寄件人应当如实申报所交寄的邮件内容，应准确、详细填写（打印）各项相关内容，不得对所填写（打印）的内容进行涂改。因虚假申报（或涂改）产生的法律后果，由寄件人自行承担。承运人对寄件人身份进行查验并登记身份信息，寄件人拒绝提供身份信息或者提供身份信息不实的，承运人有权不予收寄。

3. 寄件人对交寄的邮件应采用适于运输的足以保护邮件的包装方式进行包装。因寄递物品本身或其包装破损，致使其他邮件、运输工具、机械设备被污染、腐蚀、损坏等财产损失或造成人身伤亡的，寄件人应承担赔偿责任。

4. 承运人有权依法验视交寄邮件内件，寄件人拒绝验视的，承运人有权不予收寄。寄件人不得寄递国家法律、行政法规、部门规章、快递行业主管部门及其他行政管理部门规定的禁止寄递物品。寄件人应当遵守法律法规等对食品、药品等特定物品运输的特殊规定。因交寄邮件为（或含有）禁止或限制寄递物品被查扣或变更配送路线，导致其他邮件时效延误或价值丧失，或给承运人、第三人造成经济损失的，寄件人应承担赔偿责任。

5. 国内特快专递邮件、即日专递邮件寄件人单件交寄物品价值不得超过 50 万元人民币，标准快递邮件单件交寄物品价值不得超过 5 万元人民币，国内快递包裹邮件单件交寄价值不得超过 3 万元。请寄件人对交寄物品保价以保全物品价值。贵重物品或超过2000元人民币的交寄物品应事先声明并请选择保价服务。承运人无审核交寄物品价值的能力和义务，承运人按交寄文件、物品的声明价值保价并收取保价费用，保价费用按照声明价值的一定比例收取，具体收取比例以中国邮政速递物流官方渠道公示为准。寄件人应如实申报寄递物品实际价值，诚信保价，理赔时提供相关价值证明，超额保价部分无法获得赔偿，承运人退还超额保价费用。部分价值难以衡量物品、高运输风险物品不提供保价服务，详细规则请见保价界面。

6. 因承运人原因发生邮件丢失、内件短少、损毁或邮件传递时限超出承运人承诺时限标准的，承运人将承担赔偿责任，但下列情况除外：

（1）因不可抗力造成损失或延误的（保价邮件除外）。

（2）寄递的物品违反禁寄和限寄规定，被国家行政机关没收或依照有关法律法规处理的。

（3）外包装完好，而内件短少或损毁，签收人签收时未提出异议的。

（4）因寄件人或收件人过失以及所寄物品本身原因造成邮件损失或延误的。

（5）因寄件人填写收、寄件人名址、联系电话不全、错误，导致邮件延误的。

（6）自寄件之日起满一年未查询物流信息又未提出赔偿要求的。

（7）任何由于邮件的丢失、短少、损毁和延误等原因造成其他直接损失或间接损失。

（8）超过寄递限额以上部分的损失。

7. 因承运人原因造成邮件丢失、短少、损毁或延误的，按下列标准赔偿：

（1）保价邮件发生丢失、完全损毁的，按保价金额赔偿；部分损毁或短少的，投保“基础保”的邮件，参照保价金额和交寄物品实际价值的投保比例，结合交寄物品实际损失价值（损坏为维修费，下同）进行赔偿，最高不超过保价金额；投保“文件保”的邮件，按50%保价金额固定比例进行赔偿；投保“全额保”的邮件，按照实际损失价值进行赔偿，最高不超过保价金额。同时退还已收取的基本资费（不含包装、单式、保价费等附加费用，下同）。

（2）未保价邮件或承运人不提供保价服务但交寄物品发生丢失、损毁或短少的，按实际损失价值赔偿，最高赔偿金额不超过所付邮费的六倍，同时退还已收取的基本资费。如寄件人认为该赔偿标准不足以弥补损失，请提前根据寄递物品的实际价值选择等值保价服务。

（3）邮件发生延误的，以承运人对外公布的全程时限为标准，退还已收取的基本资费。

（4）一票多件邮件的赔偿按与协议客户签订的协议执行。

8. 寄递物品实际价值是指其本身的价值，不包括其可能获得的收益、利润、未来预期价值、特殊商业价值等任何间接价值。已按实际价值或声明价值获得赔偿的邮件，其所有权及其相应的其他权利在理赔后即全部（全损情况下）或按比例（部分损坏且可以分割情况下）转移至承运人所有。

9. 寄件人或其指定付款人不得以理赔尚未结束或其他任何理由拒付寄递费用。寄件人可选择不同的付款方式，收件人或其指定付款人不履行付款义务的，寄件人应当支付本邮件寄递费用。寄件人、收件人或指定付款人不支付寄递费用的，承运人对邮件依法享有留置权。

10. 无法投递的邮件，若无法联系到寄件人，或寄件人不作出明确指示的，承运人有权依据国家相关法律法规等规定对邮件进行处理。

11. 因国家安全或追查刑事犯罪的需要，承运人有义务配合相关国家机关对邮件进行检查及处理，因此导致的变更配送路线或邮件时效延误，承运人无须承担任何责任。

12. 确认计费重量：以邮件经包装后的实际重量（毛重）与其体积重量相比较，取其大者。

13. 用户可自邮件交寄之日起一年内查询物流信息。

14. 本协议未尽事宜，按照国家相应的法律、法规、规章等执行。

15. 因本协议产生的争议，应友好协商解决。协商不成的，向本协议签订地有管辖权的人民法院提起诉讼。

16. 为反映有关法律的变化以及承运人服务内容的变动，承运人可能会适时更新本服务协议，并将修订后的版本发布本页面，请勾选本服务协议并仔细阅读，本服务协议及其更新版本自发布之日生效。

附录二：常用寄递物品英文名称

常用寄递物品英文名称

物品中文名称	物品英文名称	物品中文名称	物品英文名称
商业文件	Business documents	担保书	Assure letter
合同	Contract	协议书	Agreement
货单	Manifest	报价单	Price list
舱单	Shipping list	护照	Passport
样品	Sample of...	提单	Bill of loading
公证书	Notarial deed	公函	Official letter
委托书	Trust deed	邀请信	Letter of invitation
信用卡	Credit card	机票	Flight ticket
汽车驾驶执照	Driving license	身份证	ID card/Identity card
手稿	Manuscript	证件	Certificate
衣服	Clothes	绒线	Knitting wool
连衣裙	Dress	化纤	Chemical fiber
儿童服装	Children's wear	丝绵	Silk floss
内衣	Underwear	睡衣	Pajamas
衬衫	Shirt	羊毛衫	Woolen sweater
运动衫	Sports jacket	游泳衣	Swimsuit
上衣	Coat	围巾	Scarf
长裤	Trousers	领带	Tie
牛仔裤	Jeans	手套	Gloves
裙子	Skirt	腰带	Belt
夹克衫	Jacket	丝绸	Silk
大衣	Overcoat	便帽	Cap
皮夹克	Leather jacket	短袜	Socks

续　表

物品中文名称	物品英文名称	物品中文名称	物品英文名称
雨衣	Raincoat	靠垫	Cushion
缎子	Satin	斗篷	Cape
假发	Wig	塑料发卷	Roller
手提包	Handbag	发夹	Hair-pin
茶壶	Teapot	眼镜	Glasses
茶杯	Teacup	零件	Parts
茶具	Tea set	闹钟	Alarm clock
咖啡具	Coffee set	充电器	Charger
圆珠笔	Ball pen	尺	Ruler
制图仪器	Drawing instrument	圆规	Compasses
唱片	Disc	乒乓球	Ping-pong ball
录音带	Tape	球拍	Bat
录像带	Video cassette	羽毛球	Badminton
乐器	Musical instrument	篮球	Basketball
名片	Visiting card	纸牌	Poker
手工艺品	Handicraft（s）	中国画	Chinese painting
刺绣品	Embroidery	手镯	Bracelet
剪纸	Paper-cut	胸针	Brooch
绢花	Silk flower	项链	Necklace
风筝	Kite	发夹	Barrette
玩具	Toy	耳饰	Earrings
圣诞贺卡	Christmas card	书法	Calligraphy